I0820587

LR

Ingelore Goldmann

# Lernwortschatz Arabisch

3., überarbeitete Auflage

Reichert Verlag Wiesbaden 2004

**Bibliografische Information Der Deutschen Bibliothek**
Die Deutsche Bibliothek verzeichnet diese Publikation in der Deutschen Nationalbiografie; detaillierte bibliografische Daten sind im Internet über http://dnb.ddb.de abrufbar.


www.reichert-verlag.de
ISBN: 3-89500-384-0

Printed in Germany

# Inhaltsverzeichnis

# Vorwort

Sprachkontakte sind in der Welt von heute mehr denn je eine wichtige Grundlage im internationalen Zusammenleben. Damit wächst auch das Interesse am Erwerb von Fremdsprachen.
Die arabische Sprache ist davon nicht ausgenommen. Sie wird in einem Raum gesprochen, der politisch auf Grund zahlreicher, noch ungelöster Konflikte zu den Brennpunkten der Welt zählt und der auch wirtschaftlich und strategisch von großer Bedeutung ist.
Der moderne Arabischunterricht in den verschiedensten Bildungsinstitutionen soll dem Bedürfnis nach sprachlicher Verständigung entsprechen und interkulturelle Brücken bauen.
Die in den letzten Jahren in Deutschland entstandenen Arabischlehrbücher orientieren sich alle mehr oder weniger an diesem Ziel. Auch der Lernwortschatz Arabisch, der nunmehr in dritter, veränderter Auflage erscheint, dient dem Anliegen eines kommunikativ orientierten Arabischunterrichts und soll besonders die Arbeit am Wortschatz unterstützen.
Eine Grundvoraussetzung für gute Sprachbeherrschung ist die sichere und anwendungsbereite Kenntnis der Lexik. Vokabeln müssen dauerhaft und exakt eingeprägt werden und in Sprachhandlungen disponibel einsetzbar sein.
Dabei erweist es sich als günstig, wenn die Lexik geordnet und systematisch zum Lernen aufbereitet wird. Der Lernwortschatz Arabisch soll ein solches Hilfsmittel sein.
Wie bereits in den ersten beiden Auflagen des Lernwortschatzes wurden für die überarbeitete Fassung vor allem lexikalische Einheiten ausgewählt,

- die für die sprachliche Bewältigung unterschiedlicher kommunikativer Situationen als relevant erachtet werden;
- die sich durch eine bestimmte Vorkommenshäufigkeit, überprüft an Häufigkeitswörterbüchern (Fromm, Landau) und durch Internetrecherchen, auszeichnen;
- die beim Erlernen erfahrungsgemäß gewisse Schwierigkeiten bereiten und daher intensiv geübt bzw. wiederholt werden müssen.

Die dritte veränderte Auflage enthält drei Teile.

Der erste Teil geht vom Deutschen aus und bietet nach dem thematischen Ordnungsprinzip ausgewählte und angeordnete lexikalische Einheiten zum Einsatz in verschiedenen Kommunikationssituationen.
Dieser Teil wurde um einige neue Themengebiete erweitert. Die vorhandenen Themenbereiche erfuhren eine kritische Überarbeitung, ebenfalls unter Einbeziehung neueren Wortgutes.
Die Lexik wird in Einzelwörtern und Syntagmen dargeboten. Da sich Lernen auch mit Hilfe von Assoziationen vollzieht, wurde versucht, das Wortmaterial in sinnstiftenden Assoziationsnetzen zu ordnen. Eine alphabetische Reihenfolge gibt es nur bei längeren Listen.
Am Ende mancher Themenkomplexe sind Mustersätze für die Konversation, z.T. als Frage und Antwort, sowie arabische Sprichwörter mit Bezug zu den jeweiligen Vokabeln zu finden.

Der zweite Teil geht vom Arabischen aus und enthält ausgewählte Verben und Substantive, die in Sätzen bzw. Wortgruppen bis hin zu phraseologischen Wendungen entsprechende Kombinationsmöglichkeiten aufzeigen. Ihre Anzahl wurde im Vergleich zu den vorangegangenen Auflagen etwas reduziert.

Der neu hinzugekommene dritte Teil enthält Hinweise und Ratschläge für alle, die in die arabische Lexik eindringen wollen. Sie erfahren, wie sie Besonderheiten der arabischen Sprache vom Beginn ihres Sprachstudiums an effektiv für den Lexikerwerb ausnutzen können.

Der Lernwortschatz richtet sich in erster Linie an Lernende, aber auch an Lehrende der arabischen Sprache. Erstere können diesen Lernwortschatz in selbständiger Arbeit bei der Wiederholung ihrer Wortkenntnisse zu bestimmten Themenkreisen bzw. Kommunikationsabsichten sowie zum Nachschlagen häufig verwendeter kombinatorischer Wendungen bei Verben und Substantiven verwenden.
In der Hand des Lehrenden bietet der Lernwortschatz die Möglichkeit, im Arabischunterricht thematische bzw. systematische Wiederholungen zu organisieren.
Es ist geplant, diesen Lernwortschatz mit einem Übungsbuch zu komplettieren, in dem mit Sprachspielen, Tests, Rätseln etc. in unterhaltsamer Form der Umgang mit arabischer Lexik geübt werden kann.

Für die jetzige Neuauflage des Lernwortschatzes wurden die durch Rezensionen und in Gesprächen mit Fachkollegen und Studenten am Orientalischen Institut Leipzig bekannt gewordenen kritischen Hinweise dankbar aufgenommen und berücksichtigt.
Besonderer Dank gilt Frau Susanne Karam und Herrn Walid Abd el Gawad, die aufmerksam Korrektur gelesen und noch wertvolle Hinweise eingebracht haben. Dankbar möchte ich auch Herrn Dr. Thoralf Hanstein für die Hilfe bei der Erstellung des Layouts erwähnen.
Schließlich sei dem Verlag Dr. Ludwig Reichert in Wiesbaden gedankt, der das Erscheinen dieser dritten Auflage ermöglichte.
Last but not least danke ich meinem Mann für seine geduldige Begleitung bei der Arbeit am Manuskript.

Leipzig, im Juli 2004

Dr. Ingelore Goldmann-Mutlak

# Benutzungshinweise

1. Der Lernwortschatz Arabisch enthält drei Teile mit zweisprachigem Vokabular.
2. Der Teil 1 geht vom Deutschen aus. Er ist nach thematischem Ordnungsprinzip in Sachgebiete und Untersachgebiete gegliedert (s. Inhaltsverzeichnis zu Teil 1).

2.1. Im Rahmen dieser Ordnung werden Einzelwörter, Wortgruppen bzw. bei sprachlichen Wendungen auch Sätze angeboten. Die arabischen Substantive werden in der Singular und Pluralform gegeben. Dies betrifft auch Adjektive, sofern sie sich auf Personen beziehen können. Andere Adjektive werden nur in der maskulinen Form gebracht. Bei den arabischen Verben ist die Rektionsangabe zugefügt.

2.2. Wo es sich anbietet, werden auch paradigmatische Beziehungen im Wortschatz aufgezeigt, z.B. bei Adjektiven Wörter und Gegenwörter oder die substantivierten Ableitungen von Verben.

2.3. Die Vokalisierung in Teil 1 erfolgt sparsam, missverständliche Lesungen sollten jedoch ausgeschlossen sein.

2.4. Wörter, die in Teil 2 nochmals auftauchen, sind mit einem Hinweis (*) gekennzeichnet.

3. Der Teil 2 geht vom Arabischen aus. Die hier enthaltenen Verben und Substantive sind dem arabischen Alphabet folgend, nach Wurzeln geordnet.

3.1. Bei den arabischen Verben wird zunächst der Verbstamm mit römischen Ziffern angezeigt, es folgen die Perfektform, die Imperfektform und der Infinitiv. Darunter wird das arabische Verb nochmals mit der entsprechenden Rektionsangabe und dem deutschen Äquivalent gebracht. Es folgen ein oder mehrere Beispielsätze mit dem jeweiligen Verb, des weiteren gebräuchliche feste oder freie Wortverbindungen bis hin zu Beispielen für metaphorischen Gebrauch des Verbs.

3.2. Beim arabischen Substantiv wird zunächst die Singular- und Pluralform und die deutsche Entsprechung vorgestellt. Es folgen gebräuchliche Wortverbindungen mit Adjektiven und mit anderen Substantiven in Form der arabischen Genitivverbindung, deren deutsche Äquivalente häufig Nominalkomposita sind. Schließlich kommen Beispiele mit Verben, wobei das jeweilige Substantiv zuerst als mögliches Subjekt im Satz, danach in weiteren Beispielen als mögliches Objekt im Satz auftritt.

3.3. Verschiedene Äquivalente polysemer Wörter sind nummeriert nacheinander mit dem entsprechenden Beispielmaterial aufgeführt.

3.4. Bei einigen Verben und Substantiven wird auf bedeutungsähnliche bzw. auf solche mit gegensätzlicher Bedeutung verwiesen, um beim Lernen Querverbindungen zu schaffen.

3.5. Der Teil 2 hat mehr Wörterbuchcharakter und ist umfassender vokalisiert.

4. Der Teil 3 soll dem Lernenden verdeutlichen, auf welche Besonderheiten er beim Erlernen von arabischem Wortschatz stößt und welche Hilfen und Erleichterungen er beim Eindringen in die fremde Wortwelt nutzen kann.

## Zeichenerklärungen

Schrägstriche zwischen Wörtern bzw. Sätzen kennzeichnen, dass diese synonym bzw. austauschbar sind.
z.B. mit dem Zug fahren / reisen - *lies:* mit dem Zug fahren *od* mit dem Zug reisen
الدُول الكُبْرى / العُظْمى - إقرأ : الدُول الكُبْرى أو الدُول العُظْمى

In Klammern stehende Wörter geben jeweils ein weiteres Beispiel für diese Wortverbindung an.
z.B. die Staaten Afrikas (Asiens) ج دُول إفْريقيا (آسيا)

*lies:* die Staaten Afrikas ج دُول إفْريقيا *und* die Staaten Asiens ج دُول آسيا

Ein ● vor dem Satz kennzeichnet eine Antwortmöglichkeit auf eine vorangegangene Frage.

Ein schräger Pfeil ↗ verweist auf andere Themenkomplexe, in denen zur Vervollständigung des Themas nachgeschlagen werden kann.

Das Zeichen ⊙ in Teil 2 verweist auf Wörter mit ähnlicher Bedeutung, das Zeichen ⊠ steht vor Wörtern mit gegensätzlicher Bedeutung. In einigen Fällen werden hier auch Wörter genannt, die über das in diesem Lernwortschatz enthaltene Material hinausgehen und in einem umfassenderen Wörterbuch nachzuschlagen sind.

Das Zeichen * im Teil 1 zeigt an, dass das betreffende Wort auch im Teil 2 enthalten ist und dort zur detaillierteren Information nachgeschlagen werden kann.

## Abkürzungsverzeichnis

| | |
|---|---|
| ه | Akkusativ der Person |
| ـه | Akkusativ der Sache |
| ج | Pluralangabe bei arabischem Substantiv |
| ـون | gesunder maskuliner Plural |
| ـات | gesunder femininer Plural |

| | |
|---|---|
| *Abk* | Abkürzung |
| *äg.* | ägyptisch-arabischer Sprachgebrauch |
| *Agr* | Landwirtschaft |
| *coll* | Kollektivum |
| *etw.* | etwas |
| *f* | Feminum |
| *geogr* | geografisch |
| *Geom* | Geometrie |
| *hist* | historisch |
| *hocharab.* | hocharabisch |
| *Inf* | Infinitiv |
| *irak.* | irakisch-arabischer Sprachgebrauch |
| *jem.* | jemenitisch-arabischer Sprachgebrauch |
| *jmdm.* | jemandem |
| *jmdn.* | jemanden |
| *jmds.* | jemandes |
| *lit* | literarisch |
| *m* | Maskulinum |
| *maghr.* | maghrebinisch-arabischer Sprachgebrauch |
| *Mil* | Militärwesen |
| *n* | Neutrum |
| *od* | oder |
| *Pass.* | Passiv |
| *Pl* | Plural |
| *s.a.* | siehe auch |
| *Sg* | Singular |
| *syr.* | syrisch-arabischer Sprachgebrauch |
| *tun.* | tunesisch-arabischer Sprachgebrauch |
| *umgangssprachl.* | umgangssprachlich |
| *wörtl.* | wörtlich |
| (D) | Deutschland |

# TEIL 1

## Thematischer Wortschatz

# Inhaltsverzeichnis zu Teil 1

## Allgemeines

### Berufe / Tätigkeiten / Arbeitsstätten



### Freizeit



### Reisen



## Dienstleistungen

### Einkauf



### Im Restaurant / Im Café



### Post

## Wirtschaft, Handel und Finanzen



## Industrie und Landwirtschaft



## Natur und Umwelt

# Allgemeines

## Gebrauchssprachliche Wendungen

### Anrede

| | |
|---|---|
| Herr Adnan! | السيد عدنان! |
| Dr. Mahmud! | يا دكتور محمود! |
| *Höfliche Anrede für* | حضرتُكَ! حضرتُكِ! |
| *fremde Personen* | حضرتُكم! |
| Meine Damen und Herren! | سيداتي وسادتي! |
| Sehr verehrte Damen und Herren! | أيها السيدات والسادة المُحترمون! |
| Liebe Gäste! | أيها الضيوف الأعزاء! |
| Verehrte Gäste! | أيها الضيوف المحترمون! |
| Verehrte Hörer! | أيها المستمعون الكِرام! |
| Liebe Freunde! | أيها الأصْدقاء الأعِزاء! |
| Verehrte Anwesende! | أيها الحاضِرون الكِرام! |
| Herr Präsident! | حضْرة الرئيس! |
| (Seine) Exzellenz! *Minister* | سِيادة الوزير! |
| (Seine) Majestät! | صاحِب الجلالة! |
| (Mein) Lieber Vater! | يا أبي العزيز! |
| (Meine) Liebe Mutter! | يا أُمي العزيزة! |
| Mein Lieber! | يا عزيزي! |
| Meine Liebe! | يا عزيزتي! |
| Lieber Ahmad! | عزيزي أحمد! |
| Liebe Laila! | عزيزتي ليلى! |

### Vorstellung / Bekanntschaft

| | |
|---|---|
| vorstellen *jmdn. (jmdm).* | قدّم , يُقدِّم ه (إلى) * |
| die Eltern (einen Freund) vorstellen | قدّم الوالدين (صديقاً) |
| sich vorstellen | قدّم نفْسَه |
| Wie heißt du?/Wie heißen Sie? | ماذا تُسمّى؟ ماذا تسمّين؟ ماذا تُسمّون؟ |
| Wie ist dein / Ihr Name ? | ما اسْمُكَ؟ ما اسْمُكِ؟ ما اسْمُكم؟ |
| ● Ich heiße... / Ich bin ... | ● اسمي..... |
| ● Mein Name ist ... | ● اسمي..... |
| Gestatten Sie, dass ich mich vorstelle? | إسمحوا لي أنْ أُقدّم نفْسي؟ |
| Kennst du Herrn...? | هل تعْرِف السيد ...؟ |
| Hast du schon Frau... kennen gelernt? | هل تعرفْت على / إلى السيدة ...؟ |
| Ich möchte dich mit Herrn ... bekannt machen. | أود أنْ أُعرِّفَك على / إلى السيد .. |

| | |
|---|---|
| ● Sehr angenehm! | أهْلاً! |
| Woher kommen Sie? | حضْرتُك من أيْن؟ |
| ● Ich komme aus dem Libanon. | ● أنا من لُبْنان. |
| Dein Besuch ehrt uns. | تشرّفنا كثيراً بزيارتك. |
| ● Die Ehre ist ganz meinerseits. | ● والله, الشرف لي. |
| Es war mir ein Vergnügen, Sie kennen zu lernen. *(beim Abschied)* | فُرْصة سعيدة! |

**Begrüßung**

| | |
|---|---|
| begrüßen *jmdn.* | رحّب , يُرحّب ب * |
| Guten Morgen! | صباحَ الخير |
| ● Guten Morgen! | ● صباحَ النور |
| Guten Abend! | مساءَ الخير |
| ● Guten Abend! | مساءَ النور |
| Gute Nacht! *(wörtl. etwa: Dein Morgen sei schön!)* | تُصْبح على خير |
| ● Gute Nacht! | ● وأنت من أهْله! |
| Gute Nacht! | ليلة مُباركة! ليلة سعيدة! |
| Friede sei mit euch! / Friede sei mit dir! *islam. Grußformel* | السلام عليكم! / السلام عليك! |
| ● Und mit euch /dir sei Friede! | وعليكم السلام / وعليك السلام! |
| Willkommen ! *unabhängig von der Tageszeit* | أهْلاً! |
| ● Sei / Seid willkommen! | ● أهْلاً بك / بكم! |
| Herzlich willkommen! | مرْحباً! |
| ● Willkommen! *als Erwiderung* | ● مرْحباً! / مرْحبتين! |
| Seid / Seien Sie willkommen! *bei offiziellen Anlässen etwas höflicher* | أهْلاً وسهْلاً بك / بكم! |
| ● Willkommen! *als Erwiderung* | ● أهْلاً بك / بكم! |

**Gespräche über das Befinden**

| | |
|---|---|
| Wie geht es? | كَيْف الحال وكيف الصِّحّة؟ |
| Wie geht es dir / euch / Ihnen? | كيف حالُكَ؟ كيف حالُكِ؟ كيف حالُكم؟ |

| | |
|---|---|
| ● Danke, es geht mir gut. (Und) Wie geht es dir? | شُكْراً, أنا بخير. وكيف حالك؟ |
| ● Mir geht es auch gut, Allah sei Dank! | أنا أيْضاً بحالة جيِّدة والحمد الله *(hocharab.)* |
| | أنا مبْسوط كمان الحمد اللهّ! *(umgangssprl.)* |
| Alles in Ordnung? | تمام؟ |
| ● Bestens! Sehr gut! | على أحْسن ما يُرام!. |
| ● Gut! | على ما يُرام! |
| ● Es geht einigermaßen. | ما شي الحال! |

**Verabschiedung**

| | |
|---|---|
| Auf Wiedersehen! | مع السلامة |
| ● Auf Wiedersehen! *als mögliche Antwort* | ● اللهّ يُسلِّمُك |
| Bis später! (Auf Wiedersehen!) | إلى اللقاء |
| Bis morgen! | إلى اللقاء غداً |
| Auf Wiedersehen! (*wörtl. Im Schutze Allahs!*) | في أمان اللهّ |
| Adieu *(wörtl. Im Schutze)* | في الأمان |
| Mit aufrichtiger Wertschätzung! *in Briefen* | مع خالص التقْدير |
| Mit vorzüglicher Hochachtung! *in Briefen* | مع فائق الاحترام |

**Bitte / Aufforderung**

| | |
|---|---|
| bitten *jmdn. um etw.* | رجا ,يرْجو ه هـــ * |
| bitten *jmdn. etw. zu tun* | طلب , يطْلُب هـــ / أنْ * |
| Bitte! Bitte schön! *fordernd* | من فضْلكَ! من فضْلكِ! من فضْلكمْ! / رجاءً! |
| Bitte! Bitte schön! *gewährend* | تفضّلْ! تفضّلي! تفضّلوا! تفضّلن! |
| Bitte setz dich! | تفضّلْ بالجلوس! |
| Bitte treten Sie ein! | تفضّلوا بالدُّخول! |
| Bitte! *als Antwort auf »Danke«* | عفْواً! |
| Würden Sie mir (bitte) ... geben? | هل لك أنْ تُعْطي...من فضّلكَ؟ |
| Würden Sie mir (bitte) sagen, ... | هل لك أنْ تقولَ لي رجاءً / من فضْلك؟ |

| | |
|---|---|
| Bitte, können Sie mir helfen? | عفواً هل يُمْكِنُك أنْ تُساعِدني؟ |
| Würden Sie (bitte) über dieses Thema sprechen? | هل تتفضّل بالحديث عن هذا الموْضوع؟ |
| Ich bitte um Aufmerksamkeit! | أرْجو الانتباه! |
| Hilf mir! | ساعِدْني! ساعِديني! |
| Gib mir deine Hand! | هاتِ يدَكَ! هاتِ يدَكِ! |
| Komm! | تعالْ! تعالي! |
| Steh auf! | قُمْ! قومي! |
| Lasst uns gehen! | لنذْهبْ! |
| Bediene dich selbst! | إخدمْ نفْسكَ بنفْسكِ! |
| Kannst du mir einen Gefallen tun? | هل يُمْكِن أن تقدِّم لي خِدْمة؟ |
| ● Jawohl! | ● أجَل |
| Grüße mir die Freunde! | سلِّمْ لي على الأصْدقاء! / بلِّغْ سلامي إلى الأصْدقاء! |
| Hab Geduld! | أُصْبُرْ! |

**Dank**

| | |
|---|---|
| danken *jmdm. für etw.* | شكر , يشْكُر ه على * |
| Danke! / Danke schön! / Vielen Dank! | شُكْراً / شُكْراً جزيلاً! |
| ● Bitte! | ● عفْواً! |
| Tausend Dank! | ألْف شُكْر! |
| Wir sind dankbar für ... | إننا مُتشكِّرون على... / إننا شاكِرون على ... |
| Danke, das ist sehr freundlich von dir! | شُكْراً, هذا لطيف جداً منك. |
| ● Keine Ursache! | ● لا شُكْرَ على واجب. |
| Danke! *umgangssprl.* | مُتشكِّر! / مُتشكِّرون! |
| Meinen Dank! *umgangssprl.* | تشكُّراتي! |
| Danke! *(wörtl. Du sollst leben)* | تعيش! عِشْتَ! |
| Ich überbringe den herzlichen Dank an...*(in Reden)* | أتقدّم بالشكْر الجزيل إلى... |
| Mit aufrichtigem Dank! *(in Briefen)* | مع خالص الشُّكْر! |
| Mit bestem Dank! *(in Briefen)* | مع جزيل الشُّكْر! |

**Zustimmung**

| | |
|---|---|
| zustimmen *jmdm./ einer Sache od Angelegenheit* | وافق , يُوافِق على * |
| einverstanden sein *mit jmdm./ etw.* | مُوافِق(ة) على |
| bereit sein *zu etw.* | مُسْتعِدّ(ة) إلى |
| Natürlich! | طبْعاً! بالطبع! |
| Genau! | بالضبْط! |
| Genau! In Ordnung! | تمام! |
| Sicher! / Bestimmt! | بالتأكيد! |
| Einverstanden! | مُوافِق! |
| Ich habe nichts dagegen. | ليس لديّ مانِع في ذلك. |
| Kein Einwand! | لا مانِعَ |
| Auf jeden Fall. | على كلّ حال. / على أيّ حال. |
| Das ist möglich. | هذا.مُمْكِن. |
| Das ist richtig.. | هذا صحيح. |
| Ja, du hast recht. | نعم, أنت على حقّ. / نعم, الحقّ معك. |
| Das ist eine gute Idee. | هذه فِكْرة جيِّدة. |
| Ich stimme diesem Vorschlag zu | أُوافِق على هذا الاقتِراح. |
| Ich teile eure / Ihre Meinung. | أنا أُشارِككم الرأي. |
| Wir sind uns einig über ... | إننا مُتّفِقون على... |
| Es ist selbstverständlich, dass ... | من البديهي أنّ ... |
| Es ist richtig, dass ... | من الصحيح أنّ... / الحقيقة أنّ ... |
| Es ist tatsächlich so, dass... | الواقِع أنّ ... |
| Wir sind sicher, dass ... | نحن على ثِقة من أنّ ... / نحن على يقين أنّ ... |
| Ich bin gern bereit zu ... | إنني على اسْتِعْداد تامّ ل ... |

**Ablehnung**

| | |
|---|---|
| ablehnen *etw.* | رفض هـ (يرْفُض) |
| Das lehne ich ab. | أرْفُض هذا. |

| | |
|---|---|
| Das lehne ich entschieden ab. | أرْفُض هذا رفْضاً قاطِعاً / باتّاً. |
| Dem kann ich nicht zustimmen. | لا أسْتطيع أنْ أُوافِق على ذلك. |
| Nein, das tun wir nicht. | لا, لا نفْعل ذلك. |
| Nein, niemals. | لا, أبداً. |
| Nein, auf keinen Fall. | لا أبداً / مُسْتحيل! |
| Ich teile deine Meinung nicht. | لا أشاطِرك الرأي. |
| Im Gegenteil! | بالعكْس! |
| Allah bewahre! *(Ausdruck der Abwehr)* | معاذ الله |

**Freude**

| | |
|---|---|
| (er)freuen *jmdn.* | سرّ ه , يسُرُّ ه * |
| Es freut mich, dass... | يسُرُّني أنْ ... |
| sich freuen *über* | سُرَّ ب ,يُسَرُّ |
| Ich freue mich, dich zu treffen. | تسُرُّني مُقابلتك. / أنا سعيد لُمقابلتك. |
| Ich bin erfreut. | أنا مسْرور(ة). |
| Es ist mir eine große Freude. | لي سرور كبير. / يسُرُّني كثيراً. |
| glücklich machen, beglücken *jmdn* | أسْعد ,يُسْعِد ه |
| Es macht mich glücklich, dass... | يُسْعِدُني أنْ... |
| Ich bin glücklich. | إنني سعيد(ة) |
| Glücklicherweise | لِحُسْن الحظّ. |
| Mit Vergnügen! / Gern ! | بِكلّ سرور! |
| Das ist wunderbar! | هذا رائع! |
| Na, so etwas! *(Ausruf der Be- oder Verwunderung)* | يا سلام! |

**Bedauern**

| | |
|---|---|
| bedauern *etw.* | أسِف , يأسَف ل / على |
| sein Bedauern ausdrücken, sich entschuldigen | تأسّف ,يتأسّف |
| Es tut mir leid, dass... | أنا آسِف(ة) أنْ ... / أنا مُتأسِّف(ة) أن... |

| | |
|---|---|
| Ich bedaure, dass... | أتأسّف على أنْ... |
| Leider kann ich dir nicht helfen. | مع الأسف / للأسف لا استطيع أنْ أُساعدك. |
| Leider habe ich keine Zeit. | مع الأسف / للأسف ليس لديّ وقت. |
| Zum größten Bedauern... | مع الأسف الشديد... / مع شديد الأسف... |
| Es ist bedauerlich, dass... | من المُؤْسِف أن/أنّ ... |
| Bedauerlicherweise... | من المُؤْسِف... |
| Wir teilen eure Trauer / euer Leid... | نُشاطِرُكم الأحزان... |
| Unglücklicherweise... | لِسُوء الحظّ... |
| Schade! | يا خسارة! |

**Entschuldigung**

| | |
|---|---|
| entschuldigen *jmdn. / etw.* | عذر ,يعْذِر ه/هـــ |
| sich entschuldigen *für etw.* | اعْتذر , يعْتذِر عن |
| Entschuldigung! Verzeihung! Es tut mir leid! | مُتأسِّف(ة)! / آسِف(ة)! / مع الأسف! |
| Verzeihung! Entschuldigung! | عفْواً |
| ● Das macht nichts! Nicht so schlimm! | ● لا بأسَ! |
| Sei mir nicht böse! / Nimm es mir nicht übel! | لا تُؤاخِذْني! |
| Ich bitte um Entschuldigung! | أرْجو عدم المُؤاخذة! |
| Ich bitte, meine Verspätung zu entschuldigen. | أرْجو الاعْتذار عن تأخُّري. |
| Ärgere dich nicht! Sei nicht böse! | لا تزْعلْ! *(umgangssprl.)* |

**Verabredung**

| | |
|---|---|
| Wo treffen wir uns? | أيْنَ نلتقي؟ |
| Wann treffen wir uns? | متى نلتقي؟ |
| Um welche Zeit/Wann sehen wir uns? | متى أراك؟ |
| Können wir uns um 8 Uhr treffen? | هل يُمْكن أنْ نلْتقي في الساعة الثامنة؟ |
| Bist du ein verstanden? / Passt dir das? | هل أنت مُوافِق على ذلك؟ / هل يُناسِبك هذا؟ |
| ● Ja, das passt mir gut. | ● نعم, هذا مُناسِب جداً. |

| | |
|---|---|
| So Allah will! So Gott will! | إنْ شاء الله |

**Einladung**

| | |
|---|---|
| einladen *jmdn. zu* | دعا ,يدْعو ه إلى * |
| Freunde (Verwandte) einladen | دعا الأصْدقاء (الأقْرِباء) |
| eine Einladung aussprechen / richten *an* | وجّه دعْوةً إلى |
| eine Einladung erhalten | تسلّم دعْوةً / حصل على دعْوة |
| für die Einladung danken | شكر على الدعْوة |
| eine offizielle Einladung | دعْوة رسْمية |
| Darf ich dich einladen zu...? | هل لي أنْ أدْعوك إلى...؟ |

**Wünsche / Glückwunsch**

| | |
|---|---|
| wünschen, wollen *etw.* | رغِب , يرْغب في أنْ * |
| mögen, gern haben *jmdn., etw.,* wollen *etw.* | ودّ , يوَدُّ هـ/ ه |
| Ich würde / möchte gern... | أودُّ أنْ .../ أُحِبّ أنْ... |
| wünschen* *jmdm. etw.* | تمنّى , يتمنّى ه ل |
| Ich wünsche Ihnen /euch einen schönen Aufenthalt! | أتمنّى لك / لكم إقامة طيبة! |
| *jmdm.* Erfolg wünschen | تمنّى له نجاحاً |
| *jmdm.* beste Gesundheit wünschen | تمنّى له مَوْفور الصِّحّة |
| *jmdm.* alles Gute wünschen | تمنّى له كُلّ خَيْر / كلّ الخير |
| die besten Wünsche übermitteln | سلّم / بلّغ / نقل أجْمل التّمنّيات |
| die besten Wünsche empfangen / erhalten | حصل على / تسلّم أجْمل التّمنّيات |
| beglückwünschen *jmdn. zu etw.,* gratulieren *jmdm. zu* | هنّأ , يُهنِّئ ه ب |
| *jmdm.* zum Geburtstag gratulieren | هنّأه بعيد الميلاد |
| *jmdm.* zum Erfolg gratulieren | هنّأه بالنجاح |
| Mit den besten Wünschen! Meine besten Wünsche! | (مع) أطْيب التمنّيات! |
| Herzlichen Glückwunsch! | تهْنئة قلبية / تهانٍ قلبية! |
| Alles Gute! | كلّ الخَيْرْ! |

| | |
|---|---|
| Gesegnetes Fest! (*zu einem Feiertag*) | عيد مُبارك! |
| | ● بارك الله فيك / فيكم! |
| Alles Gute im neuen Jahr! (*zum Neujahr od Geburtstag*) | كُلّ عام وأنتِ / أنتم بخير! |
| Gute Reise! | سفْرة سعيدة! / رِحْلة سعيدة! |
| | ● وفّقكم الله! |
| Guten Appetit! | شهية طيبة! |
| Wohl bekomm´s! | هنيئاً مريئاً! / بالهناء والشّفاء! |
| Danke! *als Erwiderung* | ● هنّأك الله! |
| Auf dein Wohl! (*Trinkspruch*) | نخْب صِحّتك! بصحّتك! |
| Ich wünsche dir gute Besserung! | أرْجو لك الشِّفاء العاجل! |
| Glückwunsch zur Genesung! | الحمد الله على العافية! |
| | ● الله يُعافيك! |
| Gratuliere! Glückwunsch! | مبْروك! |
| Herzlichen Glückwunsch! (*wörtl. Gesegnet,1000fach*) | ألف مبْروك! |
| ● Danke! (*wörtl. Es segne dich/euch Allah*) . | ● بارك الله فيك / فيكم |
| ● Danke! *heute auch üblich besonders unter Jüngeren* | شُكْراً |

**Empfehlung / Ratschlag**

| | |
|---|---|
| raten *jmdm. etw.* | نصح , ينْصح ه ب |
| empfehlen *jmdm. etw.* | أوْصى , يُوصي ه ب |
| vorschlagen *etw.* | اقْترح , يقْترِح هـــ |
| Ich rate dir, dieses Buch zu lesen. | أنْصحك بقرأة هذا الكتاب. |
| Ich empfehle dir, dieses Buch zu lesen. | أوصيك بقرأة هذا الكتاب. |
| Ich schlage vor, das Museum zu besuchen. | أقْترِح زيارة المتْحف. |
| ● Ich werde das tun. | ● سأفعل ذلك. |
| ● Ich werde es versuchen. | ● سأُحاول ذلك. |
| ● Ich werde es bedenken. | ● سأُفكّر في ذلك. |
| Keine Angst! Befürchte nichts! | لا تخاف! |

# Zeitangaben

| | |
|---|---|
| Wann? | مَتى؟ |
| Seit wann? | مُنْذُ متى؟ |
| Zeit | وقْت ج أوْقات |
| Hast du Zeit? | هل عندك وقْت؟ |
| (heran)kommen *Zeit* | حان, يحين |
| Es ist an der Zeit. / Die Zeit ist gekommen. | حان الوقْت. |

## Uhrzeit

| | |
|---|---|
| Wie spät ist es (jetzt)? / Wie spät haben Sie es? | الساعةُ كم (الآن)؟ / كم الساعةُ (الآن)؟ |
| ● Es ist (jetzt) 6 Uhr. | ● الساعة (الآن) السادسة صباحاً |
| Es ist (jetzt) 13 Uhr | الساعة (الآن) الواحدة ظُهْراً. |
| Es ist (jetzt) 18 Uhr. | الساعة (الآن) السادسة مساءً. |
| Es ist (jetzt) 14.15 Uhr. | الساعة (الآن) الثانية والربْع بعد الظهر. |
| Es ist (jetzt) 11.20 Uhr. | الساعة (الآن) الحادية عشرة والثُلْث ظُهْراً. |
| Es ist (jetzt) 7.30 Uhr. | الساعة (الآن) السابعة والنصْف صباحاً. |
| Es ist (jetzt) 21.40 Uhr. | الساعة (الآن) العاشرة إلا الثُلْث مساءً. |
| Es ist (jetzt) 3.45 Uhr. | الساعة (الآن) الرابعة إلا الرُبْع صباحاً. |
| Es ist (jetzt) 20.50 Uhr. | الساعة (الآن) التاسعة إلا عشر دقائق مساءً. |
| Geht Ihre Uhr richtig? | هل ساعتك مضْبوطة؟ |
| ● Meine Uhr geht nicht. | ● ساعتي عاطلة. |
| ● Meine Uhr geht vor. | ● ساعتي تُقدّم. |
| ● Meine Uhr geht nach. | ● ساعتي تؤخّر. |

## Zeiteinheiten

| | | | |
|---|---|---|---|
| Sekunde | ثانية ج ثوانٍ | Minute | دقيقة ج دقائقُ |

| | | | |
|---|---|---|---|
| Stunde | ساعة ج -ات | Jahr | سنة ج سنوات / عام ج أعْوام |
| Tag | يوم ج أيام | Jahrzehnt | عقْد ج عُقود |
| Woche | أسبوع ج أسابيعُ | Jahrhundert | قرْن ج قرون |
| Monat | شهْر ج شهور, أشْهُر | | |

**Tageszeiten**

| | | | |
|---|---|---|---|
| am Morgen/früh | صباحاً / في الصباح | spätnachmittags | عصْراً |
| Morgendämmerung | فجْر | am Abend | مساءً / في المساء |
| am Vormittag | قبْل الظهر | in der Nacht | في الليل / لَيْلاً |
| am Mittag | ظهْراً / في الظُهْر | Nachtzeit | لَيْل |
| am Nachmittag | بعد الظُهْر | Tagzeit (heller Tag) | نـــهار |
| Spätnachmittag | عصْر | am Tag | في النهار / نهاراً |

**Wochentage**

| | | | |
|---|---|---|---|
| Wochentag | | | يوم الأسبوع ج أيام الأسْبوع |
| Sonntag | يوم الأحد | Donnerstag | يوم الخميس |
| Montag | يوم الإثنين | Freitag | يوم الجُمْعة |
| Dienstag | يوم الثلاثاء | Sonnabend | يوم السبْت |
| Mittwoch | يوم الأرْبعاء | | |

| | |
|---|---|
| am Montag | (في) يَوْم الإثْنين / يومَ الإثْنين |
| am Mittwoch morgen, Mittwoch früh | (في) يوم الأرْبعاء صباحاً / في صباح يوم الأرْبعاء |
| Dienstag Abend | (في) يوم الثلاثاء مساءً / في مساء يوم الثلاثاء |

**Monate**

| | | |
|---|---|---|
| Januar | *äg.* يناير | *syr./irak.* كانون الثاني |
| Februar | فبراير | شُباط |
| März | مارْس | آذار |
| April | أبْريل | نيسان |

| | | |
|---|---|---|
| Mai | مايو | أيار |
| Juni | يونيو | حُزَيْران / حزيران |
| Juli | يوليو | تمّوز |
| August | أغُسْطُس | آب |
| September | سبْتمبر | أيْلول |
| Oktober | أُكْتوبر | تشْرين الأول |
| November | نُوفمبر | تشْرين الثاني |
| Dezember | ديسمبر | كانون الأول |

**Jahreszeiten**

| | | | |
|---|---|---|---|
| Jahreszeit | | | فصْل السنة ج فصول السنة |
| Frühling | ربيع | Herbst | خريف |
| Sommer | صَيْف | Winter | شتاء |

| | |
|---|---|
| im Frühling | في الربيع / في فصْل الربيع |
| im (Monat) April | في (شهْر) نسان |
| Anfang August | في بداية شهْر آب |
| Ende November | في نــــهاية شهْر نوفمبر |
| drei Tage vor dem 8. März | قبْل الثامِن من آذار بثلاثة أيّام |
| eine Woche vor Weihnachten | قبْل عيد ميلاد بأُسبوع (واحِد) |
| zwei Tage nach Neujahr | بعْد رأس السنة بيَوْمين |
| in dieser Woche | في هذا الأُسْبوع |
| im nächsten / kommenden Monat | في الشهْر القادِم |
| im letzten Jahr | في السنة الأخيرة / في العام الأخير |
| Anfang der Monats | في بداية الشهْر / في مطْلع الشهْر / في أوائل الشهْر |
| Mitte der dreißiger Jahre | في أواسِط الثلاثينيات / في مُنْتصف الثلاثينات |
| Ende des Monats | في نــــهاية الشهْر / في أواخِر الشهْر |
| Ende der kommenden Woche | في نهاية الأُسْبوع القادِم |

| | |
|---|---|
| Ende des 19. Jahrhunderts | في نهاية القرْن التاسِع عشر |
| (im Jahre) 1981 | في عام 1981 ( ألف وتِسْعمئة وواحد وثمانين) |
| | في سنة 1981 (ألْف وتِسْعمئةٍ وإحْدى وثمانين) |
| in den letzten Jahren | في السنوات / الأعْوام الأخيرة |
| in den fünfziger Jahren | في الخمْسينيّات / الخمْسينات |
| im zwanzigsten Jahrhundert | في القرْن العِشْرين |
| zwischen 1940 und 1950 | في الفترة ما بين عام 1940 وعام 1950 |

**Datum**

| | |
|---|---|
| Datum | تاريخ ج تواريخُ |
| Welches Datum ist heute? / Den wievielten haben wir heute? | ما هو تاريخ اليوم؟ |
| ● Heute ist der 6. Dezember. | ●اليوم السادس من كانون الأول. |
| ● Heute ist der 25. Juni. | ●اليَوْم الخامِس والعشْرون من حُزَيْران. |
| ● Heute ist 9. November. | ●اليوم التاسع من تشْرين الثاني. |
| Gestern war der 20. September. | كان أمس العشْرين من أيْلول. |
| Gestern war der 31. Mai. | كان أمس الحادي والثلاثين من أيّار. |
| | |
| im Oktober geboren / gestorben sein | وُلد / تُوُفيَ في (شهْر) تشْرين الأول. |
| am 3. März geboren / gestorben sein | وُلد / تُوُفيَ في الثالث من آذار. |
| im Jahre 1964 geboren / gestorben sein | وُلد / تُوُفيَ في عام 1964. |
| | |
| unserer Zeit, *Abk.* u.Z. (n.Chr.) | (ما) بعد الميلاد (ب م ) |
| vor unserer Zeit, *Abk.* v. u. Z. (v. Chr.) | (ما) قبل الميلاد (ق م) |

**Zeitbestimmungen**

| | |
|---|---|
| Vor wie vielen Monaten? Seit wie viel Monaten? | قبْل كم من الشُّهور؟ / مُنْذُ كمْ شهْراً؟ |
| In wie vielen Wochen? | بعْد كم من الأسابيع؟ |
| Wie lange brauchst du, um...? | كم من الوقْت تحتاج ل...؟ |
| gestern | أمْس |

| | |
|---|---|
| vorgestern | أمْس الأوّل |
| gestern früh | صباحَ (ال) أمْس / أمْس صباحاً / أمْس في الصّباح |
| gestern Mittag | ظُهرْ (ال) الأمْس / أمْس ظُهْراً / أمْس في الظُّهْر |
| gestern Abend | مساءَ (ال) أمْس / أمْس مساءَ / أمْس في المساء |
| heute, am heutigen Tage | اليَوْمَ |
| heute früh, heute morgen | صباحَ اليوم / اليومَ صباحاً / اليومَ في الصّباح |
| heute Mittag | ظُهْرَ اليوم / اليومَ ظُهْراً / اليومَ في الظُّهْر |
| heute Abend | مساءَ اليوم / اليومَ مساءً / اليومَ في المساء |
| morgen | غداً |
| übermorgen | بعْد غد |
| morgen früh | صباحَ (ال) غد / غداً صباحاً / غداً في الصّباح |
| morgen Mittag | ظُهْرَ (ال) غد / غداً ظُهْراً / غداً في الظُّهْر |
| morgen Abend | مساءَ (ال) غد / غداً مساءً / غداً في المساء |
| seit dem 1. Juli | مُنْذ الأول من تمّوز |
| seit drei Tagen | مُنْذ ثلاثة أيّام |
| vor vier Tagen | قبْل أرْبعة أيّام |
| vor zwei Stunden | قبْل ساعتين |
| in fünf Wochen | بعْد خمْسة أسابيع |
| in sechs Monaten | بعد ستة أشْهُر |
| nach einem halben Jahr | بعد نِصْف سنة |
| nach zehn Stunden | بعد عشر ساعات |
| bald | قريباً |
| dann | ثُمّ |
| einmal | مرّة واحدة |
| zweimal | مرّتين |
| dreimal | ثلاث مرّات |

| | |
|---|---|
| mehrmals | عدة مرّات |
| zum ersten Male | للمرّة الأولى |
| noch einmal | مرّة أُخْرى |
| eines Tages | في يومٍ من الأيّام / ذاتَ يومٍ |
| jeden Tag / täglich | كُلّ يومٍ / يومياً |
| an den meisten Tagen | في أكْثر الأيّام / في مُعْظم الأيّام |
| gewöhnlich / normalerweise | عادةً / في العادة |
| gleich / augenblicklich | آني |
| gleichzeitig | في آن واحد |
| immer | دائماً |
| jetzt | الآن |
| kurz davor sein / im Begriff sein *etw. zu tun* | أوْشك أنْ / (كان) على وشْك ... |
| kurz vor dem Ende sein | أوْشك على الانْتِهاء / أوْشك أن ينْتهي... |
| kürzlich / neulich / jüngst | مُؤَخّراً |
| manchmal | أحْياناً |
| nachher, danach | بعْد ذلك |
| nie(mals) | أبداً |
| oft / häufig | كثيراً / كثيراً ما / غالباً |
| plötzlich | فجْأةً |
| schließlich / endlich / zuletzt | أخيراً |
| selten | نادراً / نادراً ما |
| sofort | فوْراً |
| später, in Kürze | في وقْتٍ لاحِقٍ |
| später, nachher | فيما بعد |
| stündlich | كُلّ ساعة |
| unmittelbar, kurz nach | عقبَ |
| von Zeit zu Zeit | من وقْت لآخَر |

| | |
|---|---|
| vorhin / vorher | قبْل ذلك |
| während | خلال / أثْناءَ |
| zu der Zeit / damals | آنذاك / وقْتَئذٍ |
| zuerst | أولاً |

**Zeitdauer**

| | |
|---|---|
| eine Stunde | ساعة (واحدة) |
| eine halbe Stunde | نِصْف ساعة |
| eine Viertelstunde | رُبْع ساعة |
| von März an | ابْتداءً / اعْتِباراً من (شهر) آذار |
| von Sonntag bis Freitag | مُنْذ يَوْم الأحد حتى يوم الجُمْعة *(hocharab.)* |
| | من يوم الأحد لِغاية يوم الجُمعة *(umgangssprl.)* |

| | |
|---|---|
| dauern | استغْرق , يسْتغْرِق * / دام , يدوم / اسْتمرّ , يسْتمِرُّ |
| Die Sitzung dauerte drei Stunden. | استغْرقت الجلْسة ثلاث ساعات. |
| ein Besuch, der zwei Tage dauert = ein zweitägiger Besuch | زيارة تستغْرِق يومين. |
| Die Gespräche dauerten zwei Stunden. | دامت المُباحثات ساعتين. |
| Die Gespräche dauerten vier Stunden. | اسْتمرّت المُحادثات أربع ساعات. |
| Die Diskussionen dauerten an | اسْتمرّت المُناقشات. |

| | |
|---|---|
| bleiben *(über einen Zeitraum)* | بقِيَ يبْقى |
| Die Delegation blieb zwei Tage in dieser Stadt. | بقى الوفد في هذه المدينة لمُدّة يومين |
| einen Tag (lang) dort bleiben | بقي هناك يَوْماً واحِداً |
| mehrere Tage dort bleiben | بقي هناك عِدّة أيّام |
| eine Woche dort bleiben | بقي هناك أُسْبوعاً واحِداً |
| einen ganzen Monat dort bleiben | بقي هناك شهْراً كامِلاً |
| die ganze Nacht über dort bleiben | بقي هناك طوالَ الليل |
| zwei Jahre dort bleiben | بقي هناك لمُدّة سنتين / عامين |

| **Feste und Feiertage** | **الأعْياد** |
| --- | --- |
| Festtag, Feiertag | عِيد ج أعْياد |
| Geburtstag | عيد الميلاد |
| religiöse Feiertage | ج أعياد دينيّة |
| internationale Feiertage | ج أعْياد عالميّة |
| nationale Feiertage, Nationalfeiertage | ج أعْياد وطنيّة |
| Feier | احْتِفال ج -ات |
| Geschenk | هدِيّة ج هدايا |
| | |
| Glückwunsch, Gratulation | تهْنئة ج تهانٍ |
| Herzliche Glückwünsche! | أجْمل التهاني! |
| Beste Wünsche! | أطيب التمنِّيات! |
| Frohes Fest! | عِيد سعيد! |
| Gesegnetes Fest! | عِيد مُبارك! |
| | |
| Christliche Feiertage | ج أعْياد مسيحيّة |
| Weihnachten | عيد الميلاد |
| Karfreitag | يَوْم الجُمْعة الحزينة |
| Ostern | عيد الفِصْح |
| Christi Himmelfahrt | عيد الصُّعود |
| Fronleichnamsfest | عيد الجسد |
| Pfingsten | عيد العنْصرة |
| Reformationsfest | يوم الصْلاح البروتسْتانْتيّ |
| Buß- und Bettag | عيد التَّوْبة والغُفْران (الصلاة) |
| Allerheiligen | عيد جميع القدِّيسين |
| | |
| Islamische Feste | ج أعْياد إسْلاميّة |
| Fest des Fastenbrechens | عيد الفِطْر |

| | |
|---|---|
| Opferfest | عيد الأضْحى |
| Geburtstag des Propheten | عيد المَوْلِد النبويّ |
| Nacht des göttlichen Ratschlusses | لَيْلَة القدْر |
| Nächtliche Himmelsreise Mohammeds | لَيْلَة الإسْراء والمِعْراج |
| Nationale und internationale Feiertage | ج أعْياد وطنيّة وعالميّة |
| Unabhängigkeitsfest | عيد الاستقْلال , عيد الجلاء |
| Revolutionsfest | عيد الثَّوْرة |
| Tag der Arbeit (1. Mai) | عيد العُمّال |
| Tag der Einheit | عيد الوحْدة |
| Muttertag | عيد الأُم |
| Internationaler Frauentag | يوم المرْأة العالميّ |
| Internationaler Kindertag | يوم الطِّفْل العالميّ |
| Internationaler Studententag | يوم الطالِب العالميّ |
| Tag der Umwelt | يوم البيئة |

## Ortsangaben

### Lage / Ortsbestimmung

| | |
|---|---|
| Wo? | أيْنَ؟ |
| sich befinden *Gegenstand* | يوجد / توجد |
| sich auf dem Tisch befinden | يوجد / توجد على الطاولة |
| in dem Schrank befinden | يوجد / توجد في الخزانة |
| hinter der Tür befinden | يوجد / توجد وراء الباب |
| an der Wand befinden | يوجد / توجد على الجدار |
| sich befinden, sich aufhalten *Person* | أقام , يُقيم* |
| Der Schriftsteller hielt sich in Damaskus auf. | أقام الأديب في دِمشْق. |

| | |
|---|---|
| sich in der Hauptstadt aufhalten | أقام في العاصِمة |
| sich im Hotel aufhalten | أقام في الفُنْدُق |
| im Ausland aufhalten | أقام في الخارِج |
| liegen, gelegen sein *geogr* | وقع , يقع * |
| Unser Land liegt in Mitteleuropa | يقع بلدنا في أوروبا الوسْطى. |
| am Meer liegen | يقع على البحْر |
| im Norden des Landes liegen | يقع في شمال البلد |
| im Zentrum der Stadt liegen | يقع في مرْكز المدينة |
| in der zweiten Etage liegen | يقع في الطابق الثاني |

| | | | |
|---|---|---|---|
| im Haus | في البَيْت | im Bett | في السرير / الفِراش |
| im Zimmer | في الغُرْفة | im Zug | في القِطار |
| im 6. Stock | في الطابِق السادس | im Auto | في السيّارة |
| auf dem Tisch | على الطاولة | auf der Strasse | في الشارِع |
| auf dem Stuhl | على الكُرْسي | auf dem Weg | في الطريق |
| auf dem Kopf | على الرأس | auf dem Markt | في السوق |
| an der Wand | على الجِدار | an der Küste des Meeres | على شاطئ البحْر |
| an der Decke | على السقْف | an dem Ufer des Flusses | على ضِفّة النهْر |
| vor dem Haus | أمام البَيْت | vor dem Bahnhof | أمام المحطّة |
| vor dem Hotel | أمام الفُنْدُق | vor dem Restaurant | أمام المطْعم |
| hinter dem Museum | وراءَ المتحف | hinter der Bücherei | وراءَ المكْتبة |
| hinter dem Krankenhaus | وراءَ المُسْتشفى | hinter der Schule | وراءَ المدْرسة |

| | |
|---|---|
| hier | هُنا |

| | |
|---|---|
| dort | هُناك |
| rechts | يميناً |
| rechts von ... | يميناً من... |
| links | يساراً |
| links von .. | يساراً من.. |
| oben | فَوْقُ |
| über, auf | فَوْقَ |
| unten | تَحْتُ |
| unter | تَحْتَ |
| inmitten von | وسطَ / في وسط... |
| gegenüber | تُجاهَ |
| weit entfernt von | بعيد عن |
| in der Nähe von / nahe bei | قريب من / بالقُرْب من |
| irgendwo | في أيِّ مكان |
| überall | في كُلِّ مكان |

**Himmelsrichtungen**

| | |
|---|---|
| Norden | شمال |
| im Norden / nördlich | في الشمال / شمالاً |
| Osten | شرْق |
| im Osten /östlich | في الشرْق / شرْقاً |
| Süden | جنوب |
| im Süden / südlich | في الجنوب / جنوباً |
| Westen | غرْب |
| im Westen / westlich | في الغرْب / غرْباً |

**Richtungsangaben**

| | |
|---|---|
| Woher? | من أَيْنَ؟ |

| | | | |
|---|---|---|---|
| Wohin? | | | إلى أَيْنَ؟ |
| nach rechts | | | إلى اليمين |
| nach links | | | إلى اليسار |
| nach Norden | إلى الشمال | nach Süden | إلى الجنوب |
| nach Osten | إلى الشرْق | nach Westen | إلى الغرْب |

**Sich Fortbewegen**

| | |
|---|---|
| sich begeben nach / zu | توجّه , يتوجّه إلى |
| sich zum Bahnhof begeben | توجّه إلى المحطّة |
| zum Flugplatz | توجّه إلى المطار |
| gehen | ذهب , يذْهب * |
| in das Theater | ذهب إلى المسْرح |
| in das Geschäft | ذهب إلى المخْزن |
| zur Universität | ذهب إلى الجامِعة |
| nach Hause | ذهب إلى البيت |
| fahren / reisen | سافر , يُسافِر |
| nach Berlin fahren / reisen | سافر إلى (مدينة) برْلين |
| an die See fahren / reisen | سافر إلى البحْر |
| ins Gebirge fahren / reisen | سافر إلى الجِبال |
| zu einer Konferenz fahren / reisen | سافر لِحُضور المُؤْتمر |

**Nach dem Weg fragen**

| | |
|---|---|
| Verzeihung, wo ist die Universität? Sie soll in der Nähe sein? | عفْواً, أين الجامعة؟ سمعتُ أنها قريبة من هنا؟ |
| ● Genau. Die Universität ist in der Strasse rechts. | مضْبوط. الجامعة في الشارِع على يمينك. |
| Können Sie mir bitte den Weg zum Bahnhof zeigen? | عفْواً مُمْكِن أن تدُلّني على الطريق إلى المحطّة من فضْلك؟ |
| ● Gehen Sie geradeaus und dann nach rechts. | تروح على طول وبعد ذلك إلى اليمين. |

Können Sie mit bitte sagen, wie ich zur Bushaltestelle komme? عفواً مُمْكِن أن تقول لي كَيْف أصل إلى محطّة الباصات؟

● Die Haltestelle ist hier vor Ihnen unter den Bäumen. المحطّة هنا أماكم تحْت الأشْجار.

## Zahlen, Maße, Mengen und Formen

Wie viel? كم؟ كم من...؟

Für wie viel? بكم؟

Mit wie viel? مع كم؟

**Zahlen**[1]

0 Null صِفْر

Kardinalzahlen

| | | |
|---|---|---|
| 1 | واحدٌ / معلّم (واحد) | واحدة / معلمة (واحدة) |
| 2 | اثْنان / /معلمان (اثْنان) | اثْنتان / معلمتان (اثْنتان) |
| 3 | ثلاثةٌ / ثلاثة معلمين | ثلاثٌ / ثلاثُ معلمات |
| 4 | أرْبعةٌ / أربعة معلمين | أربع / أربعُ معلمات |
| 5 | خمسةٌ / خمسة معلمين | خمسٌ / خمسُ معلمات |
| 6 | ستةٌ / ستة معلمين | ستٌّ / ستُّ معلمات |
| 7 | سبعةٌ / سبعة معلمين | سبعٌ / سبعُ معلمات |
| 8 | ثمانيةٌ / ثمانية معلمين | ثمان / ثماني معلمات |
| 9 | تسْعةٌ / تسْعة معلمين | تسعٌ / تسْعُ معلمات |
| 10 | عَشَرةٌ / عَشَرَةُ معلمين | عشْرٌ / عشْرُ معلمات |
| 11 | أحَدَ عَشَرَ / <br> أحَدَ عَشَرَ معلماً | إحدى عَشْرةَ / <br> إحْدى عَشْرةَ معلمةً |
| 12 | اثْنا عَشَرَ / <br> اثْنا عَشَرَ معلماً | اثْنتا عَشْرةَ / <br> اثْنتا عشْرةَ معلمةً |

[1] Zur Verwendung der Zahlwörter siehe z.B. „Lehrbuch des modernen Arabisch" von Krahl / Reuschel / Schulz, Lektionen 10 und 16.

| | | |
|---|---|---|
| 13 | ثلاثةَ عَشَرَ /<br>ثلاثةَ عَشَرَ معلماً | ثلاثَ عشْرةَ /<br>ثلاثَ عشْرةَ معلمةً |
| 14 | أرْبعةَ عَشَرَ /<br>أرْبعةَ عَشَرَ معلماً | أرْبعَ عشْرةَ /<br>أرْبعَ عشْرةَ معلمةً |
| 15 | خمْسةَ عَشَرَ /<br>خمْسةَ عَشَرَ معلماً | خَمْسَ عشْرةَ /<br>خمْسَ عشْرةَ معلمةً |
| 16 | سِتّةَ عَشَرَ /<br>سِتّةَ عَشَرَ معلماً | سِتَّ عشْرةَ /<br>سِتَّ عشْرةَ معلمةً |
| 17 | سبْعةَ عَشَرَ /<br>سبْعةَ عَشَرَ معلماً | سبْعَ عشْرةَ /<br>سبْعَ عشْرةَ معلمةً |
| 18 | ثمانيةَ عَشَرَ /<br>ثمانيةَ عَشَرَ معلماً | ثماني عشْرةَ /<br>ثماني عشْرةَ معلمةً |
| 19 | تِسْعةَ عَشَرَ /<br>تِسْعةَ عَشَرَ معلماً | تِسْعَ عشْرةَ /<br>تِسْعَ عشْرةِ معلمةً |
| 20 | عِشْرون معلماً / عِشْرون معلمةً | عِشْرون |
| 21 | واحد وعشرون معلما /<br>إحْدى وعشْرون معلمةً | واحد/ أحد وعِشْرون<br>إحْدى وعشرون |
| 22 | اثْنان وعشْرون معلماً /<br>اثْنتان وعشْرون معلمةً | اثْنان وعشرون<br>اثْنتان وعشْرون |
| 23 | ثلاثةٌ وعِشْرون معلماً /<br>ثلاثٌ وعشْرون معلمةً | ثلاثةٌ وعِشْرون<br>ثلاثٌ وعشْرون |
| 30 | ثلاثون معلماً / ثلاثون معلمةً | ثلاثون |
| 40 | أرْبعون معلماً / أرْبعون معلمةً | أرْبعون |
| 50 | خمْسون معلماً / خمْسون معلمةً | خمْسون |
| 60 | سِتّون معلماً / سِتّون معلمةً | سِتّون |
| 70 | سبْعون معلماً / سبْعون معلمةً | سبْعون |

| 80 | ثمانون معلماً / ثمانون معلمةً | ثمانون |
|---|---|---|
| 90 | تسْعون معلماً / تسْعون معلمةً | تسْعون |
| 100 | مئة معلمٍ / مئة معلمةٍ | مئة / مائة ج مئات |
| 200 | مئتا معلمٍ | مئتان |
| 300 | ثلاثُمئة معلمٍ | ثلاثُمئة |
| 1000 | ألْف معلمٍ / ألْف معلمةٍ | ألْف ج آلاف |
| 2000 | ألفا معلمٍ | ألفان |
| 3000 | ثلاثةُ آلاف معلمٍ | ثلاثةُ آلافٍ |
| 10000 | عَشَرَةُ آلف معلمٍ | عَشَرَةُ آلافٍ |
| 1000000 | ملْيون معلمٍ | ملْيون |

Unbestimmte Zahlenangaben

| | |
|---|---|
| Dutzende | ج عشرات |
| Hunderte | ج مئات |
| Tausende | ج آلاف |
| Tausende und Abertausende | ج أُلوف مؤلفة |
| Zehntausende (von) | ج عشرات الآلاف (من) |
| Hunderttausende (von) | ج مئات الآلاف (من) |
| Millionen (von) | ج ملايين (من) |

Ordinalzahlen

| 1. | اليوم الأوَّل / الساعة الأولَى | الأوَّل / الأولَى |
|---|---|---|
| 2. | اليوم الثاني / الساعة الثانية | الثاني / الثانية |
| 3. | اليوم الثالث / الساعة الثالثة | الثالث / الثالثة |
| 4. | اليوم الرابع / الساعة الرابعة | الرابع / الرابعة |
| 5. | اليوم الخامس / الساعة الخامسة | الخامس / الخامسة |
| 6. | اليوم السادس / الساعة السادسة | السادس / السادسة |
| 7. | اليوم السابع / الساعة السابعة | السابع / السابعة |

| 8. | اليوم الثامِن / الساعة الثامِنة | الثامِن / الثامِنة |
|---|---|---|
| 9. | اليوم التاسِع / الساعة التاسِعة | التاسِع / التاسِعة |
| 10. | اليوم العاشِر / الساعة العاشِرة | العاشِر / العاشِرة |

Bruchzahlen

1/2 نِصْف

1/3 ثُلْث ج أثلاث

1/4 رُبْع ج أرْباع

1/5 خُمْس ج أخْماس

1/6 سُدْس ج أسْداس

1/7 سُبْع ج أسْباع

1/8 ثُمْن ج أثمان

1/9 تُسْع ج أتْساع

1/10 عُشْر ج أعْشار

1/12 واحِد على اثْنَيْ عَشَرَ

Einige Rechenoperationen

addieren جمع , يجْمع

plus زائد

Addiere 4 + 4! إجْمعْ أرْبعة و أرْبعة!

4 + 4 = 8 أرْبعة زائد أرْبعة يُساوي ثمانية.

subtrahieren طرح , يطْرُح

minus ناقِص

Subtrahiere 7 – 2! أُطْرُحْ سبعة من اثْنين!

7 – 2 = 5 سبعة ناقِص اثْنين يُساوي خمْسة.

multiplizieren *etw. mit* ضرب , يضْرِب

mal (x) (إضْرِب ) في

Multipliziere 3 x 3! اضْرِبْ ثلاثة في ثلاثة!

| | |
|---|---|
| 3 x 3 = 9 | ثلاثة في ثلاثة يُساوي تِسْعة. |
| dividieren *etw. durch* | قسم , يقْسِم |
| durch (:) | (اقْسِمْ) على |
| Dividiere (Teile) 14 : 7! | اقْسِم أربعة عشر على سبعة! |
| 14 : 7 = 2 | أرْبعة عشر على سبعة يُساوي اثْنين. |

**Mengenbegriffe**

| | | | |
|---|---|---|---|
| Breite | عرْض | Länge | طُول |
| Entfernung | مسافة ج -ات | Maß; Abmessung | مَقاس ج -ات |
| Fläche | مِساحة ج -ات | Menge | كميّة ج -ات |
| Gewicht | وزْن ج أوْزان | Summe | مبْلغ ج مبالِغُ |
| Größe *Umfang* | حجْم ج حُجوم | Umfang, Volumen | حجْم ج حُجوم , أحجام |
| Größe *Fläche* | مِساحة ج -ات | Zahl | عدد ج أعْداد |
| Höhe | ارْتِفاع | | |

**Maße und Gewichte**

| | | | |
|---|---|---|---|
| Meter | مِتْر ج أمْتار | Fuß | قدم ج أقْدام |
| Zentimeter | سنْتِمتْر ج -ات | Meile | مِيْل ج أمْيال |
| Millimeter | مِليمتْر ج -ات | Zoll | إنْش ج -ات |
| Kilometer | كيلومتْر ج -ات (كيلو) | Yard | يارْدة ج -ات |
| | | | |
| Hektar | هكتار ج -ات | Donum (etwa 2500 m²) | دونُم ج دنانِمُ |
| Quadratmeter | مِتْر مُربَّع | Feddan (= 4200 m²) | فدّان ج أفْدِنة |
| | | | |
| Kilogramm | كيلوغرام ج -ات | Pfund | نِصْف كيلوجرام |
| Gramm | غرام ج-ات (غ) / جرام | Tonne | طنّ ج أطْنان |
| Milligramm | مِليغرام ج -ات | Unze (= 28,35 g) | أُونْصة ج -ات |
| | | | |
| Liter | لِتْر ج -ات | Gallone | جالون ج -ات |

| | | | |
|---|---|---|---|
| Barrel | برْميل ج براميلُ | Malwa (= 4 1/8 Liter) | مَلْوة ج –ات |
| Kubikmeter | مِتر مُكعَّب | | |

**Formen und Muster**

| | | | |
|---|---|---|---|
| Bogen | قَوْس ج أقْواس | Kugel | كُرة ج –ات |
| Dreieck | مُثلَّث ج –ات | Linie, Strich | خطّ ج خُطوط |
| Ecke, Winkel | زاوية ج زوايا | Pfeil | سهْم ج سِهام |
| Form | شكْل ج أشْكال | Viereck, Quadrat | مُربَّع ج –ات |
| Kante | حافّة ج –ات , حوافٍ | Würfel | مُكعَّب ج –ات |
| Kreis | دائرة ج دوائرُ | Zylinder | أُسْطُوانة ج –ات |
| Kreuz | صليب ج صُلْبان | | |

| | |
|---|---|
| betragen | بلغ , يبْلُغ* |
| zählen | عدّ , يعُدُّ* |
| messen | قاس , يقيس |
| wiegen | وزن , يزِن |
| rechnen | حسب , يحْسُب |
| kosten | كلّف , يُكلِّف* |

## Angabe von Eigenschaften

**Beschreiben von Personen**

| | |
|---|---|
| groß, hoch(gewachsen) | طويل ج طِوال *(m)* / طويلة ج –ات *(f)* |
| klein *von Wuchs* | قصير ج قِصار |
| alt | كبير (في السِّنّ) ج كِبار |
| jung | صغير (في السِّنّ) ج صِغار |
| dünn, mager | نحيف ج نِحاف |

| | |
|---|---|
| dick, beleibt, korpulent | بدين ج بُدْن / بُدناءُ |
| | |
| hübsch, schön | جميل ج -ون |
| hässlich | قبيح ج قِباح |
| | |
| schlank, zierlich | رشيق ج -ون |
| elegant | أنيق ج -ون |
| blond | أشْقَرُ *(m)* شقْراءُ *(f)* ج شُقْر *(m)* شقْراوات *(f)* |
| mit blauen Augen, blauäugig | ذُو *(m)* ، ذات *(f)* عَيْنين زرْقاوَيْن ج ذوات |
| mit langer Nase | ذُو *(m)* ، ذات *(f)* أنْف طويل |
| mit schwarzen Haaren, schwarzhaarig | ذُو *(m)* ، ذات *(f)* شعْر أسْود |

**Charakterisieren von Personen und Verhaltensweisen**

| | | | |
|---|---|---|---|
| gut | طيِّب ج -ون | anständig, wohlerzogen | مُؤَدَّب |
| böse | شرير | frech | وَقِح |
| | | | |
| lustig, ausgelassen | مَرِح ج-ون / مَرْحى | treu, aufrichtig | مُخْلِص ج -ون |
| traurig, betrübt | حزين ج حُزناءُ | treu | وفِي ج أوفِياءُ |
| | | vertrauenswürdig | مَوْثوق فيه |
| schnell | سريع | treulos, untreu | غدّار |
| langsam | بطيْ | | |
| | | schlicht, einfach | بسيط ج بُسطاءُ |
| geizig | بخيل ج بُخلاءُ | kompliziert | مُعقّد ج -ون |
| freigebig, großzügig | كريم ج كِرام / كُرماءُ | launisch | مِزاجي ج -ون / مُتَقَلِب (المزاج) |
| | | | |
| fleißig | مُجْتهِد ج -ون | mutig | شُجاع ج شُجْعان |
| faul | كسْلان ج كُسالى | kühn, mutig; frech, dreist | جرِيء |
| | | feige | جبان ج جُبناءُ |

| | |
|---|---|
| glücklich | سعيد ج سُعداءُ |
| unglücklich, elend | تعِس ج -ون / تُعساءُ |
| reich | غنيّ ج أغْنياءُ |
| arm | فقير ج فُقراءُ |
| stark | قويّ ج أقْوياءُ |
| schwach | ضعيف ج ضُعفاءُ |
| gesund | صحيح ج أصحّاءُ / سليم ج -ون |
| krank | مريض ج مرْضى |
| hungrig | جَوْعان*(m)* / جُوْعى*(f)* ج جياع |
| durstig | عطْشان*(m)* / عطْشَى*(f)* ج عِطاش |

| | |
|---|---|
| hochmütig, arrogant | مُتكبِّر |
| bescheiden | مُتواضِع ج -ون |
| optimistisch | مُتفائِل ج -ون |
| pessimistisch | مُتشائِم ج -ون |
| erfolgreich | ناجِح |
| erfolglos | فاشِل |
| fortschrittlich | تقدُّميّ ج -ون |
| reaktionär | رجْعيّ ج -ون |
| klug, intelligent | ذكيّ ج أذْكِياءُ |
| dumm | غبيّ ج أغْبِياءُ |

| | |
|---|---|
| angenehm, nett, freundlich | لطيف ج لُطفاءُ |
| froh, fröhlich | فرِح / فرْحان |
| aktiv | نشيط ج -ون / نُشطاءُ |
| sportlich | رِياضيّ ج -ون |
| ruhig | هادئ ج -ون |
| lieb, teuer | عزيز ج أعِزّاءُ |
| ernst(haft) | جِدّيّ ج -ون |
| dankbar | مُتشكِّر - -ون / شاكِر ج -ون |
| zufrieden | مُرْتاح ج -ون / راضٍ ج -ون |
| geduldig | صبور |
| offen, freimütig | صريح ج صُرحاءُ |
| aufrichtig, wahrhaftig | صادِق |
| tolerant | مُتسامِح ج -ون |

| | |
|---|---|
| geschickt, clever | ماهِر ج مهرة |
| tüchtig, clever | شاطِر ج شُطّار |
| vernünftig | عاقِل ج -ون / عُقلاءُ |
| talentiert, begabt | مَوْهوب ج -ون |
| selbstbewusst | واثِق من نفْسِه |
| neugierig *negativ* | فُضوليّ ج -ون |
| arm, bedauernswert | مسْكين ج مساكينُ |
| müde | تعْبان ج -ون / مُتْعِب ج -ون |
| aufgeregt, nervös | عصبيّ ج -ون |
| verwirrt, verlegen | خجول |
| egoistisch | أنانيّ ج -ون |
| verrückt | مجْنون |
| verräterisch | خائِن |

| | |
|---|---|
| verlogen | كذوب |
| nachlässig, liederlich | مُهْمِل |
| eingebildet, selbstgefällig | مغْرور |
| rechthaberisch | مُكابِر |

| | |
|---|---|
| berühmt, bekannt *wegen, für* | مشْهور ب |
| interessiert *an* | مُهْتَمّ ب |
| stolz *auf* | فخور ب |

**Emotionen zeigen**

| | |
|---|---|
| fühlen *etw.* | شعر ، يشْعُر ب |
| spüren, empfinden *etw.* | أحسّ ، يُحِسّ ب |
| sich freuen *über* | سُرَّ ، يُسرّ ب * |
| glücklich sein | سعِد ، يسْعد |
| lachen *über* | ضحِك ، يضْحك من |
| lächeln | ابْتسم ، يبْتسِم |

| | |
|---|---|
| hoffen | أمل ، يأْمُل |
| träumen *von* | حلم ، يحْلِم ب |
| sich sehnen *nach* | اشْتاق ، يشْتاق إلى |
| weinen | بكى ، يبْكي |
| traurig sein *wegen* | حزِن ، يحْزن على |
| sich fürchten *vor* | خاف ، يخاف من |

| | |
|---|---|
| Es **lacht** viel, wer zuletzt lacht. (Wer zuletzt lacht, lacht am besten). | **يضْحك كثيراً مَن يضْحك أخيراً.** |

**Beschreiben von Gegenständen / Umgebung**

| | |
|---|---|
| groß | كبير |
| klein | صغير |
| breit | عريض |
| eng | ضيِّق |
| dick | سميك |
| dünn | رقيق / خفيف |
| lang | طويل |
| kurz | قصير |
| alt | قديم |
| neu | جديد |

| | |
|---|---|
| voll | مْملُوّ / ملْآن |
| leer | فارغ / خالٍ |
| leicht | خفيف |
| schwer | ثقيل |
| sauber | نظيف |
| schmutzig | وسِخ |
| hoch | عالٍ / مُرْتفِع |
| niedrig | مُنْخفِض |
| tief | عميق |

| | | | |
|---|---|---|---|
| heiß | حارّ / ساخِن | teuer | غالٍ |
| warm | دافئ | billig | رخيص |
| kalt | بارِد | | |
| | | fremd | غريب |
| schön | جميل | bekannt | معْروف |
| hässlich | قبيح | | |
| großartig, prächtig | عظيم / رائع | modern | حديث / عصْريّ |
| kostbar, wertvoll | نفيس | kostenlos | مجانيّ |
| rund | دائريّ / مُسْتدير | kurios | طريف |
| geräumig, weit | واسِع | | |

**Beschreiben von Sachverhalten /Gegebenheiten**

| | | | |
|---|---|---|---|
| leicht | سهْل | positiv | إيجابيّ |
| schwierig, , kompliziert | صعْب / مُعقّد | negativ | سلْبيّ |
| gut | جيِّد | erste(r) | أوّل ج -ون / أُولى ج -ات |
| schlecht | سيِّئ | letzte(r) | أخير |
| richtig | صحيح | allgemein | عامّ |
| falsch | غلط / خاطِئ | besondere(r) | خاصّ |
| möglich | مُمْكِن | salzig | مالِح |
| unmöglich | مُسْتحيل | süß | حُلْو |
| | | sauer | حامِض |
| | | bitter | مُرّ |
| wichtig, bedeutend | هامّ / مُهِمّ | nützlich | مُفيد |
| günstig | مُناسِب | notwendig | ضروريّ |
| wirksam | فعّال | genau, exakt | دقيق |

| | | | |
|---|---|---|---|
| klar, deutlich | واضِح | akzeptabel | مقْبول |
| ordentlich, geregelt | مُنَظَّم | ausgezeichnet | مُمْتاز |
| fest, stabil | ثابِت / متين | | |

| | | | |
|---|---|---|---|
| politisch | سياسيّ | kommerziell | تِجاريّ |
| sozial, gesellschaftlich | اجْتِماعيّ | national; patriotisch | وطنيّ |
| ökonomisch, wirtschaftlich | اقْتِصاديّ | international | دُوَليّ / عالميّ |
| wissenschaftlich | عِلْمي | demokratisch | ديمُقْراطيّ |
| kulturell | ثقافيّ | friedlich | سِلميّ |
| landwirtschaftlich | زِراعيّ | friedliebend | مُحِبّ للسلام |
| industriell | صِناعيّ | militärisch | عسْكريّ |
| technisch | فنّيّ / تكْنيكيّ / تِقَنيّ | | |

**Farben**

| | |
|---|---|
| Farbe | لَوْن ج ألْوان |
| schwarz | أسْودُ / سَوْداءُ ج سُود |
| weiß | أبيضُ / بَيْضاء ج بيضُ |
| blau | أزْرقُ / زرْقاءُ ج زُرْق |
| rot | أحْمرُ / حمْراءُ ج حُمْر |
| gelb | أصْفرُ / صفْراءُ ج صُفْر |
| grün | أخْضرُ / خضْراءُ / خُضْر |
| braun | أسْمرُ / سمْراءُ ج سُمْر |
| lila | بنفْسجيّ |
| rosa | ورْديّ |
| grau | رماديّ |
| dunkel | داكِن / غامِق |
| dunkelblau | أزْرق داكِن / أزْرق غامِق |
| hell | فاتِح |

| | |
|---|---|
| hellblau | أزْرق فاتِح |

**Gebrechen**

| | |
|---|---|
| blind | أعْمَى / عمْياءُ ج عُمى , عُمْيان |
| einäugig | أعْوَرُ / عَوْراءُ ج عُور |
| taub | أطْرش / طرْشاءُ ج طُرْش , أصمُّ / صمّاءُ ج صُمّ |
| stumm | أخْرس / خرْساءُ ج خُرْس , أبْكمُ / بكْماءُ ج بُكْم |
| taubstumm | أخْرس أطْرش , أصمُّ أبْكمُ |
| lahm | أعْرجُ / عَرْجاءُ ج عُرْج |
| gelähmt | أشلُّ / شلّاءُ ج شُلّ |
| blöde, dumm, doof | أحْمقُ / حمْقاءُ ج حُمْق |
| blödsinnig, dumm, töricht | أخْرقُ / خرْقاءُ ج خُرْق |

| | |
|---|---|
| Der Einäugige ist im Land der **Blinden** ein Herrscher. | **الأعْور في بِلاد العُمْي / العُمْيان حاكِم.** |
| Ein gescheiter **Stummer** ist besser als ein sprechender Dummer. | **أخْرس عاقِل خير من جاهِل ناطِق.** |
| Der **Blinde** ruft nach der Sonne und steht mittendrin. (Man sieht den Wald vor Bäumen nicht.) | **الأعْمى يطلُب الشمْس وهو فيها.** |

# Aus dem persönlichen Leben

## Angaben zur Person

**Personen**

| | | | |
|---|---|---|---|
| Mensch | إنْسان | Frau | إمْرأة ج نِساء |
| die Menschen / die Leute | الناس | Kind | طِفْل ج أطْفال |
| Individuum, Einzelperson | فرْد ج أفْراد | Baby, Säugling | رضيع ج رُضّع |
| Person | شخْص ج أشْخاص | Junge | ولد ج أوْلاد |
| Mann | رجل ج رِجال | Knabe, Junge | صبِيّ ج صبْيان |

| | |
|---|---|
| Mädchen, junge Frau | فتاة ج فتيات |
| Jugendlicher | شابّ ج شُبّان / شباب |
| Mann im reifen Alter | كهْل ج كُهول |
| alter Mann, alte Frau | عجوز ج عجائزُ |
| Inhaber, Herr; Freund | صاحِب ج أصْحاب |
| Freund | صديق ج أصْدِقاءُ |
| Gefährte; Genosse | رفيق ج رِفاق |

| | |
|---|---|
| Herr, Gebieter | سيّد ج سادة |
| Herrin, Dame | سيّدة ج –ات |
| Fräulein | آنِسة ج –ات |
| Mitglied | عُضْو ج أعْضاء |
| Partner | شريك ج شُرَكاءُ |
| Kollege | زميل ج زُملاءُ |

**Familie**

| | |
|---|---|
| Vater | أب ج آباء / والِد ج –ون |
| Mutter | أُم ج أُمّهات / والِدة ج –ات |
| die Eltern | *Dual* الوالدان |
| Sohn | اِبن ج أبْناء |
| Tochter | بِنت ج بنات |
| Bruder | أخ ج إخْوة |
| Schwester | أُخْت ج أخوات |
| Kinder *Pl* | ج أوْلاد / أطْفال |
| Großvater | جدّ ج أجْداد |
| Großmutter | جدّة ج –ات |
| Enkel | حفيد ج أحفاد |
| Enkelin | حفيدة ج –ات |
| Familie, Angehörige, Verwandtschaft | أهْل ج أهال |
| Familie, Sippe | عائلة ج –ات / عوائلُ |
| | أُسْرة ج أُسر |
| Verwandter | قريب ج أقْرِباءُ |
| Verwandtschaft | قَرابة |
| Onkel *mütterlicherseits* | خال ج أخْوال |

| | |
|---|---|
| Onkel *väterlicherseits* | عمّ ج أعْمام |
| Tante *mütterlicherseits* | خالة ج –ات |
| Tante *väterlicherseits* | عمّة ج –ات |
| Cousin *mütterlicherseits* | ابْن العمّ (العمّة) |
| Cousin *väterlicherseits* | ابْن الخال (الخالة) |
| Cousine *mütterlicherseits* | ابْنة العمّ (العمّة) |
| Cousine *väterlicherseits* | ابْنة الخال (الخالة) |
| Neffe | ابْن الأخ / ابْن الأخْت |
| Nichte | بِنت الأخ / بنت الأخْت |
| Schwiegersohn | صِهْر ج أصْهار |
| Schwiegertochter | كنّة ج كنائنُ |
| Schwager | سِلْف ج أسلاف |
| Schwägerin | سِلفة ج سلائفُ |
| Verlobter | خطيب ج خُطباءُ |
| Verlobte | خطيبة ج –ات |
| Bräutigam | عريس ج عِرْسان |
| Braut | عَروس ج عرائسُ |
| Ehemann, Gatte | زَوْج ج أزْواج |
| Ehefrau, Gattin | زَوْجة ج –ات |

| | |
|---|---|
| lieben *jmdn* | أحبّ , يُحِبُّ ه هـ * |
| heiraten *jmdn* | تزوّج , يتزوّج من |
| | |
| Familienstand | الحالة العائلية |
| ledig | عازِب / عزْباءُ ج عُزْب |
| verlobt | مخطوب |
| verheiratet *mit* | مُتزوِّج من |
| geschieden *Mann* | مُطلّق |
| geschieden *Frau* | مُطلَّقة |
| Witwer, Witwe | أرْمل(ة) ج أرامِلُ |
| Geschlecht | جِنس ج أجْناس |
| männlich | ذَكَر |
| weiblich | أُنْثى |

**Lebenslauf**

| | |
|---|---|
| Lebenslauf | سِيرة الحياة |
| Alter, Lebensalter | عُمْر أعْمار |
| Generation | جيل ج أجْيال |
| Geburt | ميلاد , وِلادة |
| Kindheit | طُفولة |
| Jugend(zeit) | (مرْحلة) الشباب |
| (hohes) Alter | شَيْخوخة |
| Tod | وفاة |
| | |
| Geburtsdatum | تاريخ الميلاد / تاريخ الولادة |
| Geburtsort | مكان الميلاد / محل الولادة / مسْقط الرأس |
| geboren werden | وُلد *(m)* وُلدت *(f)* |
| sterben | تُوُفِّيَ *(m)* تُوُفِيَت *(f)* |

| | |
|---|---|
| Wann wurdest du geboren? | متى وُلِدْتَ؟ |
| ● Ich wurde am . . . geboren | ● وُلِدتُ في ... |
| Wo wurdest du geboren? | أيْنَ وُلِدْتَ؟ |
| ● Ich wurde in ... geboren. | ● وُلِدْتُ في ... |
| Wie alt bist du? | كَمْ عُمْرُكَ؟ |
| ● Ich bin . . . Jahre (alt). | ● عُمْري ... سنة / سنوات. |
| Mein Bruder ist älter als ich. | أخي أكْبر مني. |
| Meine Schwester ist jünger als ich | أُخْتي أصْغر مني. |
| Sie ist drei Jahre jünger als ich | هي أصْغر مني بثلاث سنوات. |

**Anschrift**

| | |
|---|---|
| Name | اسْم ج أسْماء |
| Familienname | الاسْم العائلي |
| Beiname, Zuname | كُنْية / شُهْرة / نِسْبة |
| Anschrift, Adresse | عُنْوان ج عناوينُ |
| Wo wohnst du? | أيْنَ تسْكُن؟ |
| ● Ich wohne in . . . | ● أسْكُن في... |
| Wie lautet deine Anschrift? | ما هو عُنْوانُك؟ |
| ● Meine Anschrift ist ... | ● عُنْواني... |
| Wie ist deine Telefonnummer? | ما هو رقم تليفونك؟ |
| ● Meine Telefonnummer lautet: 12345 | ● رقْم تيليفوني هو 12345 |

## Wohnung

**Wohnlage**

| | |
|---|---|
| wohnen | سكن , يسْكُن |
| Er wohnt im Zentrum der Stadt. | يسْكُن في مرْكز المدينة. |

| | |
|---|---|
| in Dresden wohnen | سكن في (مدينة) درسْدن |
| in Bagdad wohnen | سكن في (مدينة) بغداد |
| in der Stadt wohnen | سكن في المدينة |
| auf dem Dorf wohnen | سكن في القَرْية |
| auf dem Lande wohnen | سكن في الريف |
| in der Hauptstadt wohnen | سكن في العاصِمة |
| im Studentenwohnheim wohnen | سكن في بيت الطلبة |
| in der . . . Straße wohnen | سكن في شارِع ... |
| im Hotel wohnen | سكن في الفُنْدُق |
| in einem großen Gebäude wohnen | سكن في مبْنى كبير |
| in der Nähe von . . . wohnen | سكن بالقُرْب من ... |
| nicht weit von . . . wohnen | سكن غَيْر بعيد عن ... |
| im 5. Stockwerk wohnen | سكن في الطابِق الخامِس |
| in einem mehrstöckigen Haus wohnen | سكن في بيت ذي عدة طوابِق |

| | |
|---|---|
| umziehen *in, nach* | انْتقل , ينْتقِل إلى * |
| Der Freund zog in eine neue Wohnung um. | انتقل الصديق إلى منْزل جديد. |

| | |
|---|---|
| in eine größere Wohnung (um)ziehen | انْتقل إلى منْزل أكْبر |
| nach Leipzig ziehen | انْتقل إلى مدينة لايبزك |
| aufs Land ziehen | انْتقل إلى الريف |

| | |
|---|---|
| in die Ewigkeit eingehen | انْتقل إلى رحْمة الله |

**Beschreibung der Wohnung**

| | |
|---|---|
| Wohnung | سَكَن , مسْكن ج مساكِنُ |
| Wohnung, Haus | منْزِل ج منازِلُ |
| Appartement | شِقّة ج شِقق |

| | |
|---|---|
| Gebäude | بناية ج -ات , عِمارة ج -ات |
| Bau, Gebäude | بناء ج أبْنية , مبْنىً ج مبانٍ |
| Hausbesitzer | صاحِب البيت |
| eine große / geräumige Wohnung | منْزِل كبير / واسِع |
| eine kleine Wohnung | منْزِل صغير |
| eine schöne Wohnung | منْزِل جميل |
| eine Wohnung mit drei Zimmern | منْزِل ذو ثلاث غُرف |
| eine Wohnung mit Bad | منْزِل بحمام |
| eine Wohnung im Erdgeschoss | منْزِل في الطابِق الأرْضي |
| eine Wohnung zweiten Stock | منْزِل في الطابِق الثاني |
| eine Wohnung suchen | بحث عن منْزِلٍ |

| | | | |
|---|---|---|---|
| mieten *etw.* | اسْتأْجر | Miete zahlen | دفع الإيجار |
| Mieter | مُسْتأْجِر ج -ون | Mietwohnung | سكن بالإيجار |
| vermieten *etw.* | أجّر | Mietvertrag | عقْد الإيجار |
| Vermieter | مُؤَجِّر ج -ون | Mietkosten | ج نفقات الإيجار |
| Miete | إيجار | Nebenkosten | ج نفقات إضافيّة |

**Haus und Wohnung**

| | | | |
|---|---|---|---|
| Aufzug | مِصْعد ج مصاعِدُ | Keller | قبْو ج أقْبية |
| Balkon | بلْكون ج -ات | Mauer | جدار ج جُدْران |
| Dach | سطْح ج سُطوح , أسْطح | Terrasse | شُرْفة ج -ات و شُرف |
| Fenster | شبّاك ج شبابيك / | Treppe | سُلّم ج سلالِمُ |
| | نافِذة ج نوافِذُ | Tür, Tor | باب ج أبواب |
| Fußboden | أرْضية | Wand | حائط ج حيطان |
| Haustür | باب البيت | (Zimmer-) Decke | سقْف ج سُقوف |

| | |
|---|---|
| Zimmer / Raum | غُرفة ج غُرف |

| | |
|---|---|
| ein sauberes Zimmer | غُرفة نظيفة |
| ein behagliches Zimmer | غُرفة مريحة |
| Arbeitszimmer | غُرفة العمل |
| Bad / Badezimmer | حمام ج -ات |
| Esszimmer, Speisezimmer | غُرْفة الأكل , غرْفة الطعام |
| Gästezimmer | غُرفة الضُيوف |
| Kinderzimmer | غُرْفة الأطفال |
| Korridor, Gang, Flur | ممرّ ج -ات |
| Küche | مطْبخ ج مطابخُ |
| Schlafzimmer | غُرفة النَوْم |
| Wohnzimmer / Aufenthaltsraum/ Salon | غُرْفة الجُلوس , صالون |

**Einrichtung**

| | | | |
|---|---|---|---|
| Möbel, Hausrat | ج مفْروشات | | |
| Mobiliar | أثاث | | |
| Bett | سرير ج أسرّة | Regal | رفّ ج رُفوف |
| Bücherregal | رفّ الكُتُب | Schrank | خزانة ج -ات , خزائِنُ |
| Bücherschrank | خزانة الكُتُب | Sessel | مقْعد ج مقاعِدُ |
| Fernsehapparat | جهاز التلفزيون | Sofa, Kanapee | كَنَبة ج -ات |
| Gardine | سِتارة ج ستائِرُ | Stuhl | كُرْسي ج كراسِيُّ |
| Heizung / Heizgerät | تدْفِئة | Telefon | جهاز التلِفون ج أجْهِزة |
| Kleiderschrank | خزانة الملابِس | Teppich | سجّادة ج سجاجيدُ / |
| Lampe | مِصْباح ج مصابيحُ | | بِساط ج -ات |
| Ofen | فُرْن ج أفران | Tisch | طاوِلة ج -ات , مائدة ج موائِدُ |
| Radio | جهاز الراديو ج أجْهِزة | | |
| Recorder | مُسجِّل ج -ات | | |

| | | | |
|---|---|---|---|
| Dusche | دُوش ج أدْشاش | Spiegel | مِرْآة ج مَرايا |

Toilette مِرْحاض ج مراحيضُ

Wanne بانيو ج بانيوهات

Waschbecken حَوْض ج أحْواض

Wasserhahn صُنْبور المِياه ج صنابيرُ

Boiler غلاّية ج –ات

Elektrogeräte *Pl* ج أدوات كَهْربائية

Elektroherd فُرن كَهْربائي ج أفْران

Gefrierschrank ثلاّجة ج –ات

Kochherd طبّاخ ج –ات

Klimagerät جِهاز تكْييف الهواء

Kühlschrank برّادة ج –ات

Mixer خلاطة ج –ات

Staubsauger مِكْنسة كهْربائية ج مكانِسُ

Waschmaschine غسّالة ج –ات

Küchengeräte *Pl* ج أدوات المطْبخ

Besen مِكْنسة ج مكانِسُ

Eimer جرْدل ج جرادِلُ / سطْل ج سُطول

Flasche زُجاجة ج –ات

Gabel شَوْكة ج –ات

Löffel مِلعقة ج ملاعِقُ

Messer سِكّين ج سكاكينُ

Sieb مِصْفاة ج مصافٍ

Tablett صينية ج صوانٍ

Tasse فِنْجان ج فناجينُ

Teller صحْن ج صُحون

Topf قِدْر ج قُدور

(Trink-) Glas كأس ج كُؤوس

Bratpfanne, Tiegel قلاّية ج –ات

Grill شوّاية ج –ات

↗ Restaurant

**Hausarbeiten**

waschen غسل , يغْسِل

bügeln كوى , يكْوي

kochen, Speisen zubereiten طبخ, يطْبخ

braten قلى , يقْلي

braten, grillen شوى , يشْوي

backen خبز , يخْبز

sieden غلى , يغْلي

## Angaben zum Heimatort

### Allgemeines

| | |
|---|---|
| liegen *geogr.*, sich befinden | وقع , يقَع* |
| Die Stadt liegt in einer schönen Umgebung. | تقع المدينة في منْطقة جميلة. |
| Die Stadt liegt im Süden des Landes. | تقع المدينة في جنوب البلاد. |
| Die Stadt liegt am Meer. | تقع المدينة على البِحار. |
| Die Stadt hat viele Sehenswürdigkeiten. | (توجد) في المدينة معالِم كثيرة. |
| Die Stadt wurde im Jahre . . . gegründet. | تأسّست المدينة في عام .... |
| Einwohner | ساكِن ج سُكّان |
| Die Stadt hat ... Einwohner | يسْكُن في المدينة .....ساكن / نسمة. |

↗ Geographische Begriffe ↗ Ortsangaben

| | |
|---|---|
| Stadt | مدينة ج مُدُن |
| Hauptstadt, Metropole | عاصِمة ج عواصِمُ |
| Großstadt | مدينة كُبْرى / واسعة |
| Stadtzentrum | مرْكز المدينة ج مراكِزُ المُدُن / وسط المدينة |
| Stadtteil / Stadtviertel | حي المدينة ج أحْياء المدينة |
| Dorf | قرْية ج قُرىً |

### Gebäude / Örtlichkeiten / Öffentliche Einrichtungen

| | |
|---|---|
| Bahnhof / Station | محطّة ج –ات |
| Bushaltestelle | محطّة باص |
| Bank | مصْرِف ج مصارِفُ / بنْك ج بُنوك |
| Bibliothek | مكْتبة ج –ات |
| Fabrik / Betrieb | مصْنع ج مصانِعُ |
| Flugplatz | مطار ج –ات |
| Gebäude | مبْنىً ج مبانٍ / بناء ج أبْنية |
| Geschäft / Laden | مخْزن ج مخازِنُ / مَحلّ ج –ات |
| Haus | بَيْت ج بُيوت / دار ج دُور |
| Hotel | فُنْدُق ج فنادِقُ |
| Kaufhaus | مُجمّع اسْتِهْلاكي ج –ات |
| Kindergarten | رَوْضة الأطْفال ج رِياض |
| Kinderkrippe | دار الحضانة ج دُور |
| Kino / Lichtspieltheater | دار السينما ج دُور |
| Krankenhaus | مُسْتشْفىً ج –ات |
| Markt | سوق ج أسْواق |

| | |
|---|---|
| Museum | مَتْحف ج متاحِفُ |
| Post(amt) | دائرة البريد ج دوائرُ البريد |
| Rathaus | دار البلديّة ج دُور البلديّة |
| Restaurant / Gaststätte | مطْعم ج مطاعِمُ |
| Schule | مدْرسة ج مدارِسُ |
| Schwimmbad | مسْبح ج مسابِحُ |

↗ Sehenswürdigkeiten

| | |
|---|---|
| Sparkasse | صنْدوق التوْفير ج صناديقُ التوفير |
| Sportplatz | ملْعب ج ملاعِبُ |
| Tankstelle | محطّة بنْزين ج –ات |
| Theater | مسْرح ج مسارِحُ |
| Wohnhaus | بيت السكن ج بيوت السكن |

**Straßenverkehr**

| | |
|---|---|
| Autobahn | أوْتوستراد ج –ات |
| Brücke | جِسْر ج جُسور |
| Ecke | زاوِية ج زوايا |
| Gasse | زُقاق ج أزِقّة |
| Haltestelle | محطّة ج –ات / مَوْقِف |
| Bushaltestelle | موقِف الباص |
| Straßenbahnhaltestelle | محطّة الترام |
| Taxihalteplatz | موقِف سيارات تاكْسي |
| Kurve | مُنْحنىً ج مُنْحنيات |
| Parkplatz | مَوْقِف / مَوْقِف سيارات |

| | |
|---|---|
| Platz | ساحة ج –ات / مَيْدان ج ميادينُ |
| Sackgasse | طريق مسْدود |
| Straße | شارِع ج شوارِعُ |
| Fernstraße | طريق خارِجي ج طُرق |
| Hauptstraße | شارِع رئيسي |
| Nebenstraße | شارِع جانِبي |
| Straßenkreuzung | تقاطُع الطُرُق ج –ات |
| Tunnel | نفق ج أنْفاق |
| Umleitung | تحْويلة |
| Weg | طريق ج طُرُق / سبيل ج سُبُل |

| | |
|---|---|
| Verkehr | حركة المُرور |
| Verkehrsampel | إشارة مُرور ضَوْئية ج –ات |
| Verkehrseinrichtungen, Verkehrsanlagen | ج مرافِقُ المُواصلات |
| Verkehrschaos | فَوْضى مُروريّة |
| Verkehrsdichte | كثافة المُرور |
| Verkehrspolizei | شُرْطة المُرور |

| | |
|---|---|
| Verkehrsregeln, Verkehrsordnung | نِظام المُرور |
| Verkehrssicherheit | سلامة المُرور |
| Verkehrsstau | اختناق مُروريّ |
| Verkehrsunfall | حادِثة المُرور ج حوادِثُ |
| Verkehrswesen | المُواصلات |

| | |
|---|---|
| Fahrer, Chauffeur | سائق ج سُواق , سائقون |

| | |
|---|---|
| Fahrgast / Passagier | راكِب ج رُكّاب |
| Fußgänger | ماشٍ ج مُشاة |
| Führerschein | رُخْصة سِياقة / رُخْصة قِيادة |

| | |
|---|---|
| **Verkehrsmittel** *Pl* | ج وسائلُ المُرور / المُواصلات , ج وسائِطُ النقْل |

| | |
|---|---|
| Fahrzeug | سيّارة ج ات / مرْكبة ج -ات |
| Auto / | سيّارة ج -ات |
| PKW *Personenkraftwagen* | سيارة رُكّاب , |
| | سيارة خاصّة ج -ات |
| LKW *Lastkraftwagen* | سيارة نقْل , |
| | سيّارة شحْن ج -ات / شاحِنة |
| Taxi | سيّارة تاكْسي ج -ات |
| Bus | باص ج -ات / أُوتوبيس |
| Gelenkbus | باص مفْصِلي |
| Kleinbus | ميكْروباص |
| Reisebus | باص سِياحي |
| Zug | قِطار ج -ات |
| Eilzug / Schnellzug | قِطار سريع |
| Sonderzug | قِطار خاصّ |
| Eisenbahn | (ال)سِكّة الحديد , السكّة الحديدية |
| | ج السِكك الحديدية |
| Eisenbahnwaggon | عربة ج -ات |

| | |
|---|---|
| Lokomotive / | قاطِرة ج -ات |
| S-Bahn | مِتْرو |
| U-Bahn / Metro | مِتْرو الأنْفاق |
| Schwebebahn | قِطار مُعلّق |
| Straßenbahn | ترام ج -ات |
| Omnibus, Straßenbahn | حافِلة ج -ات |
| Schiff | سفينة ج سُفُن / مرْكب ج مراكِبُ |
| Dampfschiff | باخِرة ج بواخِرُ |
| Boot | زَوْرق ج زوارِقُ / قارِب ج قوارِبُ |
| Motorboot | لنش / لنشة |
| Segelschiff | سفينة شِراعيّة |
| Flugzeug | طائرة ج -ات |
| Düsenflugzeug, Jet | طائرة نفّاثة |
| Hubschrauber | هليكوبْتر / طائرة مِروحية |
| Fahrrad | درّاجة ج -ات |
| Motorrad | درّاجة نارية / موتوسيكل |

| | |
|---|---|
| **Verkehrszeichen** | إشارة مُرورية ج -ات |
| Verbotszeichen | إشارات المنْع |
| Verkehrsverbot (für Fahrzeuge aller Art) | ممْنوع مُرور لكافة أنْواع السيّارات |
| Halteverbot | مَمْنوع الوُقوف |

| | |
|---|---|
| Einfahrt verboten | مَمْنوع الدُخول |
| Überholverbot | ممْنوع التجاوُز |
| Rechtsabbiegen verboten | ممْنوع الاتِّجاه إلى اليمين |
| Gebotszeichen | إشارات الإجْبار |
| Vorfahrt beachten | أوْلويّه المُرور للغيْر / أفْضليّة المُرور للغيْر |
| Stop! | قِف! |
| Geschwindigkeitsbegrenzung 60 km/h | حدّ السُرعة 60 كم في الساعة |
| Einbahnstraße | طريق اتِّجاه واحِد |
| Kreisverkehr | اتِّجاه مُسْتدير |
| Hinweiszeichen | إشارات الإرْشاد |
| Hauptstraße | شارِع رئيسي |
| Schnellstraße | طريق سريع |
| Eisenbahnübergang | مَعْبر سِكّة الحديد |
| Linkskurve | مُنْعطف يسار |
| Starkes Gefälle | مُنْحدَر خطِر |
| Fußgängerüberweg | ممرّ المُشاة |
| Wildwechsel | حَيْوانات متشرِّدة |
| Ende der Autobahn | نهاية الأوتوستراد |
| Hauptverkehrszeit *rush hours* | فتْرة الذِّرْوة / أوْقات الذِّرْوة |

**Was man unterwegs tun kann**

| | |
|---|---|
| mit dem Auto fahren / reisen | سافر / ذهب بالسيارة |
| in den Zug einsteigen | ركب القطار |
| aus der Straßenbahn steigen | نزل من الترام |
| gehen; (zu Fuß) laufen | مشى على الأقْدام |
| auf der Straße gehen / laufen | ذهب (مشى) في الشارِع |
| langsam (schnell) gehen / laufen | مشى ببُطء (بسُرْعة) |

| | |
|---|---|
| das Auto fahren / steuern, lenken | قاد السيارة / ساق السيارة |
| das Auto parken | ركن السيارة |
| das Auto anhalten | أوْقف السيارة |
| anhalten | وقف / توقّف |
| überholen *etw.* / *jmdn.* | تجاوز ه / هـــ |
| die Straße überqueren | عبر الشارِع |
| sich an die Verkehrsregeln halten | تقيّد بنظام المُرور |
| überfahren *jmdn.* | دهس ه |
| umsteigen | انْتقل |
| transportieren *etw.* | نقل هـــ / ه |

| | |
|---|---|
| Such erst den Nachbarn und dann das **Haus,**<br>und erst den Weggefährten und dann der **Weg** dir aus! | **الجار قبْل الدار والرفيق قبْل الطريق.** |

## Tagesablauf

### Am Morgen

| | |
|---|---|
| aufwachen, erwachen | اسْتيْقظ |
| aufstehen | قام , يقوم (من النوم) |
| zeitig (spät) aufstehen | قام مُبكّراً / باكِراً (مُتأخِّراً) |
| sich das Gesicht (die Hände) waschen | غسل وجهَه (يدَيْه) |
| baden, ein Bad nehmen | اسْتحمّ |
| die Zähne putzen | نظّف الأسْنان |
| die Haare kämmen | مشط الشعْر |
| ↗ Körperteile ↗ Kosmetik | |
| anziehen *Kleidungsstück* | لبِس هـــ / ارْتدى هـــ |
| die Kleidung anziehen / anlegen | لبس الملابِس / الثِياب |
| ↗ Kleidung | |
| frühstücken | تناول (طعام) الفُطور |

| | |
|---|---|
| eine Tasse Kaffee (Milch , Tee) trinken<br>↗ Speisen ↗ Getränke | شرب فنجاناً من القهْوة (الحليب , الشاي) |
| das Haus (die Wohnung) verlassen | غادر / ترك البيت (المنْزِل) |
| zur Schule gehen / fahren | ذهب إلى المدرسة |
| zur Universität gehen / fahren | ذهب إلى الجامعة |
| in den Betrieb gehen / fahren | ذهب إلى المصْنع |
| in die Bücherei gehen / fahren | ذهب إلى المكْتبة |
| mit dem Fahrrad fahren | ذهب بالدرّاجة |
| mit dem Auto fahren | ذهب بالسيّارة |
| mit dem Bus fahren | ذهب بالباص |
| zu Fuß gehen | مشى على الأقْدام |
| pünktlich ankommen<br>↗ Verkehrsmittel | وصل حسبَ الموعِد |

**Am Mittag**

| | |
|---|---|
| eine Pause haben / machen | قضى استِراحة |
| das Mittagessen einnehmen | تناول (طعام) الغداء |
| ins Restaurant (in die Mensa) gehen<br>↗ Speisen | ذهب إلى المطْعم (مطْعم الطلبة) |

**Am Nachmittag**

| | |
|---|---|
| wieder zu arbeiten beginnen | اسْتأنف العمل |
| aufhören zu arbeiten | انْتهى من العمل |
| nach Hause gehen | ذهب إلى البيت |
| einige Dinge einkaufen | اشْترى بعض الأشْياء |
| die Hausaufgaben erledigen | أنْجز الواجبات المنْزِلية |
| Freizeit verbringen | قضى وقْت الفراغ |

**Am Abend**

| | |
|---|---|
| das Abendessen einnehmen | تناول (طعام) العشاء |
| die Teller spülen / waschen | غسل الصُّحون |

| | |
|---|---|
| die Zeitung (ein Buch) lesen | قرأ الجريدة (كِتاباً) |
| Musik hören | اسْتمع إلى الموسيقى |
| Fernsehen | شاهد التِّلفزيون |
| ins Theater (ins Kino) gehen | ذهب إلى المسْرح (إلى السينما) |
| ↗ Freizeit | |
| müde sein | تعِب , يتْعب |
| die Sachen ablegen | نزع الملابِس |
| ins Bett gehen /schlafen gehen | ذهب إلى السرير / إلى النَّوْم |
| den Wecker aufziehen | ضبط المُنبه |

## Berufe / Tätigkeiten / Arbeitsstätten

### Allgemeines / Sprachliche Wendungen

| | |
|---|---|
| arbeiten / beschäftigt sein | عمِل , يعْمل / اشْتغل , يشْتغِل |
| als Lehrer arbeiten | عمِل / اشْتغل مُعلِّماً |
| im Betrieb arbeiten | عمِل / اشْتغل في المصْنع |
| ↗ Berufe ↗ Arbeitsstätten | |
| herstellen, produzieren *etw.* | صنع , يصْنع هـ / أنْتج , يُنْتِج هـ |
| Waren (neue Produkte) herstellen | صنع / أنْتج سِلعاً (مُنْتجات جديدة) |
| anbauen, bestellen *etw.* | زرع , يزْرع هـ |
| Gemüse (Obst) anbauen | زرع الخُضْروات (الفُواكه) |
| ernten *etw.* | حصد , يحْصُد هـ |
| Getreide (Weizen) ernten | حصد الحُبوب (القمْح) |
| (ab)pflücken | قطف , يقْطِف هـ |
| Äpfel (Pfirsiche) pflücken | قطف التُّفاح (الخَوْخ) |
| (er)bauen *etw.* | بَنى , يبْني هـ |
| Wohnhäuser (einen Staudamm) (er)bauen | بنى البُيوت السكنية (سدّاً) |
| verkaufen *etw.* | باع , يبيع هـ |

| | |
|---|---|
| Waren (Brot, Bücher) verkaufen | باع بضائع (خُبْزاً, كُتُباً) |
| untersuchen *etw.* | فحص , يفْحص هـ |
| das Gerät (den Patienten) untersuchen | فحص الجهاز (المريض) |
| reparieren *etw.* | صلّح , يُصلّح هـ |
| das Auto (die Maschine) reparieren | صلّح السيّارة (الآلة) |
| | |
| Was sind Sie von Beruf? / Was ist Ihr Beruf? | ما هي مِهْنتُك؟ |
| (Als) Was arbeiten Sie? | ماذا تعْمل؟ ماذا تعْملين؟ |
| ● Ich bin Arzt. | أنا طبيب. |
| ● Ich arbeite als Verkäuferin. | أنا بائعة. |
| Wo arbeiten Sie? / Wo sind Sie beschäftigt? | أيْن تعْمل؟ أين تشْتغل؟ |
| ● Ich arbeite im Krankenhaus. | أعْمل / أشْتغِل في المُسْتشْفى. |
| ● Ich arbeite im Supermarkt. | أعْمل /أشْتغِل في السوبرْمارْكت. |
| | |
| als Chauffeur arbeiten | عمِل سائقاً |
| als Verkäufer arbeiten | عمِل بائعاً |
| als Krankensschwester arbeiten | عمِل مُمرِّضةً |
| als Ingenieur arbeiten | عمِل مُهنْدِساً |
| als Regisseur arbeiten | عمِل مُخْرِجاً |
| | |
| Krankenhaus arbeiten | عمِل في المُسْتشْفى |
| in der Bibliothek arbeiten | عمِل في المكْتبة |
| in der Universität arbeiten | عمِل في الجامعة |
| | |
| in der Industrie arbeiten | عمِل في مجال الصناعة |
| in der Landwirtschaft arbeiten | عمِل في مجال الزراعة |
| im Handel arbeiten | عمِل في مجال التجارة |
| in der Verwaltung arbeiten, beschäftigt sein | عمِل في مجال الإدارة |

| | |
|---|---|
| im Servicebereich arbeiten | عمِل في مجال الخَدَمات |
| im Bildungswesen arbeiten | عمِل في مجال التعْليم |
| im medizinischen Bereich arbeiten | عمِل في مجال الصِّحّة |
| im sozialen Bereich arbeiten | عمِل في المجال الاجْتِماعي |

**Berufe / Tätigkeiten**

| | | | |
|---|---|---|---|
| Arbeiter | عامِل ج عُمّال | Notar | مُوثِّق العُقود ج مُوثِّقو العُقود |
| Bauer | فلاّح ج –ون | | |
| Landwirt, Farmer | مُزارِع ج –ون | Bäcker | خبّاز ج –ون |
| Jäger | صيّاد ج –ون | Fleischer, | قصّاب ج –ون / |
| Hausfrau | ربّة البيت ج ربّات البُيوت | Metzger | جزّار ج –ون |
| | | Gärtner | بُسْتاني ج –ون |
| Lehrer *(Grundschule)* | مُعلِّم ج –ون | Gerber | دبّاغ ج –ون |
| Dozent/Oberschullehrer | مُدرِّس ج –ون | Handwerker | حِرفي ج –ون |
| Schüler | تِلْميذ ج تلاميذُ | Klempner | سبّاك ج –ون / سمْكري ج –ون |
| Student | طالِب ج طُلاّب , طَلَبَة | Koch | طبّاخ ج –ون |
| Lehrling | مُتدرِّب ج –ون | Maurer | بنّاء ج –ون |
| Wissenschaftler | عالِم ج عُلماءُ | Mechaniker | ميكانيكي ج –ون |
| | | Müller | طحّان ج –ون |
| Arzt | طبيب ج أطبّاءُ | Schlosser | مُصلِّح ج –ون |
| Zahnarzt | طبيب الأسْنان | Schmied | حدّاد ج –ون |
| Tierarzt | طبيب بَيْطري | Schneider | خيّاط ج –ون |
| Krankenschwester | مُمرِّضة ج –ات | Schuster | حذّاء ج –ون |
| Krankenpfleger | مُمرِّض ج –ون | Tischler, Zimmermann | نجّار ج ون |
| Apotheker | صَيْدلي ج صيادِلة | Weber | نسّاج ج –ون |
| | | | |
| Richter | قاضٍ ج قُضاة / حاكِم ج حُكّام | Friseur | حلاّق ج –ون |
| Rechtsanwalt | مُحامٍ ج –ون | Pförtner | بوّاب ج –ون |

| | |
|---|---|
| (Last)Träger | حمّال ج -ون |
| Diener | خادم ج خَدَم |
| Müllmann | زبّال ج -ون |
| Geldwechsler | صرّاف ج -ون |
| Kaufmann / Händler | تاجر ج تُجّار |
| Lebensmittelhändler, Krämer | بقّال ج -ون |
| Ingenieur | مُهندِس ج -ون |
| Architekt | مُهندِس معْماري ج -ون |
| Techniker | فنّيّ ج -ون |
| Elektriker | كهْربائي ج -ون |
| Journalist | صُحُفي ج -ون |
| Fotograf | مُصوِّر ج -ون |
| Korrespondent | مُراسِل ج -ون |
| Rundfunksprecher | مُذيع ج -ون |
| Redakteur | مُحرِّر ج -ون |
| Chefredakteur | رئيس التحْرير ج رُؤساءُ التحْرير |
| Dolmetscher / Übersetzer | مُترْجِم ج -ون |
| Bildhauer | نحّات ج -ون |
| Dichter | شاعِر ج شُعراءُ |
| Komponist | مُلحِّن ج -ون |
| Künstler | فنّان ج -ون |
| Regisseur | مُخْرِج ج -ون |
| Sänger | مُغنٍ ج -ون |
| Schauspieler | مُمثّل ج -ون |
| Schriftsteller / Literat | أديب ج أُدباءُ |
| Soldat | جُنْدي ج جُنود |
| Offizier | ضابِط ج ضُبّاط |
| Polizist | شُرْطي ج رِجال الشُّرْطة |
| Chauffeur | سائِق ج -ون |
| Pilot | طيّار ج -ون |
| Stewardess | مُضيفة ج -ات |
| Seemann / Matrose | بحّار ج بحّارة |
| Fischer | سمّاك ج -ون |
| Hafenarbeiter | عامِل الميناء ج عُمّال الميناء |
| Minister | وزير ج وُزراءُ |
| Diplomat | دِبْلوماسي ج -ون |
| Politiker | سِياسي ج -ون |
| Direktor | مُدير ج مُدراءُ , مُديرون |
| Präsident / Leiter | رئيس ج رُؤساءُ |
| Angestellter | مُسْتخْدَم ج -ون |
| Beamter | مُوظّف ج -ون |
| Zöllner, Zollbeamter | مُوظّف الجُمْرك ج مُوظّفو الجُمْرُك |

| | |
|---|---|
| Wenn die **Köche** zahlreich sind, verdirbt das Fleisch. | **إذا كثُر الطبّاخون فسد اللحْم.** |
| Wegen der vielen **Matrosen** sank das Schiff. (Viele Köche verderben den Brei.) | **من كثْرة الملاحين غرِقت السفينة.** |

**Arbeitsstätten**

| | |
|---|---|
| Arbeitsplatz | محَلّ العمل ج -ات / مكان الشُّغْل ج أماكِنُ |
| Betrieb / Fabrik / Werk | مصْنع ج مصانِعُ / معْمل ج معامِلُ |
| Firma / Gesellschaft | شرِكة ج -ات |
| Baustelle | مكان البِناء ج أمْاكِنِ البناء |
| Werkstatt | ورْشة ج -ات / وِرش |
| Gut / Farm | مزْرعة ج مزارِعُ |
| Unternehmen / Institution | مُؤسّسة ج -ات |
| Büro / Amt | مكْتب ج مكاتِبُ |
| Ministerium | وزارة ج -ات |
| Schule | مدْرسة ج مدارِسُ |
| Universität | جامعة ج -ات |
| Bibliothek | مكْتبة ج -ات |
| Institut | معْهد ج معاهِدُ |
| Museum | متْحف ج متاحِفُ |
| Theater | مسْرح ج مسارِحُ |
| Gaststätte / Restaurant | مطْعم ج مطاعِمُ |
| Hotel | فُنْدُق ج فنادِقُ |
| Postamt | دائرة البريد ج دوائِرُ البريد |
| Bank | مصْرِف ج مصارِفُ / بنْك ج بُنوك |
| Markt / Basar | سُوق ج أسواق |
| Supermarkt | سوبرْمارْكت |
| Geschäft / Laden | مخْزن ج مخازِنُ / محلّ ج -ات |

| | |
|---|---|
| Kaufhaus / Warenhaus | مُجمَّع استْهلاكي ج -ات |
| Tankstelle | محطّة بنْزين ج -ات |
| Krankenhaus | مُستْشفى ج -ات |
| Klinik / Arztpraxis | عِيادة ج -ات |
| Apotheke | صيْدلية ج -ات |
| Bahnhof / Station | محطّة ج -ات |
| Flugplatz | مطار ج -ات |
| Hafen | مرْفأ ج مرافِئ / ميناء ج موانِئُ, موانٍ |

## Freizeit

### Allgemeines

| | |
|---|---|
| Freizeit | وقْت الفراغ |
| die Freizeit verbringen | قضى وقت الفراغ |
| viel Freizeit | كثير / مُتّسِع من وقت الفراغ |
| wenig Freizeit | قليل من وقت الفراغ |
| Interessen / Hobbys | هِواية ج -ات |
| ein Hobby betreiben | مارس هِوايةً |
| gern tun *etw.* | أحبّ (أنْ يفْعلَ شيْئاً) |
| fernsehen | شاهد التِّلِفِزيون |
| Radio hören | استْمِع إلى الراديو |
| Briefe schreiben | كتب رسائل |
| mit Freunden korrespondieren | راسل الأصْدِقاء |
| einen Film sehen | شاهد فيلْماً |
| eine Zeitung (ein Buch) lesen | قرأ جريدة (كِتاباً) |
| spazieren gehen | تنزّه / قام بِنُزْهة |
| ins Kino gehen | ذهب إلى (دار) السينما |
| ins Theater gehen | ذهب إلى المسْرح |

| | |
|---|---|
| ein Museum besuchen | زار متْحفاً |
| Freunde besuchen | زار الأصْدقاء |
| fotografieren | الْتقط صُوراً |
| Sport treiben | مارس الرِّياضة |
| Briefmarken sammeln | جمع الطوابع |
| sich interessieren *für etw.* | اهْتمّ ب |
| sich für Literatur interessieren | اهْتمّ بالأدب |
| sich für Bücher interessieren | اهْتمّ بالكُتُب |
| sich für Musik interessieren | اهْتمّ بالمُوسيقى |
| sich für Sport interessieren | اهْتمّ بالرِّياضة |
| interessiert sein *an* | مُهْتمّ (ة) ب |
| Was machst du in deiner Freizeit? | ماذا تفعل في أوْقات فراغك؟ |
| ● Ich höre gern Musik. | ●أحِبّ أنْ اسْتمِع إلى الموسيقى. |
| Was ist dein Hobby? | ما هي هوايتُك؟ |
| ● Ich sammle alte Bücher. | ●أجْمع كُتُباً قديمة. |

**Literatur / Bücher**

| | |
|---|---|
| Bibliothek / Buchhandlung | مكْتبة ج –ات |
| Literatur | أدب ج آداب |
| die klassische Literatur | الأدب الكلاسيكي |
| die moderne Literatur | الأدب الحديث / العصْري |
| Dichtung, Lyrik, Poesie | شِعْر ج أشْعار |
| Gedicht | شِعْر ج أشْعار / قصيدة ج قصائدُ |
| Roman / Erzählung | رِواية ج –ات |
| Novelle / Geschichte | قِصّة ج قِصص |
| Kurzgeschichte | قِصّة قصيرة |
| Märchen, Legende | قِصّة خُرافية |
| Werk *lit.* | مُؤَلَّف ج –ات |

| | |
|---|---|
| Übersetzung | تَرْجمة ج تراجِمُ |
| Schriftsteller | كاتِب ج كُتّاب |
| Dichter, Lyriker | شاعِر ج شُعراءُ |
| Literat | أديب ج أُدباءُ |
| Autor | مُؤَلِّف ج -ون |
| Leser | قارِئ ج قُرّاءُ |
| | |
| lesen *etw.* | قرأ هـ |
| schreiben *etw.*, verfassen *etw.* | ألّف هـ |
| dichten *etw.*, Verse machen | نظم هـ |
| erscheinen, herauskommen | صدر* |
| Das Buch erschien im Jahr ... | صدر الكِتاب في سنة .... |

**Theater / Kino**

| | |
|---|---|
| Theater | مسْرح ج مسارِحُ |
| Kino | دار السينما ج دُور السينما |
| Theaterstück / Schauspiel | مسْرحيّة ج -ات |
| Tragödie | مأساة ج مآسٍ / تراجيديا ج -ات |
| Komödie | كُوميديا ج -ات |
| Oper | أُوبِرا ج أُوبِرات |
| die Komische Oper | لأُوبِرا الكوميدية |
| das Opernhaus | دار الأُوبِرا |
| Operette | أُوبريت ج -ات |
| Ballett | باليه |
| Film | فِيلْم ج أفْلام |
| (Theater-) Aufführung | عرْض المسْرحيّة |
| Schauspieler | مُمثِّل ج -ون |
| Regisseur | مُخْرِج ج -ون |

| | |
|---|---|
| Theaterensemble | فِرْقة مسْرحيّة ج فِرق مسْرحية |
| das Publikum | الجُمْهور |
| Theaterbesucher | زائِر المسْرح ج زُوّار المسْرح |
| Theaterliebhaber | مُحِبّ المسْرح ج مُحِبّو المسرح |
| Platz | مقْعد ج مقاعِدُ |
| Eintrittskarte | تذْكِرة ج تذاكِرُ |
| aufführen, geben *(ein Theaterstück)* | عرض هـ */ قدّم هـ * (مسْرحيّة) |
| eine Oper aufführen | عرض أُوبِرا |
| Regie führen | أخْرج , يُخْرِج |
| ins Theater gehen | ذهب إلى المسْرح |
| ins Kino gehen | ذهب إلى (دار) السينما |
| Plätze bestellen | حجز مقاعِد |
| Eintrittskarten bestellen | حجز تذاكِر |
| sich über das Theaterprogramm informieren | اطّلع على برنامج المسْرح |
| den Inhalt der Oper informieren | اطّلع على مضْمون الأوبرا |
| dieses Schauspiel sehen | شاهد / حضر عرْض هذه المسْرحية |
| diese Ballettaufführung sehen | شاهد / حضر عرْض هذا الباليه |

**Kunst**

| | |
|---|---|
| Kunst | فنّ ج فُنون |
| die moderne Kunst | الفنّ الحديث |
| die bildende Kunst | الفنّ التشْكيلي |
| die Volkskunst | الفنّ الشعْبي |
| Architektur | هنْدسة البِناء / الهنْدسة المِعْمارية |
| Malerei | فنّ الرّسْم |
| Bildhauerei | فنّ النّحْت |
| Musik | مُوسيقى |
| Tanz | رقْص |

**Malerei**

| | |
|---|---|
| Bild | صُورة ج صُوَر |
| Gemälde, Tafel | لَوْحة ج -ات |
| Zeichnung, Bild | رسْم ج رُسوم |
| Skizze | رسْم تخْطيطي ج رُسوم تخْطيطية |
| Maler, Zeichner | رسّام ج -ون |
| Karikaturist | رسّام الكاريكاتير ج رسّامو الكاريكاتير |
| malen *etw.* | رسم ، يرْسُم هـ |
| abbilden, darstellen, illustrieren *etw.* | صوّر ، يُصوِّر هـ |
| die Wirklichkeit darstellen | صوّر الواقِع |
| die Natur darstellen | صوّر الطبيعة |
| (Gemälde-) Ausstellung | معْرِض الصُّوَر ج معارِض الصُّوَر |
| eine Ausstellung veranstalten | أقام معْرِضاً |
| eine Ausstellung besuchen | زار معْرِضاً |
| die Ausstellung für moderne Kunst | معْرِض الفنّ الحديث |
| Zuspruch, Interesse *für* | إقْبال على / اهْتمام ب |
| großes Interesse finden | لَقِيَ إقْبالاً شديداً |
| ein großer Zuspruch für die Ausstellung | إقْبال شديد على المعْرِض |

**Musik**

| | |
|---|---|
| Musik | موُسيقى |
| instrumentale Musik | مُوسيقى آلية |
| Jazzmusik | موسيقى الجاز |
| Kammermusik | موسيقى الحُجْرة |
| Kirchenmusik | موسيقى كنائسيّة |
| klassische Musik | مُوسيقى كلاسيكية |
| Marschmusik, Militärmusik | موسيقى عسْكرية |
| moderne Musik | موُسيقى حديثة |

| | |
|---|---|
| orientalische Musik | موسيقى شرْقيّة |
| Popmusik | موسيقى البوب |
| Tanzmusik | موسيقى الرقْص |
| Volksmusik | موسيقى شعْبية |
| Musikkapelle / Orchester | فِرْقة موسيقيّة ج فِرق موسيقيّة |
| Musikant, Spieler *auf einem Instrument* | عازِف ج -ون |
| Musiker | مُوسيقيّ ج -ون / مُوسيقار |
| Dirigent / Kapellmeister | قائد الفِرْقة المُوسيقيّة |
| Komponist | مُلحِّن ج -ون |
| Sänger | مُغنٍّ ج -ون |
| Chor | كُروس |
| musizieren, spielen *ein Instrument* | عزف , يعْزِف |
| Klavier spielen | عزف على البيانو |
| singen *etw.* | غنّى , يُغنّي هـ |
| Musikstück | قِطْعة موسيقيّة ج قِطَع موسيقيّة |
| Symphonie | سِمْفونِيّة |
| Lied, Chanson | أُغْنِيّة ج أغانٍ |
| Hymne, Lied | نشيد ج أناشيدُ |
| Nationalhymne | نشيد وطنيّ |
| Melodie | لحْن ج ألْحان |
| Weise, Melodie | نغم ج أنْغام |
| Rhythmus | إيقاع ج -ات |
| Musikinstrument | آلة مُوسيقية ج -آلات مُوسيقيّة |

| | | | |
|---|---|---|---|
| Geige | كمان ج -ات | Tamburin | دفّ ج دُفوف |
| Gitarre | قيثارة ج -ات | Trommel | طبْل ج طُبول |
| Laute | عُود ج أعواد | Flöte | ناي ج -ات |
| Rabab *arab. Streichinstrument* | ربابة ج -ات | Horn, Posaune, | بُوق ج أبْواق |

| | | | |
|---|---|---|---|
| Trompete | | Orgel | أُرْغُن |
| Piano, Klavier | بيانو | | |

**Sport**

Sport رِياضة

Sport treiben مارس الرِّياضة

Sportler رِياضيّ ج -ون

trainieren *jmdn.* درّب , يُدرِّب ه

trainieren *eine bestimmte Sportart* تدرّب على

Training تدْريب

Trainer مُتدرِّب ج -ون

Mannschaft فِرْقة ج فِرق

Auswahl, Mannschaft مُنْتخب ج -ات

Club, Verein نادٍ ج أنْدِيَة

Sportplatz ملْعب ح ملاعِبُ

Stadion إسْتاد ج -ات

Schwimmbad, Schwimmhalle مسْبح ج مسابِحُ

Sportart لِعبة رياضيّة ج ألْعاب رياضيّة

Turnen جُمْباز

| | | | |
|---|---|---|---|
| Bodenturnen | الجُمْباز الأرْضي | Seitpferd | حِصان الحَلَق |
| Pferdsprung | الحِصان | Reck | العُقْلة |
| Ringe | الحَلَق | Schwebebalken | عارِضة التوازُن |
| Barren | المُتوازي | | |

Schwimmen سِباحة

| | | | |
|---|---|---|---|
| Brust(schwimmen) | صدْر | Rücken(schwimmen) | ظهْر |

| | | | |
|---|---|---|---|
| Schmetterling, Delphin | فَراشة | Freistil)schwimmen | حُرّة |
| Boxen, Boxkampf | | | مُلاكمة |
| Ringen, Ringkampf | | | مُصارعة |
| Klassisch | المُصارعة الرومانيّة | Freistil | المُصارعة الحُرّة |
| Gewichtheben | | | رفْع الأثْقال |
| Fechten | | | المُبارزة |
| Judo | | | الجودو |
| Leichtathletik | | | ج ألْعاب الساحة والمَيْدان / ألْعاب القُوَى |
| Lauf | عدْو | Hammerwerfen | رمْي المِطْرقة |
| 100 m Lauf | 100 م عدواً | Diskuswerfen | رمْي القُرْص |
| 110 m Hürdenlauf | 110 م حواجز | Weitsprung | الوثْب العريض , القفْز العريض |
| 5000 m Lauf | 5000 م جرياً | Hochsprung | الوثْب العالي , القفْز العالي |
| Langlauf, Marathon | الماراثون | Stabhochsprung | الوثْب بالزانة , القفْز بالزانة |
| Kugelstoßen | رمْي الثِّقْل , رمْي الجُلّة | Gehen | المشْي |
| Speerwerfen | رمْي الرُّمْح | Zehnkampf | العُشاري (للرِّجال) |
| Ballspiele | | | ج ألْعاب الكُرة |
| Fußball | كُرة القدم | Basketball | كُرة السّلّة |
| Handball | كُرة اليد | Wasserball | كُرة الماء |
| Volleyball | الكُرة الطائِرة | | |
| Tor, Treffer | هدف ج أهْداف | Halbzeit | شَوْط |
| Tor, Gehäuse | مرْمى ج مرامٍ | ein Tor erzielen | سجّل هدفاً |
| Torwart | حارِس المرْمى | ein Foul begehen *gegen* | ارْتكب خطأً (ضِدّ) |
| Schiedsrichter | حَكَم ج حُكّام | Elfmeter, Strafstoß | ضرْبة جزاء |
| Ersatzspieler | احْتِياطيّ | | |

| | |
|---|---|
| Tennis | التِّنس |
| Tischtennis | كُرة الطاوِلة |
| Federball | الريشة الطائِرة |
| Radsport | سباق الدرّاجات |
| Reitsport | الفُروسيّة |
| Pferderennen | سِباق الخَيْل |
| Kamelrennen | سِباق الجِمال |
| Autorennen | سِباق السيارات |
| Regatta | سِباق الزوارِق |
| Rudern | التجْديف |
| Bergsteigen | تسلُّق الجِبال |
| Eislaufen | التزحْلُق على الجليد |
| Skilaufen | التزحْلُق على الثلْج |
| Hockey | الهُوكي |
| Schach | الشَّطْرَنْج |
| Golf | الغُلْف |
| Billard | البِلْيارْد |
| Wellenreiten | رُكوب الأمْواج |

| | | | |
|---|---|---|---|
| Fußballspieler | لاعِب كُرة القدم | Boxer | مُلاكِم ج –ون |
| Schwimmer | سبّاح ج –ون | Ringer | مُصارِع ج –ون |
| Läufer | عدّاء ج –ون | Gewichtheber | ربّاع ج –ون |

| | |
|---|---|
| Wettkampf, Wettbewerb | مُباراة ج مُباريات / سِباق ج –ات |
| ein internationaler Wettkampf | مُباراة دُوليّة |
| der Fußballwettkampf / das Fußballspiel | مُباراة كُرة القدم |
| der Boxwettkampf | مُباراة المُلاكمة |
| Finalwettkampf | مُباراة نِهائيّة |

| | | | |
|---|---|---|---|
| Wettkämpfer | رِياضيّ ج -ون | Sieger | فائز ج -ون |
| Gegner | خصْم ج خُصوم | Verlierer | خاسِر ج -ون |

| | |
|---|---|
| den Wettkampf austragen | أقام / أجْرى المُباراة / السباق |
| den Wettkampf gewinnen | فاز في المُباراة / السباق |
| den Wettkampf verlieren | خسِر المُباراة / السباق |
| den Wettkampf übertragen *im Fernsehen* | نقل المُباراة / السباق |
| Medaille | ميدالية ج -ات / وِسام ج أوْسِمة |
| eine Goldmedaille gewinnen | حصل على / فاز بميدالية ذهبيّة |
| eine Silbermedaille gewinnen | حصل على / فاز بميدالية فضيّة |
| eine Bronzemedaille gewinnen | حصل على / فاز بميدالية برونْزيّة |
| Rekord | رقْم قِياسيّ ج أرْقام قِياسيّة |
| einen Rekord aufstellen | سجّل رقْماً قِياسيّاً |
| einen Rekord brechen | حطّم / كسّر رقْماً قِياسيّاً |
| einen hervorragenden Platz belegen | احْتلّ مكاناً مرْموقاً / بارِزاً |
| den ersten Platz belegen | احْتلّ المرْكز الأوّل / المكان الأوّل |

| | |
|---|---|
| Sieg | فَوْز |
| Unentschieden | تعادُل |
| Niederlage | خسارة , هزيمة |

| | |
|---|---|
| stattfinden | جرى , يجْري* |
| teilnehmen *an etw.* | اشْترك في* |
| Meisterschaft | بُطولة ج -ات |
| die Weltmeisterschaft | بُطولة العالم |
| die Europameisterschaft | بُطولة أورُبّا |
| die Olympischen Spiele | ج الألْعاب الأُولِمْبيّة / الأُولِمْبِياد |

## Reisen

### Allgemeines / Reisevorbereitungen

| | |
|---|---|
| reisen *nach* | سافر , يُسافِر إلى |
| eine Reise unternehmen | قام بسفر / قام برحْلة |
| einen Ausflug / Spaziergang unternehmen | قام بنُزْهة |
| Tourismus | سِياحة |
| Tourist | سائِح ج سُيّاح |
| Reisebüro | مكْتب السفر ج مكْتبات السفر |
| sich im Reisebüro erkundigen *nach* | اطّلع في مكْتب السفر على |
| Reiseführer | دليل السفر ج أدِلّة السفر |
| Reisepass | جواز السفر ج جوازات السفر |
| Ferien / Urlaub | إجازة ج –ات / عُطْلة ج –ات |
| in den Urlaub fahren | سافر إلى الإجازة / العُطْلة |
| zur Erholung fahren | سافر إلى الاسْتِجمام |
| das Land kennen lernen | تعرّف على البلد |
| die Bewohner kennen lernen | تعرّف على السُكّان |
| viele Menschen kennen lernen | تعرّف على الكثير من الناس |
| Koffer | حقيبة ج حقائِبُ |
| Tasche | شنْطة ج –ات , شُنط |
| Gepäck | ج أمْتِعة |
| den Koffer packen | حزم الحقيبة |
| die Kleidung in den Koffer legen | وضع الملابِس في الحقيبة |
| einen Reiseführer in den Koffer legen | وضع دليل السفر في الحقيبة |
| das Wörterbuch in den Koffer legen | وضع القاموس في الحقيبة |

↗ Kleidung

| | |
|---|---|
| mit dem Zug fahren / reisen | سافر بالقِطار |
| mit dem Auto fahren / reisen | سافر بالسيارة |

mit dem Flugzeug fliegen / reisen — سافر بالطائرة

↗ Verkehrsmittel

**Reiseziele/ Geografische Begriffe**

Erdteil, Kontinent — قارّة ج -ات

- Europa — أُورُبّا / أُورُبّا
- Afrika — إفْريقيا
- Asien — آسيا
- Amerika — أميرْكا / أمْريكا
- Australien — أُسْتْراليا

| | |
|---|---|
| Land | بلد ج بُلْدان, بِلاد / قُطْر ج أقْطار |
| Stadt | مدينة ج مُدُن |
| Hauptstadt, Metropole | عاصِمة ج عواصِمُ |
| Dorf | قرْية ج قُرىً |
| Land, ländliche Gegend | ريف ج أرْياف |
| Gebiet, Region | مِنْطقة ج مناطِقُ |
| Umgebung | ضاحية ج ضواحٍ |
| Winterkurort | مشْتىً ج مشاتٍ |
| Sommerkurort, Urlaubsort | مَصيف ج مصايِفُ |

| | |
|---|---|
| Fluss | نهْر ج أنْهار |
| Teich | بِرْكة ج بِرَك |
| See *m* | بُحَيْرة ج -ات |
| See *f*, Meer | بحْر ج بِحار |
| das Mittelmeer | البحْر الأبيض المُتوسِّط |
| die Ostsee | بحْر البلْطيق |
| die Nordsee | بحْر الشمال |
| das Schwarze Meer | البحْر الأسْود |
| das Tote Meer | البحْر الميِّت |
| Ozean | محيط ج -ات |
| der Atlantische Ozean | المُحيط الأطْلسيّ |
| der Stille Ozean | المُحيط الهادِئ |
| Meeresufer, Küste, Strand | ساحِل ج سواحِلُ |
| Ufer *Fluss* | ضِفّة ج ضِفاف |
| Küste, Ufer *Meer* | شاطِئ ج شواطِئُ |
| Insel | جزيرة ج جُزُر |
| Halbinsel | شِبْه جزيرة |
| die Arabische Halbinsel | شِبه الجزيرة العربية |
| Berg | جبل ج جِبال |
| Berggipfel | قِمّة الجبل ج قِمم الجِبال |
| Gebirge | ج جِبال |
| Ebene | سهْل ج سُهول |
| Tal | وادٍ ج أوْدية |
| Wald | غابة ج -ات |

| | | | |
|---|---|---|---|
| Wüste | صحْراء ج صحارى | Oase | واحة ج –ات |

| | |
|---|---|
| Ausland | الخارِج |
| Nachbarland | بلد مُجاوِر ج بُلْدان مُجاوِرة |
| die arabischen Länder | ج البُلْدان العربية / الأقْطار العربية |
| der arabische Raum/die arabische Region | المِنْطقة العربية / الوطن العربي |
| der Mittlere Osten | الشرْق الأوْسط |

↗ Heimatort ↗ Ortsbeschreibung ↗ Die Erde

**Bahnreise**

| | |
|---|---|
| Bahnhof | محطّة ج –ات |
| Hauptbahnhof | محطّة رئيسية ج محطّات رئيسيّة |
| Bahnsteig | رصيف ج أرْصِفة |
| Reisender | مُسافِر ج –ون |
| Schaffner | مُفتِّش التذاكِر ج مُفتِّشو التذاكِر |
| den Zug erwarten | انْتظر القِطار |
| den Zug erreichen | لحِق بـــالقِطار |
| in den Zug einsteigen | ركِب القِطار |
| den Zug versäumen | فاتَه القِطار |
| Fahrplan | جدْول أوْقات السفر ج جداوِلُ أوْقات السفر |
| Abfahrt | تحرُّك |
| Ankunft | وُصول |
| Fahrkarte | تذْكِرة السفر ج تذاكِرُ السفر |
| eine Fahrkarte erster Klasse | تذْكِرة سفر بالدرجة الأولى |
| eine Fahrkarte hin und zurück | ذهاباً وإياباً |
| Fahrkartenschalter | شُبّاك التذاكِر ج شبابيك التذاكِر |
| eine Fahrkarte kaufen | اشْترى / قطع تذْكِرة سفر |

| | |
|---|---|
| einen Platz reservieren | حجز تذْكِرة سفر |
| abfahren | تحرّك , يتحرّك |
| ankommen | وصل, يصِل * |
| pünktlich ankommen | وصل حَسَبَ المَوْعِد |
| verspätet | وصل مُتأخِّراً |
| am Bahnsteig 1 ankommen | وصل على الرصيف رقم 1 |
| umsteigen | انْتقل |
| | |
| Wann fährt der Zug ab? | متى يتحرّك القطار؟ |
| ● Der Zug fährt in zehn Minuten ab. | ● القطار يمْشي بعْد عشر دقائق. |
| Wie viel Stunden dauert die Fahrt bis ... ? | كمْ ساعة يدوم السفر إلى...؟ |
| ● Die Fahrt dauert zwei etwa Stunden. | ● يدوم السفر ساعتين تقْريباً. |
| Wird der Zug pünktlich ankommen? | هل سيصِل القِطار حسب المَوْعِد؟ |
| ● Der Zug wird eine Viertelstunde später ankommen. | ● سيتأخّر القِطار مُدة رُبْع ساعة. |
| Wo muss ich umsteigen ? | أيْن يجب أنْ أنْتقِل؟ |
| Auf welchem Bahnsteig kommt der Zug an? | في أيِّ رصيف سيصِل القِطار؟ |
| Wo ist der Wagen erster Klasse? | أيْن عربة الدرجة الأولى؟ |
| Wie lange hält der Zug hier? | كم من الوقْت يتوقّف القِطار هُنا؟ |
| Hat der Zug Verspätung? | هل يتأخّر القِطار؟ |

**Flugreise**

| | |
|---|---|
| Flugplatz | مطار ج -ات |
| Flugzeug, Flieger | طائرة ج -ات |
| starten | أقْلع , يُقْلِع |
| Das Flugzeug startete pünktlich. | أقْلعت الطائرة حسب المَوْعِد. |
| Das Flugzeug startete mit Verspätung. | أقْلعت مُتأخِّراً. |
| Start | إقْلاع |
| (über)fliegen | حلّق فَوْقَ , يُحلِّق فَوْقَ |

| | |
|---|---|
| die Stadt überfliegen | حلّق فَوْقَ المدينة |
| das Meer überfliegen | حلّق فَوْقَ البحْر |
| Luftraum | جَوّ ج أجْواء |
| den Luftraum von....durchfliegen | حلّق في أجْواء... |
| landen | هبط , يهْبط |
| Landung | هُبوط |
| an Bord des Flugzeuges | على متْنِ الطائرة |
| Passagier | راكِب ج رُكّاب |
| Stewardess | مُضيفة ج -ات |
| eine liebenswürdige Stewardess | مُضيفة لطيفة |
| eine höfliche Stewardess | مُضيفة مُؤَدّبة |
| die Passagiere empfangen | استقْبل الرُّكّاب |
| die Passagiere begrüßen | رحّب بالرُّكّاب |
| eine gute Reise wünschen | تمنّى سفْرة سعيدة |
| den Flugkapitän vorstellen *jmdm* | قدّم قائدِ الطائرة إلى |
| die Besatzung / Crew vorstellen *jmdm* | قدّم طاقم الطائرة إلى |
| Informationen geben | قدّم المعْلومات |
| auf Fragen der Passagiere antworten | أجاب على أسْئلة الرُّكّاب |
| Zeitungen / Zeitschriften bringen / anbieten | جلب / قدّم الجرائد / المجلات |
| Getränke bringen / anbieten | جلب / قدّم المشْروبات |
| eine Tasse Kaffee bringen / anbieten | جلب / قدّم فنْجاناً من القهوة |

| | |
|---|---|
| Wann kommt das Flugzeug aus ....an? | متى تصِل الطائرة القادِمة من ...؟ |
| ● Das Flugzeug aus ... landet in einer Stunde. | ● تصل الطائرة من ... بعد ساعة. |
| Gibt es eine direkte Flugverbindung nach . . . ? | هل يوجد خطّ جوِّيّ مُباشِر إلى ...؟ |
| ● Leider nein, Sie müssen in... umsteigen. | ● لا مع الأسف, يجب الانْتِقال في... |
| Wann fliegt das nächste Flugzeug nach . . . ? | متى تطير أوّل طائرة إلى...؟ |

| | |
|---|---|
| ● Das nächste Flugzeug nach ... fliegt heute Abend. | ● تطير أول طائرة إلى ... مساءَ اليوم. |
| Buchen Sie mir bitte einen Flug nach . . .! | إحْجِزْ لِي من فضْلك إلى...! |
| Ich möchte den Flug umbuchen. | أريد أن أُغيِّر الحجْز! |
| Wir wünschen Ihnen einen guten Flug! | نتمنّى لكم رِحْلة لطيفة! |

**Grenzübergang**

| | |
|---|---|
| an der Grenze | في الحُدود |
| Passkontrolle | فحْص جوازات السفر |
| Reisepass | جواز السفر ج جوازات السفر |
| (Personal-) Ausweis | هُوِيّة ج -ات |
| Visum | فيزا / تأشيرة ج -ات |
| Einreisevisum | فيزا الدُّخول |
| Ausreisevisum | فيزا الخُروج |
| Aufenthaltsvisum | فيزا الإقامة |
| Impfausweis | شهادة التطْعيم ج شهادات التطْعيم |
| Offizier | ضابِط ج ضُبّاط |
| Zollbeamter, Zollangestellter | مُوظَّف الجُمْرُك ج مُوظَّفو الجُمْرُك |
| Zollkontrolle | تفْتيش جُمْرُكيّ |
| Zollbestimmung | لائحة جُمْرُكيّة ج لوائِحُ جُمْرُكيّة |
| Zollerklärung | إقْرار جُمْرُكيّ |
| Zollgebühr | رسْم جُمْرُكيّ ج رُسوم جُمْرُكيّة |
| den Zollbestimmungen unterliegen | خضع للوائح الجُمْرُكيّة |
| zollpflichtige Waren | ج بضائِع تخْضع لِلرُّسوم الجُمْرُكيّة |
| die Zollgebühren entrichten | دفع الرُّسوم الجُمْرُكيّة |
| Zollgebühren hinterziehen *sich vor der Zahlung drücken* | هرّب من الجمارِك |

| | |
|---|---|
| Ihren Pass bitte ! | الجواز من فضْلك! |
| Führen Sie zollpflichtige Waren mit? | هل معك ما يخْضع للرُّسوم الجُمْرُكيّة؟ |

| | |
|---|---|
| ● Ich habe nur Sachen zum persönlichen Gebrauch. | ● معي فقط أشْياء للاسْتِعْمال الشخْصيّ. |
| Was haben Sie in diesem Koffer? | ماذا يوجد في هذه الحقيبة؟ |
| ● Das sind nur Geschenke! | ● هذه هدايا فقط. |
| Öffnen Sie diese Tasche! | إفْتح هذه الشنْطة! |
| Diese Waren dürfen nicht eingeführt werden! | لا يُسْمح بإدْخال هذه البضائِع! |
| ● Ich habe eine Einfuhrerlaubnis! | عِنْدي تصْريح بالاسْتيراد! |
| Diese Waren sind zollfrei. | هذه البضائع مُعْفاَة من الرُّسوم الجُمْرُكيّة. |
| Diese Waren sind zollpflichtig. | هذه البضائِع تخْضع للرُّسوم الجُمْرُكيّة. |

**Im Hotel**

| | |
|---|---|
| Hotel | فُنْدُق ج فنادقُ |
| Gast, Kunde *eines Hotels* | نزيل ج نُزلاءُ / زبون ج زبائنُ |
| im Hotel ankommen / eintreffen | وصل إلى الفُنْدُق |
| die Hotelhalle betreten | دخل قاعة الفُنْدُق |
| sich an den Empfangsbeamten wenden | توجّه إلى مُوظّف الاسْتِقْبال |
| das Formular ausfüllen | ملأ الاسْتِمارة |
| das Formular unterschreiben | وقّع على الاسْتِمارة |
| den Namen eintragen / aufschreiben | سجّل الاسْم واللقب |
| die Anschrift eintragen / aufschreiben | سجّل العُنْوان |
| den Geburtsort eintragen / aufschreiben | سجّل مكان الميلاد |
| das Geburtsdatum eintragen / aufschreiben | سجّل تاريخ الميلاد |
| den Beruf eintragen / aufschreiben | سجّل المِهْنة |
| die Nationalität eintragen / aufschreiben | سجّل الجِنْسيّة |
| die Nummer des Reisepasses eintragen / aufschreiben | سجّل رقْم جواز السفر |
| Hotelzimmer | غُرْفة الفُنْدُق ج غُرف الفُنْدُق |
| ein komfortables Zimmer | غُرْفة مُريحة |
| ein Zweibettzimmer | غُرْفة بسريرَيْن |

| | |
|---|---|
| ein Zimmer mit Bad | غُرْفة بحمام |
| ein Zimmer mit Klimaanlage | غُرْفة مُكَيّفة الهواء |
| in das Zimmer gehen | ذهب إلى الغُرْفة |
| den Aufzug benutzen | اسْتخْدم المِصْعد |
| die Treppe hinaufsteigen | صعد السُّلَّم |
| in die zweite Etage hinaufsteigen | صعد إلى الطابِق الثاني |
| das Gepäck ins Zimmer bringen | جلب الأمْتِعة إلى الغُرْفة |
| das Hotelrestaurant aufsuchen | ذهب إلى مطْعم الفُنْدُق |
| eine Nacht bleiben | بَقِيَ لَيْلة واحدة |
| zwei Wochen bleiben | بقِيَ أُسْبوعَيْن |
| die Rechnung erbitten | طلب الحساب |
| die Rechnung bezahlen | دفع الحساب |

| | |
|---|---|
| Ich möchte / suche ein Zimmer. | أبْحث عن غُرْفة. |
| ● Sie können ein Einzelzimmer bekommen. | ● يُمْكِنُكم الحُصول على غُرْفة بسرير واحِد. |
| ● Alle Zimmer sind leider belegt. | ● مع الأسف, كُلُّ الغُرف مَحْجوزة. |
| Ich habe ein Zimmer bestellt. | حجزْتُ غُرْفة. |
| ● Ja, bitte füllen Sie dieses Formular aus. | ● نعم, إمْلأْ هذه الاسْتِمارة, من فضْلِك. |
| Wie lange möchten Sie bleiben? | كم يَوْماً تُريد أنْ تبْقى؟ |
| ● Ich möchte drei Tage bleiben. | ● أودّ / أريد أنْ أبْقى ثلاثة أيّام. |
| Was kostet das Zimmer? | ماذا تُكلِّف الغُرْفة؟ / كَمْ هي أُجْرة الغُرْفة؟ |
| ● Der Zimmerpreis beträgt… | ● أُجرة الغُرْفة .... |
| Wo ist der Speisesaal? | أيْن قاعة الطعام؟ |
| ● Der Speisesaal ist in der dritten Etage. | ● قاعة الطعام في الطابِق الثالث. |
| Ich möchte auf meinem Zimmer frühstücken. | أُحبّ أنْ أفْطُر في غُرْفتِي. |
| Machen Sie bitte die Rechnung fertig! | حضّرْ / دبِّرْ الحساب من فضْلِك! |
| Bestellen Sie mir bitte ein Taxi zum Flughafen! | أُطْلُبْ لِي تاكْسي إلى المطار من فضْلِك! |

**Sehenswürdigkeiten**

| | |
|---|---|
| besichtigen *etw.* | تفرّج , يتفرّج على / تفقّد , يتفقّد هـ |
| Sehenswürdigkeiten | ج معالِمُ |
| Schloss, Palast | قصْر ج قُصور |
| Theater | مسْرح ج مسارِحُ |
| Museum | متْحف ج متاحِفُ |
| Park | حديقة ج حدائِقُ / مُنْتزه ج -ات |
| Tierpark, Zoo | حديقة الحيوانات ج حدائق الحيوانات |
| Turm | بُرْج ج أبْراج |
| Fernsehturm | بُرْج التلفزيون |
| Rathaus | دار البلديّة ج دُور البلديّة |
| Kirche | كنسية ج كنائِسُ |
| Dom, Kathedrale | كاتدرائية |
| Kloster | ديْر ج أدْيِرة |
| Moschee | جامِع ج جوامِعُ / مسْجِد ج مساجِدُ |
| Minarett | مأذنة ج مآذِنُ |
| Markt, Basar | سوق ج أسْواق |
| Denkmal | نُصْب تذْكاريّ ج نُصُب تذْكاريّة / تِمْثال ج تماثِيلُ |
| Pyramide | هرم ج أهْرام , هرامات |
| Obelisk | مِسلّة ج -ات |
| Springbrunnen, Fontäne | نافورة ج نوافيرُ |
| Hafen | ميناء ج موانِئُ / مرْفأ ج مرافِئُ |
| Aussicht, Panorama | منْظر ج مناظِرُ |

↗Angaben zum Heimatort

# Dienstleistungen

## Einkauf

**Allgemeines / Sprachliche Wendungen**

| | |
|---|---|
| verkaufen *etw.* | باع , يبيع هـ |
| zeigen *jmdm. etw.* | أرى ,يُري ه هـ |
| geben *jmdm. etw.* | أعْطى ,يُعْطي ه هـ * |
| raten/empfehlen *jmdm. etw.* | نصح ,ينْصح ه ب / أوْصى ,يُوصي ه ب |
| suchen *nach etw.* | بحث ,يبْحث في / عن * |
| (aus)wählen *etw.* | اخْتار , يخْتار هـ |
| (ein)kaufen *etw.* | اشترى ,يشْتري هـ * |
| feilschen | ساوم , يُساوِم |

| | |
|---|---|
| bezahlen *etw.* | دفع , يدْفع هـ * |
| Verkäufer | بائِع ج –ون , باعة |
| Verkäuferin | بائعة ج –ات |
| Käufer | مُشْترٍ ج –ون |
| Kunde | زبُون ج زبائِنُ |
| | |
| Ware | بِضاعة ج بضائِعُ / سِلْعة ج سِلع |
| Preis | سِعْر ج أسْعار |
| Qualität | نَوْعية / جَوْدة |
| Material | مادّة ج موادُّ |
| | |
| sich an den Verkäufer wenden | توجّه إلى البائع |
| den Verkäufer fragen | سأل البائع |
| auf den Preis (die Qualität, die Farbe) achten | انْتبه إلى السِّعْر (الجَوْدة , اللّوْن) |
| die Ware (aus)wählen | اخْتار البِضاعة |
| eine Quittung / einen Kassenzettel ausschreiben | سجّل وصْلاً / حِساباً |
| eine Quittung / einen Kassenzettel bekommen | تلقّى وصْلاً / حِساباً |
| den Kassenzettel nehmen | أخذ وصْلاً / حِساباً |
| die Ware bezahlen | دفع ثمن البِضاعة |
| | |
| Was darf es sein? / Was wünschen Sie? | ماذا ترْغبون؟ ماذا تشاؤون؟ أيّة خِدْمة؟ |
| ● Ich möchte (gern) ......kaufen. | ● أودّ / أُحِبّ / أُريد أنْ اشْتري.... |
| ● Ich brauche / benötige...... | ● أحتاج إلى... / أنا بحاجة إلى ... |
| Haben Sie.......? | هل عِنْدك...؟ |
| Wie viel kostet / kosten . . .? | كَمْ سِعر...؟ / بِكَمْ ...؟ / ماذا يُكلّف ...؟ ما ثمن ...؟ |
| Das ist (sehr) billig. | هذا رخيص (جِدّاً) |
| Das ist preiswert. | هذا مقْبول / مُعْتدِل الثمن |

| | |
|---|---|
| Das ist teuer. | هذا غالٍ. |
| Gefällt Ihnen das? | هل يُعْجِبُكم هذا؟ |
| ● Das gefällt mir (nicht). | ● هذا (لا) يُعْجِبُني. |
| Dieser Preis ist mir zu hoch. | هذا السِّعْر غالٍ عليَّ. |
| ● Hier wird nicht gefeilscht. | ● لا مُساومة هنا! / لا فِصال هنا! |
| Machen Sie einen guten Preis für mich! | قدِّمْ لي سِعْراً جيداً! |
| ● Nimm das für ...Dinar! | ● خُذْ هذا بـــ...دينار! |
| Geben Sie mir bitte... | أعْطِني من فضْلَك ... |
| Geben Sie mir ein Kilo... | أعْطِني كيلو(اً) واحِداً من ... |
| Geben Sie mir eine Flasche... | أعْطِني زُجاجة من ... |
| Geben Sie mir drei Meter... | أعْطِني ثلاثة أمتار من ... |
| Geben Sie mir eine Büchse... | أعْطِني عُلْبة واحِدة من ... |
| Zeigen Sie mir bitte... | أرِني من فضْلَك ... |
| Möchten Sie noch etwas? | هل تريد شَيْئاً آخر؟ شاي ثاني؟ |
| ● Danke, nein. | لا شاي, سلامتك! |

**Verkaufseinrichtungen**

| | |
|---|---|
| Geschäft, Laden | محلّ ج –ات / مخْزن ج مخازِنُ |
| Lebensmittelgeschäft | محلّ لبيع الموادّ الغِذائيّة |
| Selbstbedienungsladen | محلّ خِدْمة ذاتيّة |
| Blumenladen | مخْزن الزُهور |
| Buchhandlung | مكتبة ج –ات / مخْزن خاصّ بالكُتب |
| Laden | دُكّان ج دكاكينُ |
| Kiosk | كُشْك ج أكْشاك |
| Kaufhaus / Warenhaus / Einkaufszentrum | مُجمَّع تجاريّ ج مُجمَّعات تِجاريّة |
| Markt / Basar | سوق ج أسْواق |
| Gemüsemarkt | سوق الخُضار |

| | |
|---|---|
| Supermarkt | سوبرْمارْكت |
| Abteilung | قِسْم ج أقْسام |
| Konfektionsabteilung | قِسْم الملابِس (الجاهِزة) |
| Schuhabteilung | قِسْم الأحْذية |

| | |
|---|---|
| Das Geschäft ist geöffnet. | المحلّ / المخْزن مفْتوح. |
| Das Geschäft ist geschlossen. | المحلّ / المخْزن مُغْلق. |
| das Geschäft betreten | دخل المخْزن |
| im Geschäft einkaufen | اشْترى من المخْزن |

**Lebensmittel** ج موادّ غِذائيّة

| | | | |
|---|---|---|---|
| Brot | خُبْز | Konserven | ج مُعلّبات |
| Butter | زُبْدة | Makkaroni *Pl* | مَعْكْرونة / مكْرونة / مقْرونة |
| Eier *Pl* | بَيْض / الواحِدة بَيْضة | Marmelade | مُرَبى |
| Fleisch | لحْم ج لُحوم | Mehl | دقيق / طحين |
| Gemüse | ج خُضْروات | Obst | فاكِه ج فواكِهُ |
| Getränke | ج مشْروبات | Reis | رُز |
| Gewürze | ج توابِلُ | Salz | مِلْح |
| Honig | عسل | Senf | خرْدل |
| Kartoffeln | بطاطِس / بطاطا / بطاطة | Wein | نبيذ |
| Käse | جُبْن / جُبْنة | Zucker | سُكّر |

↗ Restaurant ↗ Landwirtschaftliche Produkte

**Kleidung / Textilien**

| | |
|---|---|
| Kleidung | ج ملابِسُ |
| Oberbekleidung / Konfektion | ج ملابِسُ جاهِزة |
| Herrenbekleidung | ج ملابِسُ رِجاليّة / للرِّجال |
| Damenbekleidung | ج ملابِسُ نِسائية / للنِّساء |
| Kinderbekleidung | ج ملابِسُ للأطْفال |

| | |
|---|---|
| Unterkleidung / Unterwäsche | ج ملابسُ داخلِيّة |
| Büstenhalter | صِدْريّة |
| Nachthemd | قميص نَوْم |
| Pyjama | بيجاما |
| warme Kleidung | ج ملابِسُ سميكة / ج ملابس ثقيله |
| sportliche Kleidung | ج ملابسُ رِياضيّة |
| bequeme Kleidung | ج ملابسُ مُريحة |
| elegante Kleidung | ج ملابسُ أنيقة |
| passende Kleidung | ج ملابسُ مُناسِبة |

| | | | |
|---|---|---|---|
| Anzug | بدْلة (رِجالية) ج -ات | Kleid | فُسْتان ج فساتينُ / ثَوْب ج ثِياب, أثْواب |
| Bluse | بلوزة ج -ات | Kostüm | بدْلة (نِسائيّة) ج -ات |
| Blazer | جاكيت بَدْلة | Krawatte, Schlips | رِباط العُنُق ج أرْبِطة العُنُق |
| Hemd | قميص ج قُمْصان | Mantel | مِعْطف ج معاطِفُ |
| Hose | بَنْطلُون ج -ات, بناطيلُ / سِرْوال ج سراويلُ | Pullover | بُلوفر ج -ات |
| | | Rock | تنوُّرة ج -ات |
| Jacke, Jackett | جاكيت ج -ات | Weste | صُدَيْري |

| | | | |
|---|---|---|---|
| Stoff | | | قُماش ج أقْمِشة |
| Brokat | بروكار | dicker, warmer Stoff | قماش سميك |
| Seide | حرير | farbiger Stoff | قماش مُلوَّن |
| Wolle | صوف | einfarbiger Stoff | قماش سادة |
| Baumwolle | قُطْن | gepunkteter Stoff | قماش مُنقّط |
| dünner Stoff | قُماش خفيف / رقيق | gestreifter Stoff | قماش مُخطط / مُقلّم |
| durchsichtiger Stoff | قماش شفاف | | |

| | | | |
|---|---|---|---|
| Badeanzug | مايو | Handschuh | قفّاز ج -ات, قفافيزُ |
| Badehose | كلْسون السِباحة | Handtuch | بشْكير ج بشاكيرُ |

| | | | |
|---|---|---|---|
| Hut | قُبّعة ج -ات | Socken | ج جوارِبُ |
| (Regen-) Schirm | مِظَلّة ج -ات / شَمْسية | Strumpfhose | كولون |
| Schal, Halstuch | شال ج شِيلان | Tasche | شَنْطة ج -ات, شُنط |
| Schuh | حذاء ج أحْذية | Taschentuch | مَنْديل ج مناديلُ |
| Strumpf | جَوْرب ج جوارِبُ | (Woll-) Decke | بطانيّة ج -ات |

| | |
|---|---|
| Ich möchte einen Mantel kaufen. | أودّ أنْ أشْتري مِعْطفاً. |
| Welche Größe haben Sie? | ما هو مقاسُك؟ |
| ● Meine Größe ist ....... | ● مقاسي... |
| Kann ich diesen Anzug probieren? | هل مُمْكِن أنْ أُجرِّب هذه البدْلة؟ |
| ● Selbstverständlich, bitte sehr! | ● بالطبع , تفضّل! |
| Passen Ihnen die Schuhe? | هل تُناسِبُك الأحْذية؟ |
| ● Die Schuhe sind mir leider zu groß (zu klein). | ● للأسف , الحذاء كبير عليّ (صغير عليّ) |
| ● Ja, die Schuhe passen. | نعم , الحذاء مُناسِب. |

**Kosmetika**

| | |
|---|---|
| Kosmetikartikel / Kosmetika | ج أدوات التجْميل / ج موادّ التجْميل |

| | | | |
|---|---|---|---|
| Antimon *als Lidschatten* | كُحْل | Rasierapparat | ماكينة الحلاقة |
| Creme | كريم | Rasierschaum | مَعْجون حلاقة, صابون حلاقة |
| Haarbürste | فُرْشة شعْر ج فُرش شعْر | Schminke, Make-up | مكْياج |
| Kamm | مُشْط ج أمْشاط | Seife | صابون |
| Körperlotion | كريم للجِسْم | Shampoo | شامْبُو |
| Lippenstift | أحْمرُ الشِّفاه | Watte | قُطْن طبِّيّ |
| Nagellack | طِلاء الأظافِر | Zahnbürste | فُرْشة الأسْنان ج فُرَش الأسْنان |
| Parfüm | عِطْر ج عُطور | Zahnpasta | مَعْجون الأسْنان |

**Schreibwaren**

| | | | |
|---|---|---|---|
| Bleistift | قلم رصاص | Heft | كرّاسة ج كراريسُ , كرّاسات / |
| Buntstifte | ج أقْلام تلْوين | | دفْتر ج دفاتِرُ |

| | | | |
|---|---|---|---|
| Klebeband | شريط لاصِق | Briefpapier | ورق رسائِل |
| Kugelschreiber | قلم جافّ | Geschenkpapier | ورق هدايا |
| Lineal | مِسْطرة ج مساطِرُ | Schreibpapier | ورق كِتابة |
| Locher | ثقّابة ج -ات / خرّامة ج -ات | Radiergummi | مِمْحاة |
| Papier | ورق ج أوْراق | Tinte | حِبْر |

**Sonstige Waren**

| | | | |
|---|---|---|---|
| Armbanduhr | ساعة اليد | Fotoapparat / Kamera | آلة التصْوير |
| Barometer | جهاز قياس الضغط الجَوِّيّ | Haushaltgeräte *Pl* | ج أدوات منْزِليّة |
| Elektrogeräte *Pl* | ج أجْهزة كهْربائيّة | Mikroskop | ميكْروسْكوب ج -ات |
| Bügeleisen | مِكْواة ج مكاوٍ | optische Geräte | ج بصريّات |
| Entsafter, Presse | عصّارة ج -ات | Schmuck | حِلْيَة ج حِليّ |
| Fön | آلة تجْفيف الشعْر | Uhr | ساعة ج -ات |
| Kaffeemaschine | آلة قهْوة | Taschenuhr | ساعة الجَيْب |
| Mixer | خلاّطة ج -ات | Wecker | مُنبِه ج -ات |
| Fernglas | مِنْظار ج مناظيرُ | | |

↗ Wohnung

| | | | |
|---|---|---|---|
| Ball | كرة ج -ات | Spielzeug | لُعْبة ج لُعَب |
| Musikinstrument | آلة موسيقيّة | Sportartikel *Pl* | ج أدوات رِياضيّة |
| Puppe | دُمْية ج دُمىً | Werkzeuge *Pl* | ج أدوات عُدّة |

↗ Freizeit

## Im Restaurant / Im Cafe

**Allgemeines/ Sprachliche Wendungen**

| | |
|---|---|
| Restaurant / Gaststätte | مطْعم ج مطاعِمُ |
| Café | مقْهىً ج مقاهٍ |
| Gast | ضَيْف ج ضُيوف / زبون ج زبائنُ |
| Ober / Kellner | جرْسون ج -ات |

| | |
|---|---|
| Hunger haben / hungrig sein | شعر بالجُوع |
| Durst haben / durstig sein | شعر بالعَطَش |
| zum Essen einladen *jmdn.* | دعا ه للأكل / إلى الأكل |
| die Gaststätte betreten | دخل المطْعم |
| den Mantel ablegen | خلع المِعْطف |
| einen freien Platz suchen | بحث عن مكان فارِغ / شاغِر |
| einen freien Platz finden | وجد مكاناً فارِغاً / شاغِراً |
| sich (hin)setzen | جلس (إلى الطاوِلة) |
| den Ober / Kellner rufen | دعا الجرْسون |
| die Speisekarte verlangen | طلب قائمة الطعام |
| Speisen (Getränke) bestellen | طلب المأكولات / الأطْعِمة (المشْروبات) |
| die Rechnung bezahlen | دفع الحِساب |
| ein Trinkgeld geben | أعْطى بقْشيشاً |

**Bei Tisch**

| | | | |
|---|---|---|---|
| Speisekarte | قائمة الطعام ج قوائِمُ الطعام | Glas | كأس ج كُؤوس |
| Löffel | مِلْعقة ج ملاعِقُ | Flasche | زُجاجة ج –ات |
| Messer | سِكّين ج سكاكينُ | Flaschenöffner | مِفْتاح زُجاجات |
| Gabel | شَوْكة ج –ات | Schüssel, Teller | طبق ج أطْباق |
| Teller | صحْن ج صُحون | Tablett | صِينيّة ج صوانٍ |
| Tasse | فِنْجان ج فناجينُ / كوب ج أكْواب | Salzstreuer | مِمْلحة ج ممالِحُ |
| Kanne | إبْريق ج أباريقُ | Serviette | فُوطة ج فُوط |

**Speisen / Mahlzeiten**

| | |
|---|---|
| Speise(n) | طعام ج أطْعِمة / مأكولات |
| Mahlzeit / Gericht | وجْبة ج –ات |
| ein schmackhaftes Gericht | وجْبة شهيّة / طيِّبة |
| ein gewürztes Gericht | وجْبة مُفلْفلة / مُتبّلة |

| | |
|---|---|
| ein Hauptgericht / eine Hauptmahlzeit | وجْبة رئيسيّة |
| Frühstück | طعام الفُطور |
| Mittagessen | طعام الغداء |
| Abendessen | طعام العشاء |
| eine Mahlzeit einnehmen | تناول طعاماً |
| das Frühstück einnehmen | تناول (طعام) الفُطور |
| vollwertige Kost | وجْبة غذائيّة كاملة |

| | | | |
|---|---|---|---|
| Vorspeise | ج مُقبِّلات | Pilz(e) | فُطْر , فِطْر, الواحدة: فِطْرة |
| Suppe, Brühe | شُورْبة / حساء | Fisch(e) | سمك , الواحدة: سمكة ج أسْماك |
| Brühe | مَرَق | Fleisch | لحْم ج لُحوم |
| Hühnerbrühe | مرق الدجاج | Hammelfleisch | لحْم الغنم |
| Soße, Brühe | صلْصة ج -ات | Hühnerfleisch | لحْم الدجاج |
| Tomatensoße | صلْصة الطماطِم | Kalbfleisch | لحْم العِجْل |
| Salat | سَلَطة ج -ات / سلاطة ج -ات | Rindfleisch | لحْم البقر |
| Krautsalat | سلطة الكُرُنْب | Schweinefleisch | لحْم خنْزير |
| Kartoffeln | بطاطِس , بطاطا, بطاطة | gegrilltes Fleisch / Steak | لحْم مشْوي |
| Reis | رُزّ / عَيْش / تِمن | gebratenes Fleisch / Steak | لحْم مقْلي |
| Makkaroni | مقْرونة , معْكرونة | gekochtes Fleisch | لحْم مسْلوق |
| Gemüse | ح خُضْروات | geräuchertes Fleisch | لحْم مُدخَّن |
| Ei(er) | بَيْض , الواحدة: بَيْضة | | |

| | | | |
|---|---|---|---|
| Gewürze | ج توابِلُ | | |
| Pfeffer | فُلْفُل أسود | Thymian | زعْتر |
| Paprika | فُلْفُل أحْمر | Salz | مِلْح |
| Kümmel | كمّون | Essig | خل |
| Kardamom | حبَّهان | Öl | زَيْت |
| Koriander | كُزْبرة , كسْبرة | Olivenöl | زَيت زَيْتونيّ / زَيْت (ال)زَيْتون |

| Nachtisch, Süßigkeiten *Pl* | | | ج حلويّات |
|---|---|---|---|
| Eis | جيلاتي / أَيْس كرِيم | Obst | ج فواكِهُ |
| Gebäck, Kuchen | كَعْك / جاتُو | Süßigkeit | حَلْوَى ج حلاوَى |

| Getränke | | | ج مشْروبات |
|---|---|---|---|
| Milch | حليب / لَبَن | Orangensaft | عصير بُرْتُقال |
| Joghurt | لَبَن | Tomatensaft | عصير طماطِم |
| Kaffee | قهْوة | Wasser | ماء ج مِياه |
| Tee | شاي | Mineralwasser | ج مِياه معْدنيّة |
| Saft | عصير | alkoholfreie Getränke | مشْروبات غَيْر كُحُليّة |

| Alkoholische Getränke | | | ج المشْروبات الرُّوحيّة , المشْروبات الكُحوليّة |
|---|---|---|---|
| Arrak *Anisschnaps* | عَرَق | Weißwein | نبيذ أبيض |
| Bier | بِيرة | Cognac | كونْياك |
| Wein | نبيذ | Whisky | وِسْكي |
| Rotwein | نبيذ أحْمر | Sekt | شمْبانيا |

↗ Lebensmittel ↗ Landwirtschaftliche Produkte

**Einige arabische Gerichte**

| | | | |
|---|---|---|---|
| Kebab | كباب | Burghul *Weizengrütze* | بُرْغُل |
| Hackfleisch *aus der Pfanne* | كُفْتة | Kichererbsenbrei | حُمُّص |
| gefülltes Gemüse | محْشي | Petersiliensalat | تبُّولة |
| Weizengrützeklößchen | كُبّة | Baklawa *Honiggebäck* | بقْلاوى |
| Brotfladen mit Hackfleisch | لحْم بالعجين | Auberginenbrei | باباغنُّوج |

Entschuldigen Sie, ist dieser Tisch / Platz frei? — عفْواً, هل هذه الطاوِلة فارِغة؟ / عفْواً, هل هذا المكان / المقْعد فارِغ؟

● Ja, bitte, er ist frei. — ● نعم, فارِغ!

Gestatten Sie, dass ich mich setze? — إسْمحوا لي بالجُلوس؟

| | |
|---|---|
| ● Bitte sehr, dieser Tisch ist frei. | تفضّلْ هذه الطاوِلة فارغة. |
| ● Dieser Platz ist leider besetzt. | مع الأسف, هذا المكان مَحْجوز. |
| Wer bedient hier? | مَنْ يَخْدِم هنا؟ |
| Was möchten Sie essen? | ماذا تُحبّون أنْ تأكُلوا؟ |
| Was möchten Sie trinken? | ماذا تُحبّون أنْ تشْربوا؟ |
| ● Bringen Sie mir bitte die Speisekarte! | ●أحْضِرْ لي من فضْلك قائمة الطعام! |
| ● Bringen Sie mir bitte eine Tasse Kaffee! | ●أحْضِرْ لي من فضْلك فنْجاناً من القهْوة! |
| ● Bringen Sie mir bitte ein Glas Rotwein! | ● أحْضِرْ لي من فضْلك كأساً من النبيذ الأحْمر! |
| Danke, ich möchte kein Brot. | شُكْراً, لا أريد / أودّ الخُبْز. |
| Danke, ich möchte keinen Nachtisch . | شُكْراً, لا أريد / أودّ الحُلْو / التحْلية |
| Guten Appetit! | بالعافية! بالهناء والشِّفاء! شَهيَّة طيِّبة! |
| Auf dein Wohl! / Auf Ihr Wohl! | في صحّتك! / في صحّتكُم! |
| Wir trinken auf das Wohl unserer Gäste! | لنشْرب نَخْب ضُيُوفنا! |
| Bringen Sie mir bitte die Rechnung! | أحْضِرْ / إجْلبْ لي من فضْلك الحساب! |
| Ich möchte zahlen! | أُريد / أودّ أنْ أدْفع! |

## Post

### Allgemeines / Sprachliche Wendungen

| | |
|---|---|
| Post, Postamt | دائِرة البريد ج دوائرُ البريد / |
| | مرْكز البريد ج مراكزُ البريد |
| Postschalter | شُبّاك البريد ج شبابيكُ البريد |
| Schalter Nr. 8 | شُبّاك رقْم 8 |
| Briefkasten; Postfach | صنْدوق البريد ج صناديقُ البريد |
| Postangestellter | مُوظّف البريد ج مُوظّفو البريد |
| Briefträger | مُوزِّع البريد ج مُوزِّعو البريد / |
| Postbote | ساعي البريد ج سُعاة البريد |

| | | | |
|---|---|---|---|
| Brief | رسالة ج رسائِلُ / مكْتوب ج مكاتيبُ | Ansichtskarte | بِطاقة مُصوّرة |
| Eilbrief | رِسالة مُسْتعْجِلة | Telegramm | برْقيّة ج –ات |
| Einschreibebrief | رِسالة مُسجّلة | Paket | طرْد ج طُرود |
| Luftpostbrief | رِسالة جَوِّيّة | Päckchen | طرْد صغير |
| (Post-) Karte | بِطاقة بريديّة ج –ات | Briefmarke | طابِع (بريديّ) ج طوابِعُ (بريديّة) |

Adresse — عُنْوان ج عناوينُ

Absender — مُرْسِل ج –ون

Empfänger — مُرْسَل إليه ج مُرْسَل إليهم

Postleitzahl — رمْز بريديّ ج رُموز بريديّة / الرقْم البريديّ

Postgebühr — رسْم بريديّ ج رُسوم بريديّة

ein Paket schicken — أرْسل طرْداً.

einen Brief schicken — أرْسل رسالة.

eine Ansichtskarte erhalten — حصل على / تلقّى / استلم بطاقة مُصوّرة

Ich erhielt einen Brief. — وصلتْني رسالةٌ.

Was kostet / Wie teuer ist ein Luftpostbrief nach...? — ماذا تُكلّف رِسالة جّوِّيّة؟

● Das kostet 4 Euro! — هذا يكلّف أربعة يوروهات.

Was kostet eine Karte nach......? — ما هي رُسوم بِطاقة إلى...؟ / كم يُكلّف إرْسال بطاقة إلى...؟

Ich möchte einen Einschreibebrief aufgeben. — أُريد أنْ أرْسِلَ.رِسالة مُسجّلة!

● Wenden Sie sich bitte an Schalter . . .! — ● توجَّهْ إلى الشبّاك ... من فضْلِك!

Ich möchte diesen Brief ins Ausland schicken. — أُريد أنْ أرْسِلَ هذه الرِسالة إلى الخارِج.

● Füllen Sie bitte dieses Formular aus — ● إمْلأ هذه الاسْتِمارة من فضْلك.

● Schreiben Sie bitte deutlich! — ● أُكْتُبْ بحُروف واضِحة من فضْلِك.

Wie viel wiegt dieses Paket? — كمْ وزْن هذا الطرْد؟

| | |
|---|---|
| Geben Sie mir bitte 3 Briefmarken zu 45 Cent! | أَعْطِني ثلاثة طوابِع من فِئة 45 سِنْتاً من فضْلِك. |

**Kommunikationsmöglichkeiten**

| | |
|---|---|
| telefonieren *mit jmdm.* | تلْفن (يُتلْفِنُ) |
| anrufen *jmdn.* | خابر ه بالتِّليفون |
| (Telefon-) Gespräch, Anruf | مُكالمة (هاتِفيّة) ج –ات (هاتِفيّة) |
| Telefon | هاتِف ج هواتِفُ / تِلِيفون ج تِلِيفونات |
| Mobiltelefon, Handy | هاتِف مَحْمول / هاتِف نقّال / الموبَيْل |
| Telefonapparat | جهاز التِّليفون ج أجْهِزة التِّليفون |
| (Telefon-) Hörer | سمّاعة التِّليفون ج سمّاعات التِّليفون |
| Anrufbeantworter | مُسجِّل الصَوْت |
| Telefonnummer | رقْم التِّليفون ج أرْقام التِّليفون / نِمْرة |
| Telefonbuch | دليل التِّليفون ج أدِلّة التِّليفون |
| Telefonkarte | بِطاقة هاتِف |
| Telefonverbindung | اتِّصال هاتِفيّ |
| Telefongespräch | مُخابرة ج –ات |
| Direktverbindung | اتِّصال مُباشِر |
| Auslandsgespräch | مُخابرة خارِجيّة |
| Ferngespräch *Inland* | مُخابرة داخِليّة |
| Ortsgespräch | مُخابرة داخِل المدينة |
| Telefonleitung | خطّ تِليفونيّ ج خطوط تِليفونيّة |
| telefonisch | هاتِفيّ / تِليفونيّ |
| Vorwahl | مِفْتاح المدينة |
| Fax | فاكْس |
| E-Mail | البريد الإلكْترونيّ |

| | |
|---|---|
| Gibt es hier ein Telefon? | هل هنا تِلِيفون؟ |

| | |
|---|---|
| ● Ja, dort rechts neben der Tür. | ● نعم, هناك يميناً إلى جانِب الباب. |
| Kann ich bitte Herrn X sprechen? | يُمْكِن أن أتكلّم مع السيّد س؟ |
| Wer spricht dort? / Wer ist am Apparat? | مَنْ يتكلّم؟ |
| ● Hier spricht ... | ● هنا يتكلّم ... |
| Ich verstehe Sie schlecht. | المُكالمة غَيْر واضِحة./ الصَّوْت غَيْر واضِح. |
| Bleiben Sie am Apparat! | إبْقَ على الجِهاز. |
| Die Leitung ist besetzt. | الخطّ مشْغول. |
| Warten Sie ein wenig! | انْتظِرْ بعْض الوقت. |
| Es hört niemand. | لا يسْمع أحدٌ. |

## Bank / Zahlungsverkehr

### Allgemeines / Sprachliche Wendungen

| | |
|---|---|
| Bank | مصْرِف ج مصارِفُ / بنْك ج بُنوك |
| Staatsbank | مصْرِف الدَّوْلة |
| Sparkasse | صنْدوق التَّوْفير ج صناديقُ التَّوْفير |
| Schalter | شبّاك ج شبابيكُ |
| Kasse | صنْدوق ج صناديقٌ |
| Bankangestellter | مُوظّف المصْرِف ج مُوظّفو المصْرِف |
| (Bank)Kunde | عميل ج عُملاءُ |
| Währung | عُمْلة ج عُمْلات |
| Devisen *Pl* | نقْد أجْنبيّ / عُمْلة صعْبة |
| Geld | ج نُقود / ج فُلوس / مصاري |
|     Banknote / Geldschein | ورقة نقْديّة ج أوْراق نقْديّة |
|     Münzgeld | عُمْلة معْدنيّة |
|     Kleingeld | فُراطة / فَكّة |
| Scheck | شِيك ج –ات |
| Scheckheft | دفْتر شِيكات ج دفاتِر شِيكات |

| | |
|---|---|
| Sparkassenbuch | دفْتر التَّوْفير ج دفاترِ التَّوْفير |
| Konto | حِساب ج –ات |
| Girokonto | الحِساب الجاري |
| Banküberweisung | حوالة مصْرِفيّة ج حوالات مصْرِفيّة |

| | | | |
|---|---|---|---|
| Aktie | سهْم ج أسْهُم | Preis, Kurs | سِعْر ج أسْعار |
| Betrag | مبْلغ ج مبالِغ | Wechselkurs | سِعْر الصرْف |
| Gebühr(en) | رسْم ج رُسوم | Quittung | وصْل ج وصولات |
| Kredit | قرض ج قُروض | Zins(en) | فائِدة ج فوائِدُ |

| | |
|---|---|
| Geld abheben | سحب نُقوداً |
| Geld überweisen | حوّل نُقوداً |
| einzahlen, bezahlen | دفع , يدْفع * |
| sparen | وفّر , يُوفّر |
| ein Konto einrichten | فتح حِساباً |

**Internationale Währungen** (Auswahl)

| | | | |
|---|---|---|---|
| Dollar | دولار ج –ات | Tschechische ~ | كرونة تشيكيّة |
| Amerikanischer ~ | دولار أمْريكيّ | Pfund | جنيه ج –ات |
| Euro | يورو (العُمْلة الأوروبيّة المُوحّدة) | ~ Sterling | جنيه إسْترلينيّ |
| Franken | فرنك ج –ات | Rubel | روبيل ج –ات |
| Krone | كرونة ج –ات | Yen | ين ج –ات |

**Arabische Währungen** (Auswahl)

| | | | |
|---|---|---|---|
| Dinar | دينار ج دنانيرُ | Ägyptisches ~ | جنيه مِصْريّ |
| Algerischer ~ | دينار جزائريّ | Pfund | ليرة ج –ات |
| Riyal | ريال ج –ات | Syrisches ~ | ليرة سوريّة |
| Jemen-Riyal | ريال يمنيّ | Dirham | دِرْهم ج دراهِمُ |
| Pfund | جنيه ج –ات | Piaster | قِرْش ج قُروش |

| | | | |
|---|---|---|---|
| Centime | سَنْتيم ج –ات | Millieme | ملّيم / مِلّيم ج ملاليمُ |
| Fils | فِلْس ج فُلوس | Baiza | بَيْزة ج –ات |

| | |
|---|---|
| Wo kann man Geld wechseln? | أيْن يُمْكِن صرْف النُّقود؟ |
| Ich möchte diesen Scheck einlösen. | أريد صرْف هذا الشيك. |
| Ich möchte ein Konto eröffnen. | أُريد أنْ أفْتح حِساباً. |
| Ich möchte Geld abheben. | أُريد أنْ أسْحب نُقوداً. |
| Ist Geld für mich eingegangen? | هل وصلتْني نُقود؟ |
| Überweisen Sie die Summe auf mein Konto! | أرْجو تحْويل المبْلغ على رصيدي. |
| Wie ist heute der Kurs des US-Dollars? | كم سِعْر الدولار الأمريكيّ اليوم؟ |
| ● Drei syrische Pfund! | ● ثلاث ليرات سوريّة! |

| | |
|---|---|
| Die Zeit ist aus Gold = Zeit ist **Geld.** | **الوقْت من ذهب.** |

## Beim Arzt

### Allgemeines / Sprachliche Wendungen

| | |
|---|---|
| Gesundheit | صِحّة |
| Gesundheits-, Hygiene-, hygienisch | صِحّيّ |
| Krankheit | مَرَض ج أمْراض |
| Krankheit, Gebrechen | عاهة ج –ات |
| Patient, Kranker | مريض ج مَرْضى |
| krank | مريض |
| erkranken, krank werden | أُصيب بالمَرَض |
| Krankenversicherung | التأمين الصِّحّيّ |
| Schmerz | وَجَع ج أوْجاع / ألَم ج آلام |
| Schmerzen haben / fühlen<br>schmerzen | شعر بألَم في |

verletzt, verwundet — جريح ج جَرْحَى

verletzt sein — مُصاب بالجِراح

Arzt — طبيب ج أطِبّاء

Humanmediziner — طبيب بشريّ

Tierarzt — طبيب بَيْطريّ

Allgemeinmediziner — طبيب عامّ

Notarzt — طبيب إسْعاف

diensthabender Arzt — طبيب مُناوِب

Narkosearzt, Anästhesist — طبيب تَخْدير

Facharzt — طبيب أخِصّائيّ

Gerichtsmediziner — طبيب شرْعيّ

| | | | |
|---|---|---|---|
| Augenarzt | طبيب العُيون | Kardiologe | طبيب أمْراض القلْب |
| Chirurg | جرّاح ج –ون | Kinderarzt | طبيب الأطْفال |
| Frauenarzt | طبيب أمْراض النِّساء | Neurologe | طبيب أمْراض الأعْصاب |
| Hals-, Nasen-, Ohrenarzt | طبيب أنْف وأُذْن وحُنْجرة | Orthopäde | طبيب الأمْراض العَظْميّة |
| | | Psychiater | طبيب الأمْراض النفْسيّة |
| Hautarzt | طبيب الأمْراض الجِلْديّة | Urologe | طبيب أمْراض البَوْل |
| Internist | طبيب الأمْراض الداخليّة | Zahnarzt | طبيب الأسْنان |

| | | | |
|---|---|---|---|
| Krankenschwester | مُمرِّضة ج –ات | Hebamme | قابِلة ج –ات |
| Krankenpfleger | مُمرِّض ج –ون | Masseur | مُدلِّك ج –ون |

**Medizinische Leistungen**

erkrankt sein, leiden an — أصاب , يُصيب ب

über seinen Zustand klagen — شكا حالتَه

ins Krankenhaus bringen *jmdn.* — نقل المريض إلى المسْتشْفى

| | |
|---|---|
| untersuchen | فحص المريض |
| behandeln | عالج المريض |
| impfen *gegen* | طعّم المريض ضِدّ |
| heilen | شفى , يشْفي |
| | |
| Untersuchung | فحْص |
| allgemeine ärztliche Untersuchung | فحْص طبّيّ عامّ |
| Röntgenuntersuchung | فحْص شُعاعيّ / الفحْص بالأشِعة |
| Blutuntersuchung | تحْليل الدَّم |
| Urinuntersuchung | تحْليل البَوْل |
| EKG | تخْطيط القلْب |
| EEG | تخْطيط الدِّماغ |
| Diagnose | تشْخيص |
| Behandlung, Therapie | مُعالجة ج -ات |
| Entbindung | وِلادة |
| Operation | عمليّة جِراحيّة |
| Narkose | تخْدير |
| Prophylaxe | وِقاية |
| Puls | نبْض |
| den Puls fühlen | جسّ النبْض |
| Blutdruck | ضغْط الدّم |
| den Blutdruck messen | قاس ضغْط الدّم |
| Fieber | الحُمى / الحرارة |
| hohes Fieber | حرارة مُرْتفعة |
| das Fieber messen | قاس الحرارة |
| (die) Erste Hilfe | الإسْعاف الأوّل / الإسْعافات الأوليّة |

**Medizinische Einrichtungen / Medizinische Hilfsmittel**

| | |
|---|---|
| Arztpraxis | عِيادة طِبّيّة ج عِيادات طِبّيّة |
| Ambulanzstation, Poliklinik | مُسْتوْصف ج –ات |
| Krankenhaus | مُسْتشْفى ج مُسْتشْفيات |
| Operationssaal | غُرْفة العمليّات |
| Intensivstation | غُرْفه العِناية المُركّزة |
| Unfallstation | مُسْتشْفى الطوارِئ |
| Sanatorium | مَصحّة – ات |
| Apotheke | صَيْدليّة ج –ات |
| Labor | مُخْتبر ج –ات / معْمل ج معامِلُ *äg.* |
| Sprechzimmer | غُرْفة المُراجعة |
| Wartezimmer | غرْفة الانْتِظار |
| Krankenwagen | سيّارة الإسْعاف |

| | | | |
|---|---|---|---|
| Stethoskop | سمّاعة ج –ات | Medikamente geben | أعْطى / قدّم الأدْوية |
| Fieberthermometer | مِقّياس حرارة | Medikamente einnehmen | تناول الأدْوية |
| Röntgenbild | صُورة شُعاعيّة | Tablette | قُرْص ج أقْراص / حبّ ج حبوب |
| Spritze | إبْرة ج إبَر | Tropfen | قطْرة ج –ات |
| Rezept | وصْفة ج –ات | Sprechstunde | ج أوْقات المُراجعة |
| Medikament, Arznei | دواء ج أدْوِية | Quarantäne | حَجْر صِحِّيّ |

| | |
|---|---|
| Wie fühlen Sie sich? | كَيْفَ حالتُك / حالتُكُم؟ / كّيْف حالُك؟ |
| ● Es geht mir schlecht. | حالتي سَيِّئة. |
| ● Es geht mir besser. | حالتي أحْسن. / تحسّنت حالتي. |
| ● Es geht mir gut. | حالتي جيِّدة . أنا بخير. |
| ● Ich fühle mich nicht wohl. | لَسْتُ على ما يُرام. |
| Wo tut es Ihnen weh? | أيْنَ تشْعُر بالألم؟ |
| ● Ich habe Magenschmerzen. | عِنْدي ألم في المَعِدَة. |

| | |
|---|---|
| ● Ich habe Husten. | عِنْدي سُعال. أنا مُصاب(ة) بالسُّعال. |
| ● Ich habe Schnupfen. | عِنْدي زُكام. أنا مُصاب(ة) بالزُّكام. |
| Ihr Fuß ist gebrochen. | قدمُك مُصابة بكسْر. |
| Ihre Hand ist verstaucht | يدك مُصابة بالاِلْتواء. |
| Ich werde Ihnen einige Medikamente verschreiben. | سأصِف لك بعض الأدْوية. |
| Nehmen Sie diese Tropfen einmal täglich nach dem Essen! | خُذْ من هذه القطرات ثلاث مرّات في اليوم! |
| Nehmen Sie von diesen Tabletten eine vor dem Schlafengehen! | خُذْ من هذه الحُبوب واحدة قبْل النَوْم! |

**Krankheiten**

| | |
|---|---|
| Krankheit | مرض ج أمْراض |
| Epidemie | وباء ج أوْبئة |

| | | | |
|---|---|---|---|
| Abszess | دُمَّل | Katarrh | نزْلة |
| Aids | الأيْدز (فُقْدان المناعة المُكْتسبة) | Kolik | مَغَص |
| Allergie | حساسيّة | Krebs | سرطان |
| Diabetes, Zuckerkrankheit | مرض السُّكّر | Kreislaufstörung | اضْطِراب في الدَّوْرة الدَّمويّة |
| Durchfall | إسْهال | Migräne | صُداع (في الرأس) |
| Entzündung | الْتِهاب | Rheuma(tismus) | الروماتِزْم |
| Erkältung | برْد | Schlaganfall | السكْتة |
| Frauenkrankheiten | نسائِيّة | Schnupfen | زُكام |
| Grippe / Influenza | أنْفلوِينْزا | Tetanus / Wundstarrkrampf | كُزاز |
| Herzanfall | نَوْبة قلبيّة | Thrombose | تخثُّر الدم |
| Herzschlag | سكْتة قلْبيّة | Verstauchung | الْتِواء |
| Husten | سُعال | Verstopfung | إمْساك |

| | | | |
|---|---|---|---|
| ansteckende Krankheiten | | | ج أمْراض مُعْدِيَة |
| Colera | كوليرا | Pocken | جُدَري |

| | | | |
|---|---|---|---|
| Tuberkulose /Tbc | سُلّ | Syphilis | زُهَرِيّ |
| Tropenkrankheiten | | | ج أمْراض اسْتِوائيّة |
| Malaria | ملاريا | Bilharziose | بِلْهارِسِيا |
| Kinderkrankheiten | | | ج أمْراض الأطْفال |
| Diphtherie | دِفْتيريا | Masern | حصْبة |
| Keuchhusten | سُعال ديكيّ | Scharlach | حُمَّى قِرْمِزِيّة |
| Kinderlähmung | شلل الأطْفال | Ziegenpeter / Mumps | نُكاف |

| | |
|---|---|
| Der Schutz ist besser als die **Behandlung**.<br>= Vorbeugen ist besser als heilen. | **الوِقاية خَيْر من العِلاج.** |
| Für jede **Krankheit** gibt es eine **Arznei**.<br>= Es gibt für alle Wunden Pflaster. | **لكلّ داء دواء.** |
| Aus einer **Tablette** einen Kloß machen.<br>= Aus der Mücke einen Elefanten machen. | **من الحبّاية تُسوّي كُبّاية.** |

**Der menschliche Körper**

| | |
|---|---|
| Körper, Leib | جِسْم ج أجْسام |
| Körperteil, Organ | عُضْو ج أعْضاء |
| Skelett | الهَيْكل العَظْميّ |
| Knochen | عظْم ج عِظام |
| Gelenk | مَفْصِل ج مفاصِل |
| Sehne | وتْر ج أوْتار |
| Muskel | عضلة ج -ات |
| Haut | جِلْد ج جُلود |
| Blut | دم ج دِماء |
| Drüse | غُدّة ج غُدد |

| | | | |
|---|---|---|---|
| Arm | ذِراع ج أذْرُع | Bein | رِجْل ج أرْجُل |
| Unterarm | ساعِد ج سواعِدُ | Knie | رُكْبة ج رُكَب |
| Ellbogen | مِرْفق ج مرافِقُ | Oberschenkel | فخْذ ج أفْخاذ |
| Hand | يد ج أيْد | Unterschenkel | ساق ج سيقان |
| Finger / Zehe | إصْبع ج أصابِعُ | Fuß | قدم ج أقْدام |
| Daumen | إبْهام | Ferse | عقِب ج أعْقاب |
| | | | |
| Schädel | جُمْجُمة ج جماجِمُ | Ohr | أُذُن ج آذان |
| Gehirn | مُخّ ج مِخاخ | Nase | أنْف ج أُنوف |
| Kopf | رأس ج رُؤوس | Mund | فَم ج أفْواه |
| Hals | رقبة ج –ات | Lippe | شَفَة ج شفاه , شفوات |
| Kehlkopf | حُنْجرة ج حناجِرُ | Zunge | لِسان ج ألْسِنة |
| Gesicht | وجْه ج وُجوه | Zahn | سِنّ ج أسْنان |
| Auge | عَيْن ج عُيون | Kinn | ذقْن ج أذْقان |
| Augenbraue | حاجِب ج حواجِبُ | Wange, Backe | خدّ ج خُدود |
| Wimper | رِمْش ج رُموش | Stirn | جبْهة ج جِباه |
| | | | |
| Brust | صدْر ج صُدور | Rücken | ظهْر ج ظُهور |
| weibliche Brust | ثَدْي ج أثْداء | Schulter | كِتْف ج أكْتاف |
| Bauch | بطْن ج بُطون | Rückgrat / Wirbelsäule | عمود فِقريّ |
| | | | |
| Nerv(en) | عصب ج أعْصاب | Blinddarm | الزائدة الدُّوديّة |
| Herz | قلْب ج قُلوب | Galle | مِرارة |
| Lunge | رِئة ج –ات | Milz | طِحال |
| Zwerchfell | حِجاب الحاجز | Leber | كَبِد |
| Magen | مَعِدَة ج مِعَد | Niere | كِلْية ج كِلىً |
| Darm | مِعىً ج أمْعاء | Harnblase | مَثانة ج –ات |
| Zwölffingerdarm | مِعىً اِثْناعشريّ | Gebärmutter | الرَحِم |

| | |
|---|---|
| Ein Fehler der **Zunge** ist schlimmer als ein Fehltritt des **Fußes.** | **عَثْرة اللّسان اصْعب من عثْرة القدم.** |
| Ein **Haar** macht noch keinen **Bart.** (Eine Schwalbe macht noch keinen Sommer.) | **شعْرة لا تعْمل لِحْية.** |
| Die Wände haben **Ohren.** | **إنّ للحيطان آذاناً.** |
| Die obere **Hand** ist besser als die untere **Hand.** (Derjenige, der gibt ist besser als der, der nimmt.) | **اليد العُليا خَيْر من اليد السُفْلى.** |
| Das **Auge** blickt weit, aber die **Hand** ist kurz. | **العَيْن بصيرة واليد قصيرة.** |

# Gesellschaft und Natur

## Gesellschaftliches und politisches Leben

### Allgemeines

| | |
|---|---|
| Gesellschaft | مُجْتمع ج -ات* |
| gesellschaftlich, sozial | اجْتِماعيّ |
| Gesellschaftsordnung | نِظام اجْتِماعيّ |
| die Sozialstruktur | الهَيْكل الاجْتِماعيّ |
| Politik | سِياسة ج -ات* |
| Außenpolitik | سِياسة خارجيّة |
| Innenpolitik | سِياسة داخليّة |
| eine fortschrittliche Politik | سِياسة تقدُّميّة |
| eine kluge / weise Politik | سِياسة حكيمة /رشيدة |
| politisch | سِياسيّ |
| politische Kräfte | ج قُوىً سِياسيّة |
| politische Maßnahmen | ج إجْراءات سِياسيّة |
| die politische Macht | السُّلْطة السِّياسيّة |
| Volk | شعْب ج شُعوب |
| die Volksmassen | ج الجماهيرُ الشعْبيّة |

| | |
|---|---|
| Bevölkerung | ج سُكّان |
| Bevölkerungswachstum | نُمُوّ سُكّانِيّ |
| Überbevölkerung | الانْفِجار السُّكّانِيّ |
| Bürger | مُواطِن ج -ون |
| Klasse *(als soziale Schicht)* | طبقة ج -ات |
| Schicht | فِئة ج -ات |
| soziale Schichten | ج فِئات اجْتِماعِيّة |
| Arbeitgeber, Unternehmer | صاحِب العمل ج أصْحاب العمل |
| Arbeiter, Arbeitnehmer | عامِل ج عُمّال* |
| Bauer | فلّاح ج -ون |
| Angestellter | مُسْتَخْدَم ج -ون |
| Handwerker | حِرفِيّ ج -ون |
| Intelligenz *(als soziale Schicht)* | ج مُثقَّفون |
| Bourgeoisie, Bürgertum | بُرْجوازِيّة / بورْجوازِيّة |
| Minderheit | أقلِّيّة ج -ات |
| nationale Minderheit | أقلِّيّة قَوْمِيّة |
| religiöse Minderheit | أقلِّيّة دينِيّة |
| soziale Minderheit | أقلِّيّة اجْتِماعِيّة |
| Heimat, Heimatland | وطن ج أوْطان |
| Nation | أُمّة ج أُمم |
| national | وطنِيّ / قَوْمِيّ |
| Land | بلد ج بُلْدان * / قُطْر ج أقْطار |
| Bundesland | وِلاية ج -ات |
| Entwicklungsland | بلد نامٍ ج بُلْدان نامية |
| die arabischen Länder | ج البُلْدان العربِيّة |
| Staat | دَوْلة ج دُوَل* |
| ein unabhängiger Staat | دولة مُسْتَقِلّة |

| | |
|---|---|
| ein friedliebender Staat | دولة مُحبّة للسّلام |
| ein neutraler Staat | دولة مُحايِدة |
| ein Nachbarstaat | دولة مُجاوِرة |
| Republik | جُمْهوريّة ج -ات |
| Volksrepublik | جُمْهوريّة شعْبيّة ج -ات شعْبيّة |
| die Bundesrepublik | الجُمْهوريّة الاتّحاديّة |
| Regime | نظام ج أنْظِمة |
| Königreich | مَمْلكة ج مَمالِكُ |
| Emirat | إمارة ج -ات |
| Sultanat | سلْطنة ج -ات |
| Scheichtum | مشْيخة ج مشايِخُ |
| Kolonie | مُسْتَعْمرة ج -ات |

**Regierung / Administration**

| | |
|---|---|
| Regierung | حُكومة ج -ات* |
| eine provisorische Regierung | حُكومة مُؤقّتة |
| eine progressive Regierung | حُكومة تقدُّميّة |
| eine Marionettenregierung | حُكومة عميلة |
| Parlament | برْلمان ج -ات / مجْلِس النُّوّاب ج مجالِسُ النُّوّاب |
| Präsident | رئيس ج رُؤَساءُ* |
| Staatspräsident | رئيس الدَّوْلة |
| Bundespräsident | الرئيس الاتّحاديّ |
| Abgeordneter | نائِب ج نُوّاب |
| Minister | وزير ج وُزراءُ |
| Premierminister | رئيس الوُزراء / الوزير الأوّل |
| Kabinett | وزارة ج -ات |
| Ministerium | وِزارة ج -ات* |
| Außenministerium | وِزارة الخارِجيّة |

|  |  |
|---|---|
| Innenministerium | وِزارة الداخِليّة |
| Bundesrat (D) | مَجْلِس الوِلايات الاتِّحاديّ |
| administrative Gliederung | تَقْسيم إداريّ |
| Bezirk; Provinz; Gouvernorat | مُحافظة ج –ات |
| Kreis | قضاء ج أَقْضِية *irak.* / مرْكز ج مراكِزُ *äg.* / مِنْطقة ج مناطِقُ *syr.* |
| Hauptstadt, Metropole | عاصِمة ج عواصِمُ |
| Stadt | مدينة ج مُدُن |
| Dorf | قَرْية ج قُرىً |
| Gemeinde | ناحية ج نواحٍ |
| Verwaltung; Führung | إدارة ج –ات |
| Amt; Behörde | دائِرة ج دوائِرُ |
| Armee | جَيْش ج جُيوش |
| Polizei | شُرْطة / بوليس |
| Macht | سُلْطة ج –ات |
| Gesetz | قانون ج قوانينُ |
| das Grundgesetz | القانون الأساسيّ |
| Verfassung | دُسْتور ج دساتيرُ |
| Demokratie | الدِّيمُقْراطيّة |
| die parlamentarische Demokratie | الدِّيمُقْراطيّة البرْلمانيّة |
| demokratisch | ديمُقْراطيّ |
| Diktatur | الدِّكْتاتوريّة |
| Recht | حقّ ج حُقوق / قانون ج قوانين |
| das Recht auf Arbeit | الحقّ في العمل |
| das Recht auf Bildung | الحقّ في التعْليم |
| die Menschenrechte | ج حُقوق الإنْسان |
| die Grundrechte | ج الحُقوق الأساسيّة / الحُقوق العامّة |
| das Selbstbestimmungsrecht | الحقُ في تقْرير المصير / حقّ تقْرير المصير |

| | |
|---|---|
| ein legitimes Recht | حقُ مشْروع |
| Freiheit | حُرِّيّة ج ـات * |
| Grundrechte und Grundfreiheiten *Pl* | ج حُقوق وحُرِّيّات أساسيّة (عامّة) |
| die Menschenrechte (be)achten | راعى حُقوق الإنْسان |
| Bedingung | شرْط ج شُروط / ظرْف ج ظُروف |
| die Lebensbedingungen | ج ظُروف المعيشة |
| die Arbeitsbedingungen | ج ظُروف العمل |
| die Umweltbedingungen | ج ظُروف البيئة |

**Parteien / Organisationen**

| | |
|---|---|
| Partei | حِزْب ج أحْزاب* |
| sozialdemokratische Partei | حِزْب اشْتراكيّ ديمُقْراطيّ |
| christlich-demokratische Partei | حِزْب مسيحيّ ديمُقْراطيّ |
| liberal-demokratische Partei | حِزْب ديمُقْراطيّ ليبراليّ (حُرّ) |
| konservative Partei | حِزْب مُحافِظ |
| Regierungspartei | حِزْب حاكِم |
| Oppositionspartei | حِزْب مُعارِض |
| Organisation | مُنظَّمة ج ـات |
| Gewerkschaft | نِقابة ج ـات |
| Mitglied | عُضْو ج أعْضاء |
| Delegation | وفْد ج وُفود |
| Fraktion | كُتْلة برْلمانيّة ج كُتل برْلمانيّة |
| Opposition | مُعارضة |

**Internationale Beziehungen / Außenpolitik**

| | |
|---|---|
| Botschaft / diplomatische Mission | سِفارة ج ـات |
| Botschafter | سفير ج سُفراءُ |
| Diplomat | دِبْلوماسيّ ج ـون |

| | |
|---|---|
| Attaché | مُلْحق ج -ون |
| Kulturattaché | مُلْحق ثقافيّ |
| Presseattaché | مُلْحق صُحُفيّ |
| Handelsattaché | مُلْحق تجاريّ |
| Militärattaché | مُلْحق عسْكريّ |
| Beziehungen *Pl* | ج علاقات* |
| internationale Beziehungen | ج علاقات دُوليّة |
| diplomatische Beziehungen | ج علاقات دِبْلوماسيّة |
| traditionelle Beziehungen | ج علاقات تقْليديّة |
| enge Beziehungen | ج علاقات وثيقة |
| freundschaftliche Beziehungen | ج علاقات وُدّيّة |
| ökonomische Beziehungen | ج علاقات اقْتصاديّة |
| Handelsbeziehungen | ج علاقات تجاريّة |
| die Entwicklung der Beziehungen | تطْوير / تطوُّر العلاقات |
| die Festigung der Beziehungen | تَوْثيق / ترْسيخ / تمْتين العلاقات |
| die Vertiefung der Beziehungen | تعْميق العلاقات |
| die Beziehungen erweitern / ausbauen | وسّع العلاقات |
| die Beziehungen entwickeln | طوّر العلاقات |
| die Beziehungen festigen | وثّق العلاقات |
| Globalisierung | عَوْلمة |

**Internationale Organisationen** (Auswahl)

| | |
|---|---|
| die Vereinten Nationen (UNO) | ج الأُمم المُتّحِدة |
| die Vollversammlung | الجمْعيّة العامّة |
| der Sicherheitsrat | مجْلس الأمْن |
| die UNO-Charta | ميثاق الأُمم المُتّحِدة |
| die Arabische Liga / die Liga der arabischen Staaten | الجامعة العربيّة / جامعة الدُّوَل العربيّة |
| Organisation Islamische Konferenz (OIC) | مُنظّمة المُؤْتمر الإسْلاميّ |

| | |
|---|---|
| Liga der Islamischen Welt / Weltmuslimliga | رابِطة العالم الإسْلاميّ |
| die Europäische Union | الاتِّحاد الأورُبيّ |
| G 8 – Gruppe der acht Industriestaaten, *kurz* G-8 Staaten | مجْموعة الدول الصناعية الثماني |
| Weltbank | البنْك الدُّوَليّ |
| OPEC (Organisation der Erdölexportierenden Länder) | أوبك / أوبيك (مُنَظَّمة البُلْدان المُصَدِّرة للنفْط) |
| Generalsekretär | أمين عامّ ج أُمناءُ عامّون |
| Generalsekretariat | أمانة عامّة ج -ات عامّة |
| Mitgliedsstaat | دَوْلة عُضْو ج دُوَل أعْضاء |

**Politische Aktivitäten**

| | |
|---|---|
| Aktivität | نشاط ج -ات |
| Zusammenarbeit | تعاوُن |
| Prinzip | مبْدأ ج مبادئُ* |
| die Prinzipien der Zusammenarbeit | ج مبادئ التعاوُن |
| die Prinzipien der Außenpolitik | ج مبادئ السياسة الخارجيّة |
| Vertrag | مُعاهدة ج -ات* / اتِّفاقية ج -ات* |
| ein Freundschaftsvertrag | مُعاهدة الصداقة |
| einen Vertrag unterzeichnen | وقّع على مُعاهدة |
| Vorschlag | اقْتراح ج -ات* |
| Gleichberechtigung | مُساواة |
| Anerkennung | اعْتِراف |
| die Anerkennung dieses Staates | الاعْتِراف بهذه الدَّوْلة |
| die Anerkennung der Realitäten | الاعْتِراف بالحقائق |
| die Anerkennung des Status quo | الاعْتِراف بالأمْر الواقِع |
| Solidarität | تضامُن |
| gegenseitiges Verstehen | تفاهُم مُتبادل |
| friedliche Koexistenz | تعايُش سِلْميّ |

| | |
|---|---|
| Konferenz | مُؤْتمر ج -ات* |
| internationale Probleme diskutieren | ناقش مشاكِل دُوَلِيّة |
| internationale Probleme lösen | حلّ مشاكِل دّوَلِيّة |
| der Gedankenaustausch | تبادُل الأفْكار |
| den politischen Dialog führen | أجْرى الحِوار السِّياسيّ |
| Wahl | اِنْتِخاب ج -ات |
| Wahlen durchführen | أجْرى الاِنْتِخابات |
| Wahlkampf | المعْركة الاِنْتِخابيّة |
| Wahlsieg | الفَوْز بالاِنْتِخابات |
| Wahlkampagne | حمْلة اِنْتِخابيّة |
| Wahlurne | صنْدوق الاقْتِراع |
| Kampf | كِفاح / نِضال* |
| der Kampf für die Sicherung des Friedens | الكِفاح / النِّضال من أجْلِ حِفْظ السَّلام |
| der Kampf für den sozialen Fortschritt | الكِفاح / النِّضال من أجْلِ التقدُّم الاجْتِماعيّ |
| verwirklichen *etw.* | حقّق و يُحقّق هــ |
| die Menschenrechte verwirklichen | حقّق حُقوق الإنْسان |
| die Gleichberechtigung verwirklichen | حقّق المُساواة |
| überwinden *etw.* | تغلّب و يتغلّب على |
| die Unterdrückung überwinden | تغلّب على الاضْطِهاد |
| die Folgen des Krieges überwinden | تغلّب على آثار الحرْب |
| fördern *etw.* | شجّع , يُشجِّع هــ |
| das Wirtschaftswachstum fördern | شجّع النُّمُوّ الاقْتِصاديّ |
| die internationale Zusammenarbeit fördern | شجّع التعاوُن الدُّوَلِيّ |
| erhalten, bewahren *etw.* | حفِظ و يحْفظ هــ / حافظ , يُحافِظ على |
| den Frieden erhalten | حفِظ السَّلام / حافظ على السَّلام |
| verhindern *etw.* | منع , يمْنع هــ |
| den Krieg verhindern | منع (نُشوب) الحرْب |

| | |
|---|---|
| kämpfen; bekämpfen *etw.* | كافح , يُكافِح |
| Verbrechensbekämpfung | مُكافحة الجرائم |
| Rauschgiftbekämpfung | مُكافحة المُخدِّرات |

**Frieden** سِلْم / سلام*

| | | | |
|---|---|---|---|
| Friedensabkommen | اتِّفاقيّة السلام | Friedensmission | بِعْثة السلام |
| Friedensbewegung | حركة السلام | Friedenspolitik | سِياسة السلام |
| Friedensinitiative | مُبادرة من أجْل السلام | Friedensprozess | عمليّة السلام / مسيرة السلام |
| Friedenskonferenz | مُؤْتمر السلام | Friedensverhandlungen | ج مُفاوضات الصُّلْح |
| Friedenskräfte | ج قُوى السلام | Friedensvertrag | مُعاهدة الصُّلْح |

| | |
|---|---|
| Unabhängigkeit | اسْتِقْلال |
| die politische Unabhängigkeit | الاسْتِقلال السِّياسيّ |
| die wirtschaftliche Unabhängigkeit | الاسْتِقلال الاقْتِصادي |
| die nationale Unabhängigkeit | الاسْتِقلال الوطنيّ |
| Befreiung | تحْرير |
| Befreiung, Emanzipation, Liberalisierung | تحرُّر |
| die Befreiungsbewegung | حركة التحْرير |
| die nationale Befreiungsbewegung | حركة التحْرير الوطنيّة |

Friedliche Handlungen

| | | | |
|---|---|---|---|
| vorschlagen | اقْترح | gleich sein; gleichstellen | ساوى |
| solidarisch zusammenstehen | تضامن | sich verstehen, sich verständigen | تفاهم |
| diskutieren | ناقش | miteinander leben, koexistieren | تعايش |
| befreien *jmdn., etw.* | حرّر | Vorschlag | اقْتِراح |
| sich befreien | تحرّر | Solidarität | تضامُن |
| kooperieren, zusammen arbeiten | تعاون | Diskussion | مُناقشة |
| anerkennen *etw.* | اعْترف ب | Befreiung | تحْرير |

| | | | |
|---|---|---|---|
| Befreiung | تحرُّر | Gleichberechtigung | مُساواة |
| Zusammenarbeit, Kooperation | تعاوُن | Verständigung, Verständnis | تفاهُم |
| Anerkennung | اعْتِراف ب | Koexistenz | تعايُش |

**Krieg** حرْب ج حُروب*

Aggressionskrieg حرْب عُدْوانيّة

Angriffskrieg حرْب هُجوميّة

Befreiungskrieg حرْب التحْرير

Bürgerkrieg حرْب أهْليّة

Golfkrieg حرْب الخليج

Nahostkrieg الحرْب في الشرْق الأوْسط

Weltkrieg حرْب عالميّة

| | | | |
|---|---|---|---|
| Krieggefahr | خَطَر الحرْب | Kriegsverbrechen | جريمة الحرْب |
| Kriegsherd | بُؤْرة الحرْب ج بُؤَر الحرْب | Kriegsgefangene | أسير الحرْب ج أسْرى الحرْب |
| Kriegsschauplatz | مَيْدان الحرْب | Kriegsopfer | ضحية الحرْب ج ضحايا الحرْب |

den Krieg erklären أعْلن الحرْب

einen Krieg entfesseln أشْعل حرْباً

einen Krieg führen شنّ حرْباً , يشُنّ حرْباً

Armee, Heer جَيْش ج جُيوش

Streitkräfte bewaffnete Kräfte ج قُوّات مُسلّحة

Landstreitkräfte ج القُوّات البريّة

Luftstreitkräfte ج القُوّات الجَوّيّة

Seestreitkräfte ج القُوّات البحْريّة

Infanterie ج قُوّات المُشاة

Panzerdivision فِرْقة مُدرعة

| | |
|---|---|
| Spezialtruppen | ج القُوّات الخاصّة |
| Elitetruppen | ج قُوات النُخْبة |
| Marineinfanteristen, Marines | ج جُنود مُشاة البحْرية |
| paramilitärische Kräfte | ج القُوات شبه العسْكريّة |
| Strategie | إسْتراتيجيّة ج –ات |
| Taktik | تكْتيك |
| Sieg | نصر / انْتِصار ج –ات |
| Niederlage | هزيمة ج هزائمُ |
| Angriff | هجْمة ج –ات / هُجوم / اعْتِداء ج –ات / غارة |
| Verteidigung | دِفاع |
| Waffenstillstand | هُدْنة |
| Waffenstillstand schließen *mit* | أعْلن الهُدْنة مع |
| den Waffenstillstand brechen | قطع الهُدْنة |
| Front | جبْهة ج –ات |
| Feind | عدُوّ ج أعْداء |
| Massaker | مذْبحة ج مذابِحُ |
| Mobilmachung | تعْبِئة |
| Militärbasis | قاعدة عسْكريّة ج قواعِدُ عسْكرية |
| Kaserne | ثُكْنة ج –ات |
| Bataillon | كتيبة ج كتائب |
| Abteilung; Zug | فصيلة ج فصائِلُ |

Waffen

| | | | |
|---|---|---|---|
| Waffe | سِلاح ج أسْلِحة* | Maschinengewehr | رشاش ج –ات |
| Munition | ذخيرة ج ذخائرُ | Pistole, Revolver | مُسدَّس ج –ات |
| Kriegsmaterial, Ausrüstung | عتاد ج اعْتِدة | Kanone | مِدْفع ج مدافِعُ |
| Gewehr | بُنْدُقيّة ج بنادِقُ | Rakete | صاروخ ج صواريخُ |

| | | | |
|---|---|---|---|
| Bombe | قُنْبلة ج قنابِلُ | Panzer | دبّابة ج –ات |
| Granate | قذيفة ج قذائِفُ | U-Boot | غوّاصة ج –ات |
| Handgranate | قُنْبلة يدويّة | Kampfflugzeug | (طائِرة) مُقاتِلة ج –ات |
| Mine | لُغْم ج ألْغام | Flugzeugträger | حامِلة الطائِرات |
| Artillerie | مِدْفعيّة | | |

Militärränge (Auswahl)

| | | | |
|---|---|---|---|
| Generalleutnant | فريق ج فُرقاءُ | Major | رائد ج رُوّاد |
| Generalmajor | لِواء | Hauptmann | نقيب ج نُقباءُ |
| Oberst | عقيد ج عُقداءُ | Feldwebel | رقيب ج رُقباءُ |
| Oberstleutnant | مُقدِّم ج –ون | Soldat | جُنْدي ج جُنود |

Feindliche Aktionen

| | | | |
|---|---|---|---|
| besetzen | احْتلّ | Besetzung | احْتِلال |
| boykottieren | قاطع ه / هـ | Boykott | مُقاطعة |
| hetzen *gegen* | حرّض على | Hetze | تحْريض |
| protestieren *gegen etw* | احْتجّ على. | Protest | احْتِجاج على |
| rebellieren *gegen* | تمرّد على | Rebellion | تمرُّد |
| spionieren | تجسّس على | Spionage | تجسُّس |
| terrorisieren | رهّب ه | Terrorisierung | ترْهيب |
| verschwören, sich | تآمر | Verschwörung | مُؤامرة |

## Bildung

### Allgemeines / Bildungsinstitutionen

| | |
|---|---|
| (Aus-) Bildung | تعْليم |
| Hochschulausbildung | تعْليم عالٍ |
| Berufsausbildung | تدْريب مِهنيّ |
| Schulpflicht | تعْليم إلْزاميّ / إلْزاميّة التّعْليم |

Fachhochschule معْهد عالٍ ج معاهِدُ عالية

Kultusministerium وِزارة المعارِف (الترْبية والتّعْليم)

Fachschule معْهد تخصُّصيّ ج معاهِدُ تخصُّصيّة

Institut معْهد ج معاهِدُ

Hochschule; Fakultät كُلّيّة ج -ات

Universität جامِعة ج -ات*

Schüler تلْميذ ج تلاميذُ , تلامِذَة

Student طالِب ج طُلاّب , طَلَبَة

Lehrling, Auszubildender مُتدرِّب ج -ون

Lehrer مُعلِّم ج -ون / مُدرِّس ج -ون

Erzieher مُربٍّ ج -ون

Klasse صفّ ج صُفوف

Unterricht, Unterrichtsstunde درْس ج دُروس

Unterrichtsfach مادّة دِراسيّة ج موادُّ دِراسيّة

Lehrbuch كِتاب مدْرسيّ ج كُتُب مدْرسيّة

Wörterbuch قاموس ج قواميسُ

Heft كُرّاسة ج كراريسُ / دفْتر ج دفاتِرُ

Stift قلم ج أقْلام

Tafel لَوْح ج أَلْواح

**Schulbildung**

zur Schule kommen الْتحق بالمدْرسة

in die Schule gehen ذهب إلى المدْرسة

lesen lernen تعلّم القِراءة

schreiben lernen تعلّم الكِتابة

rechnen lernen تعلّم الحِساب

Fremdsprachen lernen تعلّم اللغات الأجْنبيّة

zuhören *jmdm.* اسْتمع ' يسْتمِع إلى

| | |
|---|---|
| schwatzen | ثرْثر , يُثرْثِر |
| das Problem diskutieren | ناقش المُشْكلة |
| das Thema diskutieren | ناقش المَوْضوع |
| einen Vorschlag diskutieren | ناقش اقْتِراحاً |
| die Fehler verbessern | صحّح الأخْطأ |
| den Lehrer fragen | سأل المُعلّم |
| die Frage beantworten | أجاب على السُّؤال |
| die Hausaufgaben erledigen | أنْجز الواجِبات المنْزِليّة |
| Sport treiben | مارس الرِّياضة |
| sich für Geschichte interessieren | اهْتمّ بالتاريخ |
| ein Gedicht lernen, büffeln | حَفِظَ شِعْراً |
| Vokabeln lernen | حفظ المُفْردات |
| die englische Sprache gut können | أجاد اللغة الإنْكليزيّة |

| | | | |
|---|---|---|---|
| Unterrichtsfächer *Pl* | | | ج موادّ دراسيّة |
| Fremdsprachen *Pl* | ج لُغات أجْنبيّة | Chemie | كيمياء |
| Mathematik | ج رِياضيات | Biologie | بيولوجيا / عِلْم الأحْياء |
| Musik | مُوسيقى | Geschichte | تاريخ |
| Sport | رِياضة | Geographie | جُغْرافيا |
| Physik | فيزياء | Literatur | أدب |

| | |
|---|---|
| Prüfung | اِمْتِحان ج -ات |
| die Prüfung ablegen | اِمْتحن , يمْتحِن / قام بالاِمْتِحان |
| die Prüfung bestehen | نجح في الاِمْتِحان |
| die Prüfung nicht bestehen (durchfallen) | رسب في الاِمْتِحان |
| Zeugnis | شهادة ج -ات |
| Abitur(zeugnis) | شهادة ثانوية |

| | |
|---|---|
| das Abitur ablegen | نال الشهادة الثانوية |
| Note / Zensur | درجة ج –ات |
| eine ausgezeichnete Note erhalten | حصل على درجة مُمْتازة |
| eine schlechte Note erhalten | حصل على درجة سيئة |

| | | | |
|---|---|---|---|
| Ausgezeichnet | مُمْتاز | Befriedigend | مقْبول / (لا بأس) |
| Sehr gut | جَيِّد جدّاً | Genügend, Mangelhaft | ضعيف |
| Gut | جَيِّد | Ungenügend | ضعيف جدّاً |

| | |
|---|---|
| **Universität** | **جامعة ج –ات*** |
| Studium | دراسة |
| sich zum Studium bewerben | تقدّم بطلب للدِّراسة |
| das Studium beginnen | بدأ الدِّراسة |
| das Studium fortsetzen | اسْتمرّ في الدِّراسة |
| das Studium beenden | أنهى الدِّراسة / انْتهى من الدِّراسة |
| an der Universität studieren | درس في الجامعة |
| an der Universität immatrikuliert werden | سجّل في الجامعة / التحق بالجامعة |
| Direktstudium | دراسة مُباشِرة |
| Fernstudium | دراسة بالمُراسلة |
| Stipendium | مِنْحة دِراسيّة ج مِنح دِراسيّة |
| ein Stipendium erhalten | حصل على مِنْحة دِراسيّة |
| Lehrkörper | هَيْئة التدْريس |
| Rektor | رئيس الجامعة ج رُؤساء الجامعات |
| Dekan | عميد الكُلّيّة ج عُمداء الكُلّيّات |
| Professor | أُسْتاذ ج أساتِذة / بُروفسور |
| Dozent | أُسْتاذ مُساعِد ج أساتِذة مُساعِدون |
| Assistent, Aspirant | مُعيد ج –ون |

| | |
|---|---|
| Fakultät | كُلّيّة ج -ات |
| Abteilung | قِسْم ج أقْسام |
| Institut | معْهد ج معاهِدُ |
| Vorlesung | مُحاضرة ج -ات |
| Seminar | نَدْوة ج -ات / سِمينار ج -ات |
| Praktikum | تدْريب عمليّ / تطْبيق عمليّ |
| Studienprogramm, Studienordnung | منْهج دِراسيّ ج مناهِجُ دِراسيّة |
| Fachrichtung | فرْع الدِّراسة ج فُروع الدِّراسة / فرْع دِراسيّ ج فُروع دِراسيّة / اِخْتِصاص |

| | | | |
|---|---|---|---|
| Journalistik | صِحافة | Theologie | عِلْم اللاهوت |
| Jura | حُقوق | schöne Künste | ج الفُنون الجميلة |
| Landwirtschaft | زِراعة | Technik, Ingenieurwesen | هنْدسة |
| Medizin | طِبّ | Bauwesen | الهندسة المدنيّة |
| Psychologie | عِلْم النّفْس | Elektronik | الهنْدسة الالكْترونيّة |
| Pharmazie | صَيْدلة | Elektrotechnik | الهنْدسة الكهْربائيّة |
| Philosophie | فلْسفة | Architektur | الهنْدسة المِعْماريّة |
| Soziologie | عِلْم الاِجْتِماع | Maschinenbau | الهنْدسة الميكانيكيّة |

↗ Unterrichtsfächer

| | |
|---|---|
| absolvieren *etw.*, abschließen *etw.* | تخرّج في |
| ein Studium absolvieren | أنْهى الدِّراسة |
| die Universität absolvieren | تخرّج من الجامِعة |
| Absolvent | خِريج ج -ون / مُتخرِّج ج -ون |

In der **Wiederholung** liegt der Nutzen. **في الإعادة إفادة.**
(Wiederholung ist die Mutter der Weisheit. / Übung macht den Meister.)

Das **Wissen** in jungen Jahren ist wie Gravierung in Stein. (Was man jung lernt, behält man.) **العِلْم في الصغْر كالنقْش على الحجر.**

| Der **Fleiß** ist die beste Ware. (Fleiß ist die beste Mitgift.) | **الاجْتِهاد خير بِضاعة.** |
|---|---|

## Weltanschauung / Religion

### Allgemeines

| | |
|---|---|
| Glaube(n) *an* | إيمان ب |
| Glaube, Bekenntnis, Weltanschauung | عقيدة ج عقائِدُ |
| Glaubensfreiheit | حرّيّة العقيدة |
| Gottesdienst; Gottesanbetung | عِبادة ج –ات |
| Religionsfreiheit | حُرّيّة العِبادة |
| Gläubiger, gläubig | مُؤْمِن ج –ون |
| Heiligkeit; heilig | قداسة / قديس |
| Toleranz; tolerant | تسامُح / مُتسامِح |
| Gebet | الصلاة ج صَلَوات |
| Gott | الله , الإله |
| Herrgott | الربّ |
| Engel | ملاك ج ملائكة |
| Teufel | شَيْطان ج شياطينُ / إبْليس ج أباليسُ |
| das Paradies | الجنة / الفِرْدَوْس |
| die Hölle | جهنّم |
| Tempel | معْبد ج معابِدُ |
| Gemeinde | طائفة ج طوائِفُ |

### Religionen

| | |
|---|---|
| Religion | دين ج أدْيان / ديانة ج –ات |
| das Christentum | المسيحيّة |
| der Islam | الإسْلام |
| das Judentum | اليهوديّة |

der Buddhismus البوذيّة

der Hinduismus الهِنْدوسيّة

der Atheismus الإلْحاد / الكُفْر

Christ مسيحيّ ج -ون

Jesus, der Messias يسُوع المسيح

Jesus *muslimische Namensform* عِيسى

Kirche كنيسة ج كنائسُ

katholisch; Katholik كاثوليكيّ ج -ون

protestantisch; Protestant بروتسْتانْتيّ ج -ون

orthodox أُرْثوذكس

Die Heilige Schrift, الكتاب المُقدّس

Altes Testament العهْد القديم

Neues Testament العهْد الجديد

Evangelium الإنْجيل

Papst البابا ج البابوات

Bischof أُسْقُف ج أساقفة

Erzbischof مُطْران ج مطارِنة

Patriarch بطْريَرك ج بطارِكة

Geistlicher خُوريّ ج خوارِنة

Pfarrer, Priester قسّ ج قُسوس / قسيس

قسيس ج -ون , قساوِسة

Mönch راهِب ج رُهْبان

Nonne راهِبة ج -ات

Muslim مُسْلِم ج -ون

(der eine) Gott; Allah الله

Prophet نبيّ ج -ون , أنْبياءُ

Mohammad محمّد صلى الله عليه وسلّم

der Mufti, Rechtsgelehrter المُفْتِي

islamisches Rechtsgutachten فتْوى ج فتاو , فتاوى

Imam, Vorbeter إمام ج أئِمّة

Muezzin مُؤذِّن

Pilger *nach Mekka* حاج ج حُجاج

die fünf Säulen des Islam ج أرْكان الإسْلام

das Glaubensbekenntnis الشهادة

| | | | |
|---|---|---|---|
| das Gebet fünfmal am Tag | الصلاة | das Almosen geben | الزكاة |
| das Fasten | الصَوْم | die Pilgerfahrt nach Mekka | الحجّ |

| | |
|---|---|
| Kampf, der Heilige Krieg *gegen die Ungläubigen* | الجِهاد |
| der Koran | القرآن |
| Koranvers | آية ج -ات |
| Sure, Kapitel des Koran | سُورة ج سُور |
| die Kaaba | الكعْبة |
| die Moschee | جامِع ج جوامِعُ |
| die Sunna | السُّنّة |
| die Sunniten | أهْل السُّنّة |
| die Schia | الشِّيعة |
| die Schiiten | أهْل الشِّيعة |
| Im Namen Allahs! *muslimische Formel* | بسم الله |
| Allah ist (unendlich) groß! | الله اكْبر |
| Bei Gott! (=wirklich, wahrhaftig!) *Schwurformel* | والله |
| Wie herrlich! *(wörtl. Was Allah wollte!)* | ما شاء الله |
| So Allah will! So Gott will! | إنْ شاء الله |
| Mit Allahs Erlaubnis! So Gott will! | بإذْن الله |

| | | | |
|---|---|---|---|
| Jude | يهوديّ ج يهود | Rabbiner | حاخام ج -ات |
| die Thora | التورة | Synagoge | معْبد يهوديّ |

| | |
|---|---|
| Die Gelehrten sind die Erben der **Propheten.** | **العُلماء ورثة الأنْبياء.** |
| Sauberkeit ist Bestandteil des **Glaubens.**<br>*(sprichwörtl. Redensart)* | **النظافة من الإيمان.** |

# Justiz / Kriminalität

## Rechtswesen

| | |
|---|---|
| Recht | قانون ج قوانينُ / ج تشْريعات |
| Rechtswesen, Rechtssprechung | القضاء |
| das Strafrecht | القانون الجِنائيّ |
| islamisches Recht | الشريعة |
| Gesetz | قانون ج قوانينُ |
| ein Gesetz erlassen | سنّ قانوناً |
| Gesetzgebung | تشْريع |
| Gesetzesbruch | مُخالفة القانون |
| Delikt, Vergehen | جُنْحة ج جُنَح |
| Verbrechen | جريمة ج جرائمُ |
| ein Verbrechen begehen | ارْتكب جريمة |
| Polizei | شُرْطة / البوليس |
| Zivilpolizei | شُرْطة مدنيّة |
| Kriminalpolizei | شُرْطة جِنائيّة |
| Interpol | البوليس الدُّوَليّ / شُرْطة الإجْرام الدُّوليّ |
| Zoll | جُمْرُك ج جمارِكُ |
| Feuerwehr | الإطْفائيّة / المطافي |
| Gericht | مَحْكمة ج محاكِمُ |
| Berufungsgericht | مَحْكمة الاسْتِئناف |
| Militärgericht | مَحْكمة عسْكريّة |
| Revisionsgericht | مَحْكمة التمْييز |
| Amtsgericht | مَحْكمة إداريّة |
| Gerichtshof erster Instanz | مَحْكمة ابْتِدائيّة |
| Internationaler Gerichtshof | مَحْكمة العدْل الدُّوليّة |

| | |
|---|---|
| Islamisches Gericht | مَحْكمة شرْعيّة |
| Anklage | دعْوى عُموميّة / تُهْمة |
| Anklage erheben | رفع الدعوى |
| Angeklagter, Beklagter | مُدَّعَى عليه / مُتّهَم |
| Ankläger, Kläger | مُدّعٍ / مُتهِم |
| Zeuge | شاهِد ج شُهود |
| Augenzeuge | شاهِد عِيان |
| Staatsanwaltschaft | النِّيابة العامّة |
| Prozess | مُحاكمة ج -ات مُرافعة ج-ات |

| | | | |
|---|---|---|---|
| Jurist | حُقوقيّ ج -ون / رجُل القانون | Rechtsanwalt | مُحامٍ ج -ون |
| Notar | مُوثِّق ج -ون | Richter | قاضٍ ج قُضاة |
| Polizist | شُرْطيّ | Staatsanwalt | نائِب ج نُوّاب |

**Kriminelle Handlungen**

| | | | |
|---|---|---|---|
| stehlen | سرِق ,يسْرِق هـــ | Mord | قتْل |
| Diebstahl | سرِقة | vergewaltigen | اغْتصب , يغْتصِب |
| betrügen | احْتال على , يحْتال على | Vergewaltigung | اغْتصاب |
| Betrug | احْتيال على | entführen | اخْتطف , يخْتطِف |
| bestechen | رشا ' يرْشو | Entführung | اخْتطاف |
| Bestechung, Bestechungsgeschenk | رشْوة | schmuggeln | هرّب , يُهرِّب |
| töten, morden | قتل , يقْتُل | Schmuggel | تهْريب |

| | | | |
|---|---|---|---|
| Dieb | لُصّ ج لُصوص | Räuber | حرامي ج حرامية |
| Entführer | مُخْتطِف ج -ون | Schmuggler | مُهرِّب ج -ون |
| Mörder | قاتِل ج -ون ,قتَلة | Verbrecher | مُجْرِم ج -ون |

**Strafmaßnahmen**

| | |
|---|---|
| Haftbefehl | مُذكِّرة تَوْقيف |
| Festnahme | إلْقاء القبْض |
| Verhaftung | اعْتِقال |
| Verhör | اسْتِجْواب / تحْقِيق |
| verurteilen | حكم عليه ب |
| Urteil, Entscheidung | حُكْم ج أحْكام |
| Urteil auf Bewährung | حُكْم مع إيْقاف التنْفيذ |
| bestrafen | عاقب , يُعاقِب ه |
| Bestrafung | مُعاقبة / عِقاب |
| Strafe | عُقوبة ج -ات |
| Geldstrafe | غَرامة ج -ات |
| Gefängnisstrafe, Freiheitsstrafe | عُقوبة السِّجْن |
| Todesstrafe | الحُكْم بالإعْدام |
| Freispruch | الحُكْم بالبَراءة |
| Gefängnis | سِجْن ج سُجون |
| Entlassung, Freilassung | إطْلاق السراح |

## Kommunikation / Medien

**Presse**

| | |
|---|---|
| Journalismus | الصِّحافة |
| Zeitung | جريدة ج جرائِدُ / صحيفة ج صُحُف |
| Tageszeitung | جريدة يَوْميّة |
| Sportzeitung | جريدة رِياضيّة |
| Wochenzeitung | جريدة أُسْبوعيّة |
| Zeitschrift | مجلّة ج -ات |
| Fachzeitschrift | مجلّة تخصُّصيّة / مجلّة اخْتِصاصيّة |

| | |
|---|---|
| Illustrierte | مجلّة مُصوَّرة |
| Journal | صحيفة / جورْنال |
| Magazin | مجلّة |
| Presse | الصِّحافة |
| Boulevardpresse | صحافة الإثارة |
| Lokalpresse | الصِّحافة المحلّيّة |
| Massenmedien | ج وسائِلُ الإعْلام |
| Nachrichtenagentur | وكالة الأنباء ج وكالات الأنْباء |
| Nachricht | خبر ج أخْبار / نبأ ج أنْباء |
| Interview | حديث صُحُفيّ / مُقابلة صُحُفيّة |
| Auflage | طبْعة |
| Höhe der Auflage | عدد النّسخ المطْبوعة |

| | | | |
|---|---|---|---|
| Abonnent | مُشْترِك ج ـون | Leser | قارئ ج قُراء |
| Herausgeber | ناشِر ج ـون | Pressefotograf | مُصوِّر صُحُفيّ |
| Journalist | صُحُفيّ ج ـون | Redakteur | مُحرِّر ج ـون |
| Kommentator | مُعلِّق ج ـون | Chefredakteur | رئيس التحْرير |
| Korrespondent | مُراسِل ج ـون | Rezensent | ناقِد ج ـون |
| Auslandskorrespondent | مُراسِل في الخارِج | Reporter | منْدوب ج ـون |

↗ Berufe

| | | | |
|---|---|---|---|
| Annonce, Anzeige | إعْلان ج ـات | Kolumne | عمود ج أعمِدة |
| Artikel | مقال / مقالة ج ـات | Kommentar | تعْليق ج ـات |
| Beilage | مُلْحق ج ـات | Kommuniqué | بيان صُحُفيّ |
| Bericht | تقْرير ج تقاريرُ | Leitartikel | مقالة افْتِتاحيّة / افْتِتاحيّة |
| Bild | صُورة ج صُوَر | Quelle | مصْدر ج مصادِرُ |
| Feuilleton | رُكن الأدب والفنّ | glaubwürdige Quellen | مصادر مَوْثوق بها |
| Karikatur | كاريكاتير | informierte Quellen | ج مصادر عليمة |

| | | | |
|---|---|---|---|
| Reportage | ريبورْتاج | Seitenlayout | تخْطيط الصفْحة |
| Schlagzeile | عُنْوان بارِز / مانْشيت | Titelbild | صُورة الغِلاف |
| Schnappschuss | صُورة خاطِفة | Überschrift | عُنْوان ج عناوينُ |

| | | | |
|---|---|---|---|
| ein Interview geben | أدْلى بحديث صُحُفيّ | publizieren, verbreiten *etw.* | أشاع , يُشيع هـ |
| informieren *jmdn. von etw.* | أطْلع , يُطْلِع ه على | erscheinen, herausgegeben werden | صدر , يصْدُر |
| sich informieren *über etw.* | اطّلع , يطّلِع على | | |
| behaupten *etw.* | زعم , يزعُم هـ | | |
| erzählen, berichten *etw.* | روى , يرْوي هـ | | |

Wie erscheint diese Zeitung? — كيف تصْدُر هذه الجريدة؟

● Diese Zeitung erscheint täglich. — ● تصْدُر هذه الجريدة يَوْمياً.

Ich möchte diese Zeitung abonnieren. — أُريد أنْ اشْترِك في هذه الجريدة.

Ich möchte eine Annonce in dieser Zeitung aufgeben. — أُريد نشْر إعْلان في هذه الجريدة.

**Radio und Fernsehen**

| | |
|---|---|
| Kommunikationsmittel | ج وسائلُ الاتِّصال |
| Fernsehapparat | (جِهاز) التلفِزيون / تِلْفاز |
| Radioapparat | (جِهاز) راديو ج راديوهات |
| Videogerät | (جهاز) فيديو ج فيديوهات |
| Videoband | شريط الفيديو ج أشْرِطة الفيديو |
| Kassettenrekorder, Tonbandgerät | مُسجِّل ج ـات / آلة التسْجيل |
| Kassette | شريط التسْجيل / كاسيت ح ـات |
| Kopfhörer | سمّاعة ج ـات |
| Mikrofon | ميكْروفون / مُكبِّر الصَوْت |
| Bildschirm | شاشة ج ـات |
| Kanal | قناة ج قنوات |
| Satellit | قمر صِناعيّ ج أقْمار صِناعيّة |
| Nachrichtensendung | نشْرة الأنْباء / نشْرة الأخْبار |

| | |
|---|---|
| Nachrichtenzusammenfassung | مُوجز الأنْباء |
| internationale Nachrichten | ج أخْبار عالميّة |
| Lokalnachrichten | ج أخْبار محلّيّة |
| Sportnachrichten | ج أخْبار الرِّياضة |
| Wetterbericht, Wettermeldung | النشْرة الجَوّيّة |
| Programm, Sendung | برْنامج ج برامِجُ |
| Kinderprogramm | برْنامج الأطْفال |
| Sportprogramm | برْنامج الرِّياضة |
| Fernsehübertragung | بثّ تِلفِزيونيّ |
| Direktübertragung, Live-Übertragung | نقْل مُباشِر |

| | | | |
|---|---|---|---|
| Ansager, Rundfunksprecher | مُذيع ج –ون | Publikum | الجمْهور |
| Kameramann | مُصوِّر – ون | Zuhörer | مُسْتمِع ج –ون |
| Moderator | مقدِّم البرامِج ج مُقدِّمو البرامِج | Zuschauer | مُشاهِد ج –ون |

↗ Berufe

| | | | |
|---|---|---|---|
| senden | بثّ , يبُثُّ | zuschauen | شاهد , يُشاهِد |
| empfangen *Programm* | الْتقط , يلْتقِط | zuhören | اسْتمع , يسْتمِع |
| übertragen | نقل , ينْقُل | aufnehmen *Kassette* | سجّل , يُسجِّل |

| | |
|---|---|
| Welche Fernsehsendungen sehen Sie gern? | ما هي البرامِج التِّلفِزيونيّة التي تُحبّ مُشاهدتها؟ |
| ● Ich sehe gern Tiersendungen | ● أُحبّ مُشاهدة برامِج الحَيَوانات. |

**Computer**

| | |
|---|---|
| Informatik | عِلْم الكُمْبيوتر / إنْفورْماتيك |
| Chip | رقيقة إلكْترونيّة / رقيقة من السليكون |
| Computer, Rechner | كُمْبيُوتر , (كومْبيُوتر) ج –ات / حاسوب ج حَواسِبُ |
| Computerexperte | خبير الكُمْبيُوتر ج خُبراءُ الكُمْبيُوتر |
| Computersystem | نِظام الكُمْبيُوتر |

| | |
|---|---|
| Rechenzentrum | مرْكز الحاسِب الإلكْترونيّ |
| Internet | الإنْترْنت / شبكة الاتِّصال الدَّوْليّ |
| Programm | برْنامج ج برامِجُ |
| Textverarbeitung | مُعالجة النُّصوص |
| Datei | مِلَفّ ج –ات |
| Datei-Manager | إدارة المِلفّات |
| Dateisuche | البحْث عن المِلفّ |
| Daten | ج بيانات |
| Druck | طِباعة |
| Fenster | نافِذة ج نوافِذُ |
| Befehl | أمْر ج أوامِرُ |
| Festplatte | أُسْطُوانة صلبة |
| Speicher | ذاكِرة |
| Monitor | مونيتور / شاشة ج –ات |
| Tastatur | لَوْحة المفاتيح |
| Maus | فارة ج –ات |
| Drucker | آلة طابِعة ج آلات طابِعة |
| Scanner | جِهاز التصْوير / اسْكَنَر |
| Diskette | قُرْص ج أقْراص / القُرْص المَرِن / ديسْك |

| | | | |
|---|---|---|---|
| einfügen | أضاف , يُضيف / أدْرج , يُدْرِج | markieren | حدّد , يُحدِّد |
| installieren | ركّب , يُركِّب | öffnen | فتح , يفْتح |
| kopieren | صوّر , يُصوِّر / نسخ , ينْسخ | schließen | أغْلق , يُغْلِق |
| löschen | حذف , يحْذِف | speichern | حفظ , يحْفظ / خزّن , يُخزِّن |

↗ Freizeit

## Wirtschaft, Handel und Finanzen

### Wirtschaft

| | |
|---|---|
| Wirtschaft, Ökonomie | اقْتِصاد* |
| ökonomisch, Wirtschafts- | اقْتِصاديّ |
| Wirtschaftspolitik | سياسة اقْتِصاديّة |
| Wirtschaftskrise | أزْمة اقْتِصاديّة |
| wirtschaftliche / ökonomische Entwicklung | تطوُّر اقْتِصاديّ |
| Produktion; Herstellung, Fabrikation | إنتاج |
| die moderne Produktion | الإنتاج الحديث |
| die effektive Produktion | الإنْتاج الفعّال |
| die Industrieproduktion | الإنْتاج الصِّناعيّ |
| Produktionsmittel | ج وسائِلُ الإنْتاج |
| Produktionsverhältnisse | ج علاقات الإنْتاج |
| Produktionsprozess | عمليّة الإنْتاج |
| Produktionskosten | ج تكاليفُ الإنْتاج |
| Produktionsstruktur | هَيْكل الإنْتاج |
| Produktionskapazität | طاقة إنْتاجيّة |
| die Produktion entwickeln | طوّر الإنتاج |
| die Produktion aufnehmen | باشر الإنْتاج |
| die Produktion steigern | زاد الإنْتاج |
| die Produktion drosseln | خفض الإنْتاج |
| die Produktion einstellen | أوْقف الإنْتاج |
| Produktivkräfte *Pl* | ج قُوىً مُنْتِجة / ج قُوىً إنْتاجيّة |
| Produktivität | إنْتاجيّة |
| die Arbeitsproduktivität | إنْتاجيّة العمل |
| Produkt | منْتوج ج ـات |
| Produktkontrolle | مُراقبة المُنْتجات |

| | |
|---|---|
| Produktprogramm | برْنامج المُنْتجات |
| produzieren *etw.* | أَنْتج و يُنْتِج هـــ |
| Produzent | مُنْتِج ج -ون |
| produktiv | مُنْتِج |
| unproduktiv | غَيْر مُنْتِج |
| Wissenschaft | عِلْم ج عُلوم* |
| wissenschaftlich | عِلْميّ |
| die wissenschaftliche Revolution | الثَّوْرة العِلْميّة |
| der wissenschaftliche Fortschritt | التقدُّم العِلْميّ |
| Automatisierung | أَتْمتة |
| Industrie, Industriezweig | صِناعة ج -ات* |
| industriell | صِناعيّ |
| Industrialisierung | تصْنيع |
| Betrieb, Fabrik | مصْنع ج مصانعُ / معْمل ج معامِلُ |
| arbeiten | عمِل هـــ / اشْتغل |
| Arbeiter | عامِل ج عُمّال* |
| Facharbeiter | عامِل فنّيّ ج عُمّال فنّيون / عامِل ماهِر ج عُمّال ماهِرون |
| Arbeit *f* | عمل |
| Arbeitszeit | ج أَوْقات العمل |
| Arbeitsplatz *Ort* | مَحَلّ العمل ج -ات العمل |
| Arbeitstag | يَوْم عمل |
| Arbeitsmethode | طريقة العمل ج طُرُق العمل / أُسْلوب العمل ج أساليبُ العمل |
| Arbeitslosigkeit | بِطالة / عطالة |
| arbeitslos | عاطِل عن العمل |
| Statistik | إِحْصاء ج إِحْصاءات |
| Konjunktur | ازْدِهار / انْتِعاش (اقْتِصاديّ) |
| Stagnation | رُكود (اقْتِصاديّ) |

| | |
|---|---|
| Inflation | تضخُّم ماليّ |
| Privatisierung | خصْخصة / تخْصيص / خوْصصة (maghr.) |
| Verstaatlichung | تعْميم |

**Handel**

| | |
|---|---|
| Handel | تِجارة* |
| kommerziell, Handels- | تِجاريّ |
| Außenhandel | تِجارة خارِجيّة |
| Binnenhandel | تِجارة داخِليّة |
| Transithandel | تِجارة ترانْسيت |
| Handelsbilanz | ميزان تِجاريّ |
| Handelskammer | غُرْفة التِّجارة ج غُرف التِّجارة |
| Handelsvertrag | اتِّفاقيّة تِجاريّة ج اتِّفاقيّات تِجاريّة |
| Handelspartner | طرف تِجاريّ ج أطْراف تِجاريّون |
| Händler, Kaufmann | تاجِر ج تُجّار |
| Geschäftsmann | رجُل الأعْمال ج رِجال الأعْمال |
| Makler | سِمْسار ج سماسِرةُ |
| Importeur | مُسْتوْرِد ج –ون |
| Exporteur | مُصدِّر ج –ون |
| Kunde | زَبون ج زبائِنُ |
| Import *aus* | اسْتيراد من |
| importieren *etw.* | اسْتوْرد , يسْتوْرِد هـــ |
| Konsumgüter importieren | اسْتوْرد السِّلع الاسْتِهْلاكيّة |
| Importe, Importwaren, Einfuhren | ج اسْتيرادات / ج مُسْتوردات / ج وارِدات |
| Export *nach* | تصْدير إلى |
| exportieren *etw.* | صدّر , يُصدِّر هـــ |
| Waren exportieren | صدّر البضائع / السِّلع |

| | |
|---|---|
| Exporte, Ausfuhren | ج صادِرات |
| Ein- und Ausfuhrgüter, Importe und Exporte | ج وارِدات وصادِرات |
| Markt | سوق ج أسْواق* |
| Binnenmarkt | سوق محلّيّة |
| Außenmarkt | سوق خارِجيّة |
| Weltmarkt | سوق عالميّة / ج الأسواق الدُّوَليّة |
| Messe | معْرِض ج معارِضُ* |
| internationale Messe | معْرِض دُوَليّ |
| Handelsmesse | معْرِض تجاريّ |
| die Leipziger Messe | معْرِض لايبْزك |
| Aussteller | عارِض ج –ون |
| Händler | تاجِر ج تُجّار |
| Messebesucher | زائِر المعْرِض ج زُوار المعْرِض |
| Messehalle | قاعة المعْرِض ج –ات المعْرِض |
| (Ausstellungs-) Pavillon | جَناح ج أجْنِحة |
| die Messe besuchen | زار المعْرِض |
| sich über die Messe informieren | اطّلع على المعرِض |

| | |
|---|---|
| Wie oft findet die Messe statt? | متى يُقام المعْرِض؟ |
| ● Die Messe findet jährlich im März statt. | ● يُقام المعْرِض سنوياً / كُلّ سنة في شهْر آذار. |

**Finanzen**

| | |
|---|---|
| Finanzwesen | ماليّة |
| finanziell | ماليّ |
| Finanzmarkt | سوق المال |
| Geld, Bargeld | نقْد ج نُقود / ج فُلوس |
| Kapital | رأسمال |

| | |
|---|---|
| Fonds, Gelder | ج أمْوال |
| Betrag, Summe | مبْلغ ج مبالِغُ |
| Kosten, Ausgaben *Pl* | ج تكاليفُ |
| Kosten im Wert von... | تكاليف قيمتُها... |
| Maß, Höhe, Betrag | مقْدار ج مقاديرُ |
| in Höhe von... | بِمقْدار / مقْداره.. / مقْدارها.. |

| | |
|---|---|
| Zins(en) | فائدة ج فوائِدُ |
| Währung | عُمْلة ج ـات / نقْد |
| Devisen, Valuten *Pl* | عُمْلة أجْنبيّة |
| Leitwährung | عُمْلة أساسيّة |
| Binnenwährung | عُمْلة محلّيّة |
| Währungsreserven *Pl* | ج احْتياطيات النقْد |
| Börse | بورْصة ج ـات |
| Profit | رِبْح ج أرْباح |
| Einkünfte, Rendite | عائد ج عوائِدُ |
| Rentabilität | المرْبحيّة / الربْحيّة |
| Akkumulation | تراكُم |

| | |
|---|---|
| Aktie | سهْم ج أسْهُم |
| Dividende | ج أرْباح الأسْهُم |
| Hypothek | رَهن ج رُهون |
| Kaution, Bürgschaft | كفالة ج ـات |
| Bankbürgschaft | كفالة مصْرِفيّة |
| Investition | اسْتِثْمار ج ـات |
| Kredit | قرْض ج قُروض |
| langfristiger Kredit | قرْض طويل الأجل |
| einen Kredit gewähren | منح قرْضاً |
| Konkurs | إفْلاس |
| Defizit | عجْز |

| | | | |
|---|---|---|---|
| finanzieren | موّل و يُموِّل | Finanzierung | تمْويل |
| investieren | اسْتثْمر , يسْتثْمِر | Investition | اسْتِثْمار ج ـات |
| überweisen | حوّل , يُحوِّل | Überweisung | تحْويل ج ـات |
| einen Kredit aufnehmen | اقْترض , يقْترِض | Kreditaufnahme | اقْتِراض |

↗ Bank / Zahlungsverkehr

## Industrie und Landwirtschaft

### Industrie

| | |
|---|---|
| Industrie, Industriezweig | صِناعة ج -ات* |
| die extraktive Industrie | الصِّناعة الاسْتِخْراجيّة |
| die verarbeitende Industrie | الصِّناعة التحْويليّة |
| die Leichtindustrie | الصِّناعة الخفيفة |
| die Schwerindustrie | الصِّناعة الثّقيلة |
| die Metallindustrie | الصِّناعة المعْدنِيّة |
| industriell | صِناعيّ |

| | | | |
|---|---|---|---|
| anfertigen, herstellen *etw.*, | صنع , يصْنع | produzieren | أنتج |
| Anfertigung, Herstellung | صِناعة | Produktion; Ausstoß | إنْتاج |
| verarbeiten, industrialisieren | صنّع , يُصنِّع | reparieren *etw.* | صلّح , يُصلِّح |
| Industrialisierung, Verarbeitung | تصْنيع | Reparatur | تصْليح |

| | |
|---|---|
| Betrieb, Fabrik | مصْنع ج مصانِعُ / معْمل ج معامِلُ |
| Gesellschaft, Firma | شرِكة ج -ات |
| Gesellschaft mit beschränkter Haftung (GmbH) | شرِكة ذات مسْؤوليّة محْدودة |
| arbeiten | عمِل , يعْمل هـ / اشْتغل , يشْتغِل |
| Arbeiter | عامِل ج عُمّال* |
| Facharbeiter | عامِل فنّيّ ج عُمّال فنّيون / |
| | عامِل ماهِر ج عُمّال ماهِرون |
| Arbeit *f* | عمل |
| Manager | مُدير الأعْمال ج مُدراءُ الأعْمال |
| Management | إدارة الأعْمال |

### Bodenschätze

| | |
|---|---|
| Bodenschätze / Ressourcen *Pl* | ثرْوة ج ثرَوات معْدِنيّة |
| Rohstoff | مادّة خام ج موادّ خام / مادّة أوّليّة ج موادّ أوّليّة |

| | | | |
|---|---|---|---|
| Aluminium | أُلمنيوم | Kupfer | نُحاس (أحْمر) |
| Blei | رصاص | Messing | نُحاس أصْفر |
| Braunkohle | فحْم بُنيّ | Roheisen | حديد خام |
| Eisen | حديد | Schwefel | كِبْريت |
| Erdgas | غاز طبيعيّ | Silber | فِضّة |
| Erdöl | نفْط / بِتْرول | Stahl | صلْب |
| Gold | ذهب | Steinkohle | فحْم حجريّ |
| Kalk | كِلْس / جير | Zink | زِنْك |
| Kohle | فحْم | | |

| | |
|---|---|
| Reden ist **Silber**, Schweigen ist **Gold**! | إذا كان الكلام من **فضة** فالسُّكوت من **ذهب**. |

**Landwirtschaft**

| | |
|---|---|
| Landwirtschaft | زِراعة* |
| landwirtschaftlich, Agrar- | زِراعيّ |
| landwirtschaftliche Erträge *Pl* | ج محاصيلُ زِراعيّة |
| landwirtschaftliche Nutzfläche | أرْض زِراعيّة |
| Urbarmachung | اسْتِصْلاح زِراعيّ |
| landwirtschaftliches Gut, Farm | مزْرعة ج مزارِعُ |
| Agrarprodukte *Pl* | محْصول ج محاصيلُ |
| Pflanze | نبات ج –ات |
| Saatgut, Samen | بذرة ج بُذور |
| Aussaat | بِذار |
| Beregnung | تمْطير |
| Bewässerung | ريّ ج إرْواء |
| Ernte *Erträge* | محْصول ج محاصيلُ /جنْي |
| Erntezeit | مَوْسِم الحِصاد |

| | |
|---|---|
| Bauer | فلاّح ج ـون |
| Landarbeiter | عامِل زِراعيّ ج عُمّال زِراعيّون |
| Genossenschaft | تعاوّنيّة ج ـات |
| landwirtschaftliche Genossenschaft | تعاوُنيّة زِراعيّة |

| | |
|---|---|
| Boden | أرْض *(f)* أراضٍ / تُرْبة ج تُرَب |
| der fruchtbare Boden | الأرْض الخصِبة / التُّرْبة الخصِبة |
| Wiese | مرج ج مُروج |
| Weide | مرْعىً ج مراعٍ |
| Feld | حقْل ج حُقول |
| Brunnen | بِئر ج آبار |

| | | | |
|---|---|---|---|
| anbauen *etw.* | زرع هـــ | ernten, mähen *Getreide* | حصد , يحْصُد |
| düngen | سمّد , يُسمِّد | mähen *Gras* | حشّ , يحُشّ |
| bestellen | زرع , يزْرع / فلح , يفْلح | bewässern | روّى , يُروِّي |
| ernten | جنى , يجْني | pflügen | حرث , يحْرُث |

**Agrarprodukte**

| | |
|---|---|
| landwirtschaftliche Produkte *Pl*, Agrarprodukte | ج محاصيل زِراعيّة |
| Kartoffeln | بطاطِس *äg.*, بطاطا *syr.* , بطاطة *irak.* |
| Rübe(n) | شَوَنْدَر / بنْجر |
| Zuckerrübe(n) | شونْدر سكريّ / بنْجر السكر |
| Getreide | ج حُبوب |
| Sommergetreide | ج حُبوب صَيْفية |
| Wintergetreide | ج حُبوب شتوية |
| Weizen | قمْح / حِنْقة / بُرّ *jem.* |
| Gerste | شعير |
| Roggen | حِنْطة سوداء |
| Hafer | شوفان / هرْطُمان |

| | |
|---|---|
| Hirse | ذُرّة رفيعة / ذُرّة بَيْضاء |
| Reis | رُزّ |
| Mais | ذُرّة صفْراء / ذُرّة شاميّة |
| Klee | برْسيم |
| Tabak | تِبْغ |
| Olive, Oliven | زَيْتون , زَيْتونة |
| Baumwolle | قُطْن |
| Hülsenfrüchte | بقل ج بُقول |
| Ölfrüchte | ج محاصيل زَيْتيّة |
| Zitrusfrüchte | ج حمْضيّات / موالِحُ |
| Obst | فاكِهة ج فواكِهُ |
| Ananas | أناناس |
| Apfel, Äpfel | تُفّاح(ة) |
| Apfelsine(n) | بُرْتُقال(ة) |
| Aprikose(n) | مِشْمِش(ة) |
| Banane(n) | مَوْز, مَوْزة |
| Birne(n) | إجاص(ة), كُمّثْرى |
| Dattel(n) | تَمْر(ة) |
| Erdbeere(n) | فراولة / فريز(ة) *tun.* |
| Feige(n) | تِين(ة) |
| Granatapfel | رُمّان(ة) |
| Grapefruit, Pampelmuse | كريفون |
| Kiwi | كيوي |
| Kirsche, Kirschen | كريز / كرز(ة) *tun.* |
| Mandarine, Mandarinen | يوسُف أفنْدي / منْدرين / لالِنْكي *irak.* |
| Mango | مانْغو |
| Maulbeeren | تُوت |

| | |
|---|---|
| Pfirsich(e) | خَوْخ(ة) *äg./irak.* / دُرّاق(ة) *syr.* |
| Pflaume(n) | برْقوق(ة) *äg.* / خَوْخ *syr.* |
| Quitte(n) | سَفَرْجل |
| Wassermelonen | بطيخ أحْمر, رقّي *irak.* |
| Weintraube(n)n | عِنب(ة) |
| Weinstock, Rebe | كَرْم ج كُروم |
| Zitrone(n) | لَيْمون(ة) |
| Zuckermelonen | بطيخ (أصْفر) |
| Erdnüsse | فُسْتُق |
| Haselnüsse | بُنْدُق |
| Kokosnüsse | جَوْز الهِنْد |
| Mandeln | لَوْز |
| Pistazien | فُسْتُق حلبيّ |
| Walnüsse | جّوْز |
| | |
| Gemüse | ج خُضْروات / خُضار ج خُضَر |
| Aubergine, Auberginen | باذِنْجان(ة) |
| Ackerbohnen, Puffbohnen | فول *äg./syr.* / باقِلاء *irak.* |
| Blumenkohl | قَرْنبيط / كوليفلاور |
| Bohnen *Pl* | فاصوليا, فاصولية *jem.* |
| dünne Bohnen | لوبياء |
| Erbsen | بسِلة / بازِلاءُ |
| Gemüsepaprika | فِلْفِل أخْضر |
| Gurke, Gurken | خِيار, خِيارة |
| Kohl, Kraut | كُرُنْب *äg.* / ملْفوف *syr.* / لهانة *irak.* / كوبيس *jem.* |
| Kopfsalat | خَسّ |
| Knoblauch | ثُوم |

| | |
|---|---|
| Kürbis | قَرْع |
| Möhre, Möhren; Karotten | جَزَر, جَزَرة |
| Okra | بامياء |
| Pilze | فِطْر |
| Rettich, Rettiche | فِجْل, فِجْلة |
| Sellerie | كَرَفْس |
| Spargel | هِلْيُون |
| Spinat | سَبانخ |
| Tomate, Tomaten | طماطم *äg.* / طماطة *irak.* / بنَدُورة *syr.* |
| Zucchini | كوسَا |
| Zwiebel, Zwiebeln | بَصَل, بصلة |

↗Flora

**Tierhaltung**

| | |
|---|---|
| Tier | حَيَوان ج –ات |
| Vieh | ماشِية ج مواشٍ |
| Geflügel | ج دواجِنُ |

| | | | |
|---|---|---|---|
| Ente, Enten | بطّ(ة) | Kuh | بقرة ج –ات |
| Esel | حِمار ج حمير | Pferd | حِصان ج أحْصِنة |
| Gans, Gänse | أوزّ(ة) | Pferde *Pl* | خَيْل ج خُيُول |
| Hahn | ديك ج دُيُوك , دِيكة | (Pferde-) Stute | فرس ج أفْراس |
| Huhn | دجاجة ج –ات | Rind(er), Rindvieh | بقر ج أبْقار |
| Legehenne | دجاجة بيّاضة | Schafe *Pl* | غنم ج أغْنام |
| Hühner *Pl* | دجاج | Schwein | خنْزير ج خنازيرُ |
| Hund | كلب ج كِلاب | Ziege | مَعْز , ماعِز ج مواعِزُ |
| Katze | قِطّة ج قِطط | | |

| | | | |
|---|---|---|---|
| Tierstimmen | | | أصْوات الحيوانات |
| bellen | نبح, ينبَح | krähen; schreien; quicken | صاح, يصيح |
| miauen | ماء, يمْؤُو | gackern, schnattern | قاق, يقوق |
| schreien (i-a) | نـــهق, ينْهَق | gurren | سجع, يسْجَع |
| wiehern | صهل, يصْهَل | | |

↗ Fauna

**Landwirtschaftliche Maschinen und Geräte**

| | |
|---|---|
| Hacke | مِعْزقة ج معازِقُ |
| Spaten, Schaufel | مِسْحاة ج مساحٍ |
| Sichel, Sense | مِنْجل ج مناجِلُ |
| Futterkrippe, Trog | مِعْلف ج معالِفُ |
| Landtechnik | تكْنيك الزراعة |
| Traktor | جرارة ج –ات |
| Pflug | مِحْراث ج محارِيثُ |
| Pumpe | مِضخّة ج –ات / طُلُمْبة |
| Egge | مِسْلفة ج مسالِفُ |
| Drillmaschine, Sämaschine | بذّارة ج –ات |
| Mähdrescher | حصّادة ج –ات / درّاسة ج –ات |
| Bewässerungsanlage(n) | ج مُعدات الري |

| | |
|---|---|
| Wie man **sät,** wird man **ernten.** | **كما تزْرع تحصُد.** |
| Der **Hund,** der bellt, beißt nicht. | **الكلب الذي يعوي لا يعَضّ.** |
| Der Sohn der **Ente** ist ein Schwimmer.<br>(Der Apfel fällt nicht weit vom Stamm.) | **ابْن البطّ عوّام.** |

# Natur und Umwelt

## Der Weltraum

| | | | |
|---|---|---|---|
| Weltraum, Weltall | | | الفضاء |
| Sonne | | | الشمس |
| Mond | | | القمر |
| Vollmond | | | بدْر ج بُدور |
| Halbmond | | | هلال |
| Neumond | | | غُرة القمر |
| Stern | | | نجْمة ج نجْم |
| Komet | | | كَوْكب ج كواكِبُ |
| Planet | | | مُذنَّب ج -ات |
| die Erde | | | الأرْض |
| Jupiter | المُشْتري | Pluto | بلوتو |
| Mars | مرِّيخ | Saturn | زُحل |
| Merkur | عَطارِد | Uranus | أورانوس |
| Neptun | نبْتون | Venus | الزُّهَرة |

## Die Erde

| | |
|---|---|
| Erdkugel | الكرة الأرْضية |
| Pol | قُطْب ج أقْطاب |
| Nordpol | القطب الشماليّ |
| Südpol | القطب الجنوبيّ |
| Arktis | منْطقة القطب الشماليّ |
| Antarktis | منْطقة القطب الجنوبيّ |
| Äquator | خطّ الاسْتِواء |
| Längengrad | خطّ الطُول |
| Breitengrad | خطّ العرْض |
| Erdanziehungskraft | الجاذبيّة الأرْضيّة |

| | | | |
|---|---|---|---|
| Kontinent | | | قارة ج –ات |
| Land | | | بلد ج بُلْدان *, بِلاد / قُطْر ج أقْطار |
| Fläche | | | مِساحة ج –ات |
| Region | | | مِنْطقة ج مناطِقُ |
| Region, Zone | | | إقْليم ج أقاليمُ |
| Grenze | | | حدّ ج حُدود |
| Berg | جبل ج جِبال | Vulkan | بُرْكان ج براكينُ |
| Gebirge | ج جِبال | Felsen | صخْر(ة) ج صُخور |
| Gipfel, Spitze | قِمّة ج قِمم | Tal | وادٍ ج أوْدية |
| Hügel | تلّ ج تِلال | Ebene | سهْل ج سُهول |
| Höhenzug | هَضَبة ج –ات, هِضاب | Wald | غابة ج –ات |
| Wüste | صحْراء ج صحارى | Staub | غُبار |
| Halbwüste | بادية ج بوادٍ | die Tropen | ج المناطِقُ الاسْتوائيّة |
| Düne | كثيب ج كُثْبان | Oase | واحة ج –ات |
| Sand | رمْل ج رِمال | Wadi | وادٍ ج وِدْيان |
| Gewässer *Pl* | ج مِياه | Sumpf, Moor | مُسْتنْقَع ج –ات |
| Meer | بحْر ج بِحار | Küste | ساحِل ج سواحِلُ |
| Ozean | محيط ج –ات | Strand | شاطئ ج شواطئُ |
| See *f* | بحر ج بحار | Ufer | ضِفّة ج ضِفاف |
| See *m* | بُحَيْرة ج –ات | Golf, Meerbusen | خليج ج خُلْجان |
| Fluss | نهْر ج أنْهار | Insel | جزيرة ج جُزُر |
| Teich | بِرْكة ج بِرَك | Halbinsel | شِبْه جزيرة |
| Ebbe und Flut, die Gezeiten | | | المدّ والجَزْر |

**Wetter**

| | |
|---|---|
| das Wetter | الطقْس / الجَوْ |
| Luft, Wetter, Atmosphäre | جَوٌّ ج أجْواء |
| Luft | هواء |
| Luftdruck | ضغْط جَوِّيّ |
| Sonne | شمْس *(f)* |
| die strahlende Sonne | الشمْس المُشْرِقة |
| Sonnenaufgang | شُروق الشمْس |
| Sonnenuntergang | غُروب الشمْس |
| Himmel | سماء *(f)* سَمَوات |
| der blaue Himmel | السماء الزرْقاء |
| der klare Himmel | السماء الصافية |
| Wolke(n) | غَيْم(ة) ج غُيوم |
| Regen | مطر ج أمْطار |
| heftiger Regen | المطر الشديد |
| Blitz | برْق ج بُروق |
| Donner | رعْد ج رُعود |
| Regenbogen | قَوْس قُزَح |
| Hagel | بَرَد |
| Nebel | ضباب |
| dichter Nebel | الضباب الكثيف |
| Wind | ريح *(f)* ج رِياح |
| starker Wind | الريح الشديدة |
| Sturm | عاصِفة ج عواصِفُ |
| Schnee / Eis | ثلْج ج ثُلوج |
| Frost, Raureif | صقيع |
| Temperatur | درجة الحرارة ج –ات |

| | |
|---|---|
| die hohe Temperatur | درجة الحرارة المُرْتفِعة |
| die niedrige Temperatur | درجة الحرارة المُنْخفِضة |
| unter Null | تحت الصفْر |
| Klima | مناخ |
| das gemäßigte Klima | المناخ المُعْتدِل |
| Meeresklima | المناخ البحْريّ |
| tropisches Klima | المناخ الاسْتِوائيّ |
| Wetterbericht | نشْرة جَوِّيّة |
| Wetterlage | حالة الجَوّ |

| | | | |
|---|---|---|---|
| bewölkt, wolkig | غائِم / مُلبَّد بالغُيوم | regnerisch | مُمْطِر |
| feucht | رَطِب | sonnenklar, prächtig | رائع |
| freundlich, angenehm | لطيف | sonnig | مُشْمِس |
| gemäßigt | مُعْتدِل | trocken | جافّ |
| heiß | حارّ | warm | دافِئ |
| kalt | بارِد | wechselhaft; unbeständig | مُتقلِّب |

| | |
|---|---|
| Wie ist das Wetter? | كَيْفَ الطقْس؟ |
| ● Es ist (sehr) schön . | ● الطقْس جميل (جدًّا) |
| Das Wetter ist sonnig (regnerisch / kalt / heiß). | الطقْس مُشْمِس ( مُمْطِر / بارِد / حارّ). |
| Das Klima ist mild / gemäßigt. . | المناخ مُعْتدِل. |
| Die Sonne scheint. | تُشْرِق الشمْس. |
| Es regnet./ Es fällt Regen. | يسْقُط المطر. / تُمْطِر. |
| Es schneit./ Es fällt Schnee. | يسْقُط الثلْج. |

**Naturkatastrophen**

| | | | |
|---|---|---|---|
| Blitzschlag | صاعِقة ج صواعِقُ | Erdstoß | هِزّة أرْضيّة |
| Dürre | جفاف | Hitzewelle | مَوْجة الحرّ |
| Erdbeben | زِلْزال ج زلازِلُ | Orkan, Wirbelsturm | إعْصار ج أعاصيرُ |

| | | | |
|---|---|---|---|
| Sandsturm | عاصِفة غُبارِيّة / عجاج | Vulkanausbruch | انْدِلاع(ثَوْرة) البُرْكان |
| Schneesturm | عاصِفة ثَلْجِيّة | Waldbrand | حريق الغابات |
| Überschwemmung | فيضان ج –ات | | |

**Umwelt**

| | |
|---|---|
| Natur | طبيعة |
| Naturreichtümer | ج ثَرْوات طبيعيّة |
| Naturschutz | حِماية الطبيعة |
| Umwelt | بيئة |
| Ökologie | ج العلوم البيئيّة |
| Ökosystem | نِظام بيئيّ , نِظام إيكولوجيّ |

| | | | |
|---|---|---|---|
| Umweltbelastung | تدهْوُر البيئة | Umweltfaktoren | ج عوامِل البيئة |
| Umweltbewusstsein | الوعي البيئيّ | Umweltschutz | حِماية البيئة |
| Umwelterhaltung | الحفاظ على البيئة | Umweltverschmutzung | تلوُّث البيئة |

| | |
|---|---|
| Abfall | نِفاية ج –ات |
| Abgas | غاز عادِم |
| Asche | رِماد |
| Müll | ج نِفايات , ج فضلات , قُمامة |
| Mülldeponie | مزْبلة |
| Müllverbrennungsanlagen | ج محارِق النِّفايات |
| Desertifikation | تصحُّر |
| Emission | انْبِعاث |
| Erosion | تعْرِية, انْحِراف |
| Bodenerosion | تعْرِية التُّرْبة |
| Raubbau *an* | الإفْراط في اسْتِغلال الـــ... |
| Energie | طاقة |
| alternative Energie | طاقة بديلة |

| | |
|---|---|
| Atomenergie | طاقة ذرّيّة |
| Kernenergie | طاقة نوويّة |
| Ressourcen | ج مواردُ |
| ↗ Bodenschätze | |
| Rohstoffe | ج موادّ خام, موادّ أوليّة |
| Kraftstoff | وقود |
| Öl | زَيْت |
| Wasser | ماء ج مِياه |
| Grundwasser | ج مِياه جوْفيّة |
| Trinkwasser | ج مِياه الشُّرْب |
| Süßwasser, Trinkwasser | ماء عذْب ج مِياه عذْبة |
| Kohlendioxid | ثاني أوكْسيد الكرْبون |
| Lärm | ضوْضاء , ضجيج |
| Radioaktivität | إشْعاع نوويّ |
| Rauch | دُخان |
| Schadstoffe | ج موادّ ضارّة |
| Schmutzstoffe | وسخ ج أوْساخ , ج قاذورات |
| Schwefeldioxid | ثاني أوكْسيد الكبريت |
| Smog | ضبْخان |
| Strahlung | إشْعاع |
| Vergiftung | تسْميم , تسمُّم |
| Verschmutzung | تلوُّث |
| Luftverschmutzung | تلوُّث الهواء (الجوّ) |
| Wasserverschmutzung | تلوُّث المِياه |
| Waldsterben | تدهْوُر الغابات |

| | | | |
|---|---|---|---|
| sauber | نظيف , نقي | schlecht *(Luft)* | فاسِد |

| | | | |
|---|---|---|---|
| schmutzig | وسخ , قذِر | verseucht *(Gebiet)* | موْبوء |
| umweltfreundlich | سليم بيئياً | verseucht *(Wasser, Luft)* | مُلوُّث |

| | |
|---|---|
| **Flora** | **عالم النبات** |
| Pflanze | نبات ج -ات |
| Zierpflanzen | ج نباتات الزينة |
| Grünpflanzen, Grünes, Kraut | عُشْب ج أعْشاب |
| Unkraut | ج أعْشاب ضارّة |
| Arzneikräuter | ج أعْشاب طبِّيّة |
| Blume | زهْر(ة) ج زُهور |
| Rose | ورْدة ج -ات , وُرود |
| Nelke | قرنْفُل(ة) |
| Narzisse | نرْجِس(ة) |
| Kaktus, Kakteen | صبّار(ة) |
| Baum | شجر(ة) ج أشْجار |
| Wurzel | جذْر ج جُذور |
| Stamm | جذَع ج جُذوع |
| Rinde | قشْر ج قُشور / لِحاء ج ألْحية |
| Ast | فَرْع ج فُروع |
| Zweig | غُصْن ج أغْصان / فرْع ج فُروع |
| Blatt | ورق(ة) ج أوْراق |
| Strauch | شُجَيْرة ج -ات |

| | | | |
|---|---|---|---|
| Akazie | طَلْح | Kiefer | نوع من الصنَوْبر |
| Birke | شجر التامول | Linde | زَيْزفون |
| Buche | الزان | Obstbaum | شجرة فاكهة |
| Eiche | بَلُّوط | Palme | نخْل , نخيل |
| Kastanie | أبو فَرْوة | Pappel | حَوْر |

| Pinie | صَنَوْبر | Zypresse | سَرْو |
|---|---|---|---|
| Zeder | أرْز | | |

| Lavendel | | | خُزامى |
|---|---|---|---|
| Thymian | | | زَعْتر |
| Pfefferminze | | | نعْناع |
| Petersilie | | | بقْدونِس |

| **Fauna** | | | **عالم الحيوان** |
|---|---|---|---|
| Insekt | | | حشرة ج –ات |
| Ameise(n) | نمل(ة) | Zecke(n) | قُراد(ة) |
| Biene(n) | نحل(ة) | Käfer | خُنْفُساء ج خنافِسُ |
| Fliege(n) | ذُباب(ة) | Kakerlake | صُرْصور ج صراصيرُ |
| Mücke(n) | برْغش(ة) / ناموس(ة) | Schmetterling(e) | فراش(ة) |
| Spinne | عنْكبوت ج عناكِبُ | Heuschrecke(n) | جراد(ة) |
| Moskito(s) | بعُوض(ة) | Skorpion | عقْرب ج عقارِبُ |
| Floh | بُرْغوث ج براغيثُ | Schnecke(n) | حلْزون(ة) |
| Wanze(n) | بقّ (ة) | Krebs | سرطان ج –ات |

| Reptilien, Kriechtiere | زاحِفة ج زواحِفُ | Schildkröte | سُلحْفاة ج سلاحِفُ |
|---|---|---|---|
| Amphibien | ج حيوانات برمائيّة | Frosch | ضِفْدع ج ضفادِعُ |
| Schlange | ثعْبان ج ثعابينُ / حيّة ج –ات | Fisch(e) | سمك(ة) ج أسْماك |
| Eidechse | ضبّ ج ضِباب | Haifisch(e) | سمك القرْش |
| Krokodil | تِمْساح ج تماسيحُ | Aal | حنْكليس |

| Säugetiere | | | ج حيوانات ثدييّة |
|---|---|---|---|
| Haustiere | ج حيوانات داجِنة | Kamel | جمل ج جِمال |
| gezähmte Tiere | ج حيوانات أليفة | Kamelstute | ناقة ج نِياق |

| Esel | حِمار ج حَمير | Küken | صَوص ج صيصان / |
|---|---|---|---|
| Wildesel | حِمار وحْش | | كتْكوت ج كتاكيت |
| Maultier | بَغَل ج بِغال | Truthahn | ديك روميّ / ديك حبشيّ |
| Büffel | جاموس ج جواميسُ | Gans, Gänse | أوزّ(ة) |
| Hahn | ديك ج ديكة , دُيوك | Ente(n) | بطّ(ة) |
| Hühnchen | فُرّوج(ة) ج فراريجُ | | |

↗ Landwirtschaft

| wildlebende Tiere | ج حيوانات برية | Biber | كلْب الماء ج كِلاب الماء |
|---|---|---|---|
| Hase | أرْنب ج أرانِبُ | Maus | فأر ج فِئْران |
| Fuchs | ثعْلب ج ثعالِبُ | Igel | قُنْفُذ ج قنافِذُ |
| Reh | غزال ج غِزْلان | Ratte | جُرَذ ج جِرْذان |
| Wolf | ذئب ج ذِئاب | Fledermaus | خُفاش ج خفافيشُ |
| Eichhörnchen | سِنْجاب ج سناجِبُ | | |

| Schakal | ابْن آوى / شَقَل | Elch | وَعْل ج وُعول |
|---|---|---|---|
| Giraffe | زرافة ج ـات | Gazelle | غزال ج غِزْلان |
| Affe | قِرْد ج قُرود , قِرْدة | Antilope | ظَبْي ج ظِباء |
| Nashorn | كرْكدن / وحيد القرْن | Känguru | كَنْجَرو ج كناجِرُ / كنْغر |
| Elefant | فيل ج أفْيال , فِيَلة | Wal | حوت ج حيتان |
| Zebra | حِمار مُخطط / حِمار وحْشيّ | Delfin | دلْفين ج دلافينُ |
| Hyäne | ضَبْع ج ضِباع | | |

| Raubtiere | ج حيوانات مُفترِسة | Leopard, Panther | فَهْد ج فُهود |
|---|---|---|---|
| Löwe | أسد ج أُسود | Bär | دبّ ج دببة |
| Tiger | نمْر ج نُمور | | |

| Vogel | طَيْر ج طُيور | Wasservogel | طَيْر مائيّ ج طُيور مائيّة |
|---|---|---|---|

| | | | |
|---|---|---|---|
| Raubvögel | طَيْر جارِح ج طُيُور جارِحة | Krähe, Rabe | غُراب ج غِرْبان |
| Storch | لقلق ج لقالِقُ | Eule(n) | بوم(ة) |
| Möwe | نَوْرس ج نوارِسُ | Wiedehopf | هُدْهُد ج هداهِدُ |
| Pinguin | بطْريق ج بطاريقُ | Kolibri | كولوبري |
| Pelikan(e) | بجع(ة) | Papagei | ببغاء ج ببغاوات |
| Spatz, Sperling | عُصْفور ج عصافيرُ | Kanarienvogel | كناريا / عُصْفور كناريا |
| Fink | أبو براقِش | Milan | حِداة |
| Nachtigall | بُلْبُل ج بلابِلُ | Sperber | باشِق ج بواشِقُ |
| Amsel | شحْرور ج شحاريرُ | Falke, Habicht | صقْر ج صُقور |
| Star | زَرْزور ج زرازيرُ | Geier, Adler | نسْر ج نُسور |
| Schwalbe(n) | سُنُونُو(ة) | Strauß | نِعام(ة) ج نعائِمُ |
| Taube(n) | حمام(ة) | Pfau | طاووس د طواويسُ |

Der Berg kreißte und gebar eine **Maus**. — تمخض الجبل فولط فأراً.
(Viel Lärm um nichts.)

Ein **Spatz** in der Hand ist besser als zehn Spatzen auf dem Dach. (Der Spatz in der Hand ist besser als die Taube auf dem Dach.) — عُصْفور في اليد خَيْر من عشرة على الشجرة.

Zwei **Spatzen** mit einem Stein erschlagen. — ضرب عُصْفورَيْن بحجر واحِد.
(Zwei Fliegen mit einer Klappe schlagen.)

In den Augen seiner Mutter ist der **Affe** eine **Gazelle**. — القِرْد بعَيْنِ أُمِه غزال.
(Jeder Mutter Kind ist schön.)

Weil keine **Pferde** da waren, sattelten sie die **Hunde**. — من قِلّة الخَيْل شدُّوا السُّروج على. الكِلاب
(Besser als gar nichts. Man muss sich nur zu helfen wissen.)

Wenn die **Katze** nicht da ist, spielt die **Maus.** — إن غاب القط يلْعب الفأر.

| | |
|---|---|
| Ein lebendiger **Hund** ist besser als ein toter **Löwe.** | كلبٌ حيٌّ خَيْرٌ من أسد ميت. |
| Die **Mücke** tötet den **Elefanten.**<br>(Kleiner Anlass, große Wirkung.) | الناموسة تقتُل الفيل. |

# TEIL 2

## Arabische Verben und Substantive

# Ausgewählte arabische Verben

## Liste der Verben

أثّر    أخذ    أتخذ    أدّى    أكّد
بحث    بعث    بلغ    أثار    جرى
أجرى    جاء    أحبّ    حدث    تحدّث
حصل    حضر    حقق    احتلّ    احتاج
خرج    خصص    اختص    خفض    انخفض
دخل    درس    درّس    دعم    دعا
دفع    أدْلى    أدار    ذكر    تذكّر
ذهب    رأى    أرى    رجا    رحّب
رغب    ارْتفع    زاد    ازْداد    سأل
سجّل    سرّ    ساعد    سلّم    تسلّم
اسْتلم    سمِح    سمِع    اسْتمع    سمّى
سار    شرح    شارك    اشْترك    اشْترى
شكر    تشكّل    أشار    أصْبح    صدر
أصْدر    ضمّ    ضمِن    أضاف    طلب
أطْلع    اطّلع    عبّر    اعْتبر    أعْجب
عدّ    أعدّ    عرض    عرف    تعرّف
أعْطى    عقد    اعْتقد    علِم    أعْلن
اعْتمد    عاد    أعاد    غادر    اسْتغْرق
اسْتغلّ    تغلّب    فتح    فرض    فشِل
فقد    فكّر    فهِم    قدّم    قرّر
أقرّ    قضى    قطع    قال    قام
أقام    كلّف    تكلّم    ألْغى    لقِيَ
ألْقى    تلقّى    مرّ    مكّن    أمْكن
تمكّن    منح    منع    تمنّى    تميّز

نسِيَ  انْتظر  نقل  انْتقل  أنْهى

انْتهى  تناول  اهْتمّ  هنّأ  وجب

وجد  وجه  وجّه  واجه  اتّجه

وصف  وصل  واصل  توصّل  اتّصل

وضع  وافق  اتّفق  وقع  وقف

أوقف  تولّى

**أثّر / يُؤَثِّرُ (تأْثير) II**

| | |
|---|---|
| beeinflussen *jmdn./ etw.* | |
| beeindrucken *jmdn.*, Einfluss ausüben *auf etw. / jmdn.* | أثّر على |
| Dieser Vorschlag beeinflusst die öffentliche Meinung. | يُؤَثِّر هذا الاقْتِراح على الرأْي العامّ. |
| Das Angebot beeinflusst / bestimmt die Nachfrage. | يُؤَثِّر العرْض على الطلب. |
| das Wirtschaftswachstum beeinflussen | أثّر على النُّمُو الاقْتِصاديّ |
| seinen Entschluss beeinflussen | أثّر على قرارِه |
| großen (tiefen) Einfluss ausüben | أثّر تأْثيراً بالِغاً (عميقاً) |

**أخذ / يأخُذُ (أخْذ)I**

| | |
|---|---|
| **1.** nehmen *etw.* | أخذ هـــ |
| Der Freund nahm das Buch. | أخذ الصديقُ الكتاب. |
| das Geschenk (die Ware) nehmen | أخذ الهدية ( البِضاعة) |
| das Buch vom Tisch (aus dem Schrank) nehmen | أخذ الكِتاب من الطاولة (من الخزانة) |
| *Imperativ:* Nimm! Nehmt! | خُذْ! / خُذي! خُذوا! |
| *jmdm.* die Waffe aus der Hand nehmen = ihn wehrlos od unschädlich machen | أخذ سِلاحَه من يدِه |
| *jmds.* Meinung erfragen *od* einholen | أخذ رأْيَه |
| vorsichtig sein / auf der Hut sein | أخذ حِذْرَه |
| berücksichtigen / in Betracht ziehen | أخذ في الاعْتِبار (في اعْتِبارِه) (في عَيْنِ الاعْتِبار) |
| | ☒ أعْطى |
| **2.** beginnen *etw. zu tun* | أخذ + يفْعلُ / أخذ في |
| Er begann zu arbeiten. | أخذ يعْمل. / أخذ في العمل. |

**اتّخذ / يتّخذ ( اتِّخاذ) VIII**

| | |
|---|---|
| (an)nehmen *etw.*, fassen, ergreifen *etw.* | اتّخذ هـــ |

| | |
|---|---|
| Der Wissenschaftler nahm diesen Gedanken als Grundlage für das Projekt. | اتّخذ العالم هذه الفِكْرَةَ أساساً للمشْروع. |
| Maßnahmen ergreifen / Anstalten treffen | اتّخذ إجْراءات |
| Vorbereitungen treffen | اتّخذ اسْتِعْدادات (تِرْتيبات) |
| Schritte unternehmen | اتّخذ خَطَوات |
| eine Form (eine Farbe) annehmen | اتّخذ شكْلاً (لَوْناً) |
| einen Beschluss fassen | اتّخذ قراراً |
| eine Methode befolgen | اتّخذ منْهجاً |
| *jmdn.* zum Vorbild nehmen | اتّخذه (اتّخذ منه) قُدْوةً |

**أدّى / يُؤَدِّي ( تأدِيَة)II**

| | |
|---|---|
| **1.** vollziehen, erfüllen *etw.;* leisten, erweisen *etw.* | أدّى هـــ |
| Dieser Beschluss erfüllte / spielte eine wichtige Rolle in der Politik. | أدّى هذا القرار دَوْراً هامّاً في السِّياسة. |
| seine Funktion erfüllen | أدّى دَوْرَه |
| seine Mission (seine Pflicht) erfüllen | أدّى رِسالتَه (واجبَه) |
| eine Funktion / Aufgabe erfüllen | أدّى وظِيفةً |
| einen Dienst leisten | أدّى خِدْمةً |
| einen Eid leisten | أدّى يُميناً |
| eine Prüfung ablegen | أدّى امْتِحاناً |
| den Gruß erweisen | أدّى التّحِيَة / السّلام |
| das Gebet verrichten | أدّى الصّلاة |

| | |
|---|---|
| **2.** führen *zu etw.* | أدّى إلى |
| Der Dialog führte zu positiven Ergebnissen. | أدّى الحِوار إلى نتائجَ إيجابيّة. |
| zur Unterzeichnung des Vertrages führen | أدّى إلى التّوْقيع على المُعاهدة |
| zum Erfolg führen | أدّى إلى النجاح |
| | ⊙ أسفر عن |

## أكّد / يُؤَكّد (تأْكيد) II

| | |
|---|---|
| bekräftigen, unterstreichen, bestätigen, versichern *etw.* | أكّد هـ / على |
| *jmdm.* bestätigen, dass... | أكّد له أنّ ... |
| Der Minister bestätigte diese Worte. | أكّد الوزير هذه الكلمات / على هذه الكلمات. |
| Der Arzt versicherte uns, dass die Krankheit nicht gefährlich sei. | أكّد الطبيب لنا أنّ هذا المرض لَيْس خطيراً. |
| die Tatsachen bekräftigen / bestätigen | أكّد على الحقائق |
| seinen Willen bekräftigen | أكّد على إرادته |
| seine Unterstützung bekräftigen | أكّد على مُساعدته |
| | ⊙ أثْبت |

## بحث / يبْحَث (بحْث) I

| | |
|---|---|
| **1.** erörtern, untersuchen *etw.* | بحث هـ / في |
| Der Rat erörterte dieses Thema. | بحث المجْلس هذا المَوْضوع / في هذا الموضوع. |
| diese Frage erörtern | بحث هذه المسْألة |
| die Tagesordnung (das Programm) erörtern | بحث جدْول الأعْمال (البرْنامج) |
| | ⊙ استْعرض |
| **2.** suchen *etw.* , forschen, fahnden *nach* | بحث عن |
| Der Student suchte seinen Stift. | بحث الطالب عن قلمه. |
| den Schlüssel suchen | بحث عن المفْتاح |
| nach der Ursache suchen | بحث عن الأسْباب |
| nach dem Verbrecher fahnden | بحث عن المُجْرم |
| **3.** erkunden *etw.* | بحث في / عن |
| Das Schiff erkundete die Meerestiefe. | بحثت السفينة في أعْماق البحْر. |
| die Erdölvorkommen erkunden | بحث عن احْتياطيات النفْط |
| die Bodenschätze erkunden | بحث عن الثّرَوات المعْدنيّة |

**بعث / يبْعَثُ ( بعْث) I**

| | |
|---|---|
| schicken, senden *etw. (an jmdn)* | بعث ب / هـــ (له / إليه) |
| entsenden *jmdn.* | بعث ه |
| Der Freund schickte einen Brief an seine Familie. | بعث الصديق رسالةً إلى عائلته. |
| ein Päckchen senden | بعث بطرْد |
| ein Geschenk senden | بعث بهدية |
| Die Regierung entsandte die Studenten zum Auslandsstudium. | بعثت الحُكومة الطُّلاّب إلى الخارِج للدِّراسة. |
| | ⊙ أرْسل |

**بلغ / يبْلُغُ (بُلوغ) I**

| | |
|---|---|
| betragen *etw.;* sich belaufen *auf* | بلغ هـــ |
| Die Kosten betrugen zwanzigtausend Euro. | بلغت النفقات عِشْرين ألفَ يورو. |
| die Summe beträgt / beläuft sich auf... | يبْلُغ المَبْلغ ... |
| die Höhe beträgt... | يبْلُغ الارْتفاع... |
| die Entfernung beträgt... | تبْلُغ المسافة... |
| die Gebühr beträgt... | تبْلُغ الأُجْرة... |
| die Fläche beträgt... | تبْلُغ المساحة... |
| den Höhepunkt erreichen | بلغ الذُّرْوة |

**أثار / يُثيرُ ( إثارة) IV**

| | |
|---|---|
| erregen, hervorrufen *etw.*; bewirken *etw.*; beeinflussen *jmdn. / etw.* | أثار هـــ / ه |
| Diese Maßnahmen riefen starken Protest hervor. | أثارت هذه الإجْراءات احْتِجاجاً شديداً. |
| Deine Worte beeinflussen ihn. | كلماتُك تُثيره. |
| einen Krieg entfachen | أثار حرْباً |
| Furcht (Mitleid, Aufsehen) erregen | أثار خَوْفاً (شفقةً, ضجّةً) |

| | |
|---|---|
| *jmds.* Zorn erregen | أثار غَضَبَه |
| Erinnerungen wecken | أثار ذكْريات |
| Gefühle wecken *od* ansprechen | أثار عواطف |
| Neugier erwecken | أثار فُضولاً |
| Unruhe stiften | أثار قلقاً |
| eine Frage aufwerfen | أثار مسْألةً |
| was uns beunruhigt... | مما يُثير قلْقنا... |

**جَرَى / يجْري (جَرَيان) I**

| | |
|---|---|
| **1.** laufen, fließen | جرى |
| Das Wasser fließt schnell. | يجْري الماء بسُرْعة. |
| Der Fluss fließt nach Norden. | يجْري النهْر نحْو الشمال. |
| **2.** stattfinden, geschehen, sich ereignen | جرى |
| Die Gespräche fanden in einer freundschaftlichen Atmosphäre statt. | جرت المُباحثات في جوّ من الصداقة. |
| *Passivumschreibung:* | جرى + *Inf* |
| Die Unterzeichnung fand statt. = Es wurde unterzeichnet. | جرى التوْقيع. |
| Es war gewöhnlich so, dass.../ Es hatte sich eingebürgert, das... | جرت العادة أنّ... |
| seinen Lauf nehmen | جرى مجْراه / أخذ مجْراه |
| | ⊙ وقع , حدث |

**أجْرى / يُجْري ( إجْراء )IV**

| | |
|---|---|
| durchführen *etw.*; führen, austragen *etw.* | أجْرى هـ |
| Der Wissenschaftler führte erfolgreiche Gespräche: | أجْرى العالِم مُباحثات ناجحة. |
| Verhandlungen führen | أجْرى مُفاوضات |
| Reformen (Wahlen) durchführen | أجْرى إصْلاحات (انْتخابات) |

| | |
|---|---|
| ein (Presse-)Interview führen | أجْرى مُقابلة صُحُفيّة |
| einen Versuch unternehmen | أجْرى تجْرِبة |
| Kontakte herstellen / Telefonate führen | أجْرى اتِّصالات |
| | ⊙ قام ب |

**جاء / يجِيء (مَجيء) I**

| | |
|---|---|
| **1.** kommen *nach / zu einem Ort, in einen Ort, zu jmdm.* | جاء إلى |
| kommen *mit etw. (Verkehrsmittel)* | جاء ب |
| kommen *aus einem Ort* | جاء من |
| Der Bruder kam. | جاء الأخ. |
| Das Jahr 2000 kam. | جاء عام 2000. |
| nach Leipzig kommen | جاء إلى مدينة لايبزك |
| zum Hotel kommen | جاء إلى الفُنْدُق |
| in die Bibliothek kommen | جاء إلى المكْتبة |
| zur Mutter kommen | جاء إلى الأُم |
| mit dem Flugzeug kommen | جاء بالطائرة |
| aus Aden kommen | جاء من عدن |
| | ⊙ أتى |

| | |
|---|---|
| **2.** bringen *etw.* | جاء ب |
| Er brachte uns das Geschenk. | جاء إلينا بالرسالة. |
| Uns erreichte der folgende Brief. | جاءتنا الرِّسالة التالية. |
| an die Macht kommen | جاء إلى الحُكْم |
| das Licht der Welt erblicken | جاء إلى الوُجود |
| Es hieß in der Nachricht, dass... | جاء في الخبر أن... |
| an erster Stelle stehen / auf den ersten Platz kommen | جاء في المقام الأوّل |

### IV أحبّ / يُحِبُّ (إحْباب)

| | |
|---|---|
| **1.** lieben, mögen *jmdn.* / *etw.* | أحبّ ه / هـ |
| Er liebte dieses Mädchen. | أحبّ هذه الفتاة. |
| Ich liebe dich. | أُحِبُّك. |
| die Familie lieben / mögen | أحبّ العائلة |
| die Heimat lieben / mögen | أحبّ الوطن |
| die Sonne lieben / mögen | أحبّ الشمْس |
| *jmdn.* sehr (stark) lieben | أحبه حُبّاً شديداً |
| *jmdn.* zutiefst lieben | أحبّه حُبّاً عميقاً |
| *jmdn.* treu lieben | أحبّه بإخْلاص |

| | |
|---|---|
| **2.** gern tun *etw.* | أحّب + *Inf* / أحبّ + أنّ |
| Er schwimmt gern. | يُحِبُّ السِّباحة. / يُحِبُّ أنْ يسْبح. |
| Sie liest gern. | يُحِبُّ القِراءة. / يُحِبُّ أنْ يقْرأ. |

### I حدث / يحْدُثُ (حُدوث)

| | |
|---|---|
| geschehen, vorfallen, sich ereignen, passieren | حدث |
| Was ist geschehen? | ماذا حدث؟ |
| Es geschahen wichtige Veränderungen. | حدثت تغيُّرات هامّة. |
| Was ist mit ihm passiert? | ماذا حدث له؟ |
| Es ist nichts passiert. | لمْ يحْدُث شَيْء. |
| Es gab keine Verluste. | لمْ تحْدُث أيّة خسائر. |

### V تحدّث / يتحدّثُ ( تحدُّث)

| | |
|---|---|
| sprechen *über etw.* / *jmdn.* | تحدّث عن |
| sprechen *mit jmdm.* | تحدّث مع |
| sprechen *zu jmdm.* | تحدّث إلى |

| | |
|---|---|
| sprechen *auf, zu einer Gelegenheit / zu einem Fachgebiet* | تحدّث في |
| Der Ingenieur sprach über die Projekte. | تحدّث المُهندِس عن / حول المشاريع. |
| über die Arbeit (die Erfolge) sprechen | تحدّث عن / حول العمل (النجاحات) |
| mit der Mutter (mit dem Arzt) sprechen | تحدّث مع الأُم (الطبيب) |
| zu den Abgeordneten sprechen | تحدّث إلى النُّوّاب |
| auf der Sitzung sprechen | تحدّث في الجلْسة |
| | ⊙ تكلّم |

### حصل / يحْصُلُ (حُصول) I

| | |
|---|---|
| erhalten, erlangen, bekommen *etw.* | حصل على |
| Der Schüler erhielt das Buch. | حصل الطالِب على الكِتاب. |
| Blumen erhalten / bekommen | حصل على الزُّهور |
| eine Belohnung (eine Auszeichnung) erhalten / bekommen | حصل على مُكافأة (جائزة) |
| Informationen erhalten / bekommen | حصل على معْلومات |

### حضر / يحْضُرُ ( حُضور) I

| | |
|---|---|
| anwesend sein, zugegen sein; teilnehmen *an etw.*, beiwohnen *einer Sache* | حضر هـــ |
| Der Präsident war anwesend (zugegen). | حضر الرئيس. |
| Der Minister nahm an der Eröffnungsfeier teil. | حضر الوزير حفْل الافْتِتاح. |
| an der Konferenz (Versammlung) teilnehmen | حضر المُؤتمر (الاجْتِماع) |
| an den Gesprächen (Verhandlungen) teilnehmen | حضر المُحادثات ( المُفاوضات) |
| am Unterricht (an der Vorlesung) teilnehmen | حضر الدرْس (المُحاضرة) |
| an dem Treffen teilnehmen | حضر اللّقاء |
| beim Empfang zugegen sein | حضر حفْل الاسْتِقْبال |
| | ⊙ اشْترك في |

## حقّق / يُحقّق (تحْقيق) II

| | |
|---|---|
| verwirklichen, realisieren *etw.*, erzielen, erringen *etw.* | حقّق هـــ |
| Beide Seiten realisierten dieses Abkommen. | حقّق الطرفان هذه الاتّفاقيّة. |
| Die Studenten verwirklichten dieses Programm. | حقّق الطُلاّب هذا البرْنامج. |
| ein Ziel (Pläne) verwirklichen / realisieren | حقّق هدفاً (خططاً) |
| ein Projekt verwirklichen / realisieren | حقّق مشْروعاً |
| die Träume (die Hoffnungen ) verwirklichen / realisieren | حقّق الأحْلام (الآمال) |
| die Wünsche verwirklichen / realisieren | حقّق الرغْبات |
| ein Versprechen verwirklichen | حقّق وعْداً |
| gewaltige Gewinne erzielen | حقّق أرْباحاً هائلة |
| einen Sieg erringen | حقّق انْتصاراً |
| Fortschritte machen *od* erreichen | حقّق تقدُّماً |
| | ⊙ نفّذ |

## احْتلّ / يحْتلّ (احْتِلال) VIII

| | |
|---|---|
| **1.** einnehmen *etw.*, / *einen Platz* | احْتلّ هـــ |
| Das Land nimmt den vierten Platz in der Erdölproduktion ein. | يحْتلّ البلد المرْكز الرابِع بإنْتاج النفْط. |
| einen hervorragenden Platz einnehmen | احْتلّ مكاناً بارزاً / مرْموقاً |
| den zweiten Rang einnehmen | احْتلّ المرْتبة الثانية |
| an fünfter Stelle stehen | احْتلّ المرْكز الخامس |
| | ⊙ شغل |
| **2.** besetzen, okkupieren *etw.* | احْتلّ هـــ |
| Die bewaffneten Streitkräfte besetzten diese Region. | احْتلّت القُوّات المُسلّحة هذه المِنْطقة. |
| fremde Gebiete besetzen / okkupieren | احْتلّ مناطق الغيْر |
| das Land (das Territorium) besetzen / okkupieren | احْتلّ البلد ( الأراضي) |
| | ⊙ اسْتوْلى على |

**VIII احْتاج / يحْتاجُ (احْتِياج)**

| | |
|---|---|
| brauchen, benötigen *jmdn., / etw.,* bedürfen *einer Sache* | احْتاج إلى |
| Der Student benötigt ein Wörterbuch. | يحْتاج الطالِب إلى قاموس. |
| Der Betrieb braucht Arbeitskräfte. | يحْتاج المصْنع إلى العُمّال. |
| Geld benötigen / brauchen | احْتاج إلى النُّقود |
| Rohstoffe (Energie) benötigen / brauchen | احْتاج إلى الموادّ الخام (الطاقة) |
| Hilfe benötigen / brauchen | احْتاج إلى المُساعدة |
| Schlaf (Ruhe) benötigen / brauchen | احْتاج إلى النَّوْم (الراحة) |
| der Erholung bedürfen | احْتاج إلى الراحة |

**I خرج / يخْرُجُ (خُروج)**

| | |
|---|---|
| **1.** herausgehen, herauskommen *aus einem Ort,* hinausgehen *aus* | خرج من |
| Der Student ging / kam aus dem Zimmer. | خرج الطّالِب من الغُرْفة. |
| aus dem Haus (Geschäft) (hinaus)gehen / (heraus)kommen | خرج من البيْت (المخْزن) |
| aus der Stadt gehen = die Stadt verlassen | خرج من المدينة |
| | ☒ دخل |

| | |
|---|---|
| **2.** abgehen *von etw.* | خرج عن |
| Ihr seid vom Thema abgekommen. | خرجْتُم عن المَوْضوع. |
| von seinem Weg abgehen | خرج عن طريقه |
| von seiner Religion abgehen | خرج عن دينه |
| Der Zug entgleiste. | خرج القِطار عن الخطّ. |

**II خصّص / يُخصِّصُ (تخْصيص)**

| | |
|---|---|
| widmen *jmdm. etw.*; zuwenden, zuweisen *jmdm. etw.;* zur Verfügung stellen *jmdm. etw. / einer Sache etw.* | خصّص هـ ل |
| Die Universität stellte große Summen für die Entwicklung der Wissenschaften zur Verfügung. | خصّصت الجامعة مبالِغ كبيرة لتطْوير البُحوث. |

| | |
|---|---|
| einen bestimmten Betrag zur Verfügung stellen | خصّص مبْلغاً مُعيّناً |
| Kapital zur Verfügung stellen | خصّص رأْسْمالاً |
| diesem Problem Aufmerksamkeit (Interesse) widmen | خصّص انْتباهاً (اهْتِماماً) لهذه القضية |

**VIII اخْتصّ / يخْتصُّ (اخْتِصاص)**

| | |
|---|---|
| betreffen, angehen *etw.* | اخْتصّ ب |
| Dieses Problem betrifft den Außenhandel. | تخْتصّ هذه المُشْكلة بالتِّجارة الخارجيّة. |
| was die Volkswirtschaft betrifft, so... | فيما يخْتصّ بالاقْتصاد الوطنيّ |
| was die Landwirtschaft betrifft, so... | فيما يخْتصّ بالزِّراعة |
| was den Sport betrifft, so.. | فيما يخْتصّ بالرِّياضة |

**II خفّض / يُخفّضُ (تخْفيض)**

| | |
|---|---|
| senken, vermindern *etw. um* | خفّض هـ ب |
| Die Regierung senkte die Steuern um 5%. | خفّضت الحُكومة الضرائب بمقْدار 5%. |
| die Preise senken | خفّض الأسْعار |
| die Gebühren senken | خفّض الرُّسوم |
| die Löhne senken / kürzen | خفّض الأُجور |

**VII انْخفض / ينْخفِضُ (انْخفاض)**

| | |
|---|---|
| sich verringern, sich vermindern, abnehmen *um / auf* | انْخفض ب / إلى |
| Der Erdölpreis verringerte sich um 2%. | انْخفض سعْر البتْرول بمقْدار 2%. |
| Der Preis verringerte sich auf 200 Dinar. | انْخفض السِّعْر إلى 200 دينار. |

**I دخل / يدْخُل (دُخول)**

| | |
|---|---|
| hineingehen, hineinkommen *in einen Ort*, betreten *etw.*, eintreten *in* | دخل هـ |

| | |
|---|---|
| Der Mann betrat das Restaurant. | دخل الرجُل المطْعم. |
| den Saal (das Zimmer) betreten | دخل القاعة (الغُرْفة) |
| die Bibliothek betreten | دخل المكْتبة |
| in die Schule gehen / zur Schule kommen | دخل المدْرسة |
| in Verhandlungen (ein)treten | دخل (في) المُفاوضات |
| in eine neue Etappe treten | دخل (في) مرْحلة جديدة |
| neue Wege beschreiten | دخل طُرُقاً جديدة |
| den Islam annehmen | دخل (في) الإسْلام |
| | ☒ خرج |

**درس / يدْرُسُ ( درْس , دِراسة) I**

| | |
|---|---|
| **1.** studieren, lernen *etw.* | درس هـــ |
| Der Student studierte die arabische Sprache. | درس الطّالب اللُّغة العربيّة. |
| Fremdsprachen studieren | درس اللُّغات الأجْنبيّة |
| Medizin (Mathematik) studieren | درس الطِّبّ ( الرِّياضيّات) |
| neue Vokabeln lernen | درس مُصْطلحات جديدة |
| an der Universität (im Institut) studieren | درس في الجامعة (المعْهد) |
| | ⊙ تعلّم |

| | |
|---|---|
| **2.** untersuchen, prüfen *etw.* | درس هـــ |
| Die Kommission untersuchte diese Frage. | درست اللجْنة هذه المسْألة. |
| das Problem untersuchen / prüfen | درس المُشْكِلة / القضيَة |
| die Fakten untersuchen / prüfen | درس الوقائع |
| die Zahlen prüfen | درس الأرْقام |
| | ⊙ بحث |

**II درّس / يُدرِّسُ (تدْريس)**

| | |
|---|---|
| lehren *jmdn. etw.*; unterrichten *ein Fach* | درّس ه /هـ |
| Der Lehrer lehrt die Kinder lesen und schreiben. | يُدرِّس المُعلِّم الأطْفال القِراءة والكِتابة. |
| die Studenten (die Schüler) unterrichten | درّس الطُّلاّب (التلاميذ) |
| die Erwachsenen unterrichten | درّس الكِبار |
| Arabisch unterrichten | درّس اللُّغة العربيّة |
| Chemie unterrichten | درّس الكيمياء |
| an der Universität lehren / unterrichten | درّس في الجامِعة |
| an der Abendschule lehren / unterrichten | درّس في المدْرسة المسائيّة |

**I دعم / يدْعَم (دعْم)**

| | |
|---|---|
| stützen, unterstützen *etw.* | دعم هـ |
| Der Politiker unterstützte diese Haltung. | دعم السِّياسيّ هذا المَوْقف. |
| diese Meinung (diese Behauptung) unterstützen | دعم هذا الرأي (هذا الادِّعاء) |
| diese Politik (diesen Kurs) unterstützen | دعم هذه السِّياسة (هذا النهّج) |
| diese Währung stützen | دعم هذه العُمْلة |
| | ⊙ دعّم |

**I دعا / يدْعُو (دعْوة)**

| | |
|---|---|
| **1.** einladen *jmdn. zu* | دعا ه إلى |
| Der Student lud seine Freunde zum Fest ein. | دعا الطالِب أصْدقاءَه إلى الحفْلة. |
| die Kollegen einladen | دعا الزُّملاء |
| den Vater (die Verwandten) einladen | دعا الأب (الأقْرِباء) |
| *jmdn.* zum Abendessen einladen | دعاه إلى (طعام) العشاء / للعشاء |
| *Imperativ:* Lade ihn ein! Ladet ihn ein! | أُدْعُه! أُدْعُوه! |
| | |
| **2.** aufrufen, rufen *zu* | دعا إلى / ل |

| | |
|---|---|
| Die Kommission rief die Verantwortlichen zum Schutz der Umwelt auf. | دعت اللجْنة المسْؤولين إلى حِماية البيئة. |
| zum Stopp des Wettrüstens aufrufen | دعا إلى وقْف سِباق التسلُّح |
| zum Waffenstillstand aufrufen | دعا إلى وقْف إطْلاق النار |
| zur Mobilisierung aller Möglichkeiten aufrufen | دعا إلى تعْبئة كُلّ الإمْكانيات |
| zum Widerstand aufrufen | دعا إلى المُقاومة |

| | |
|---|---|
| **3.** nennen *jmdn.* | دعا ه |
| Der Vater nannte seinen Sohn Muhammad. | دعا الأب ابْنه مُحمّداً. |
| *Passiv:* heißen | دُعِيَ |
| | ⊙ سُمِّيَ |

## I دفع / يدْفَع (دفْع)

| | |
|---|---|
| **1.** bezahlen *jmdm. etw.* | دفع (له) هـ |
| Der Kunde bezahlte den Preis der Ware. | دفع الزبون ثمن البِضاعة. |
| die Rechnung bezahlen | دفع الحِساب |
| die Wohnungsmiete bezahlen | دفع الإيجار |
| einen hohen Preis zahlen | دفع سِعْراً مُرْتفِعاً |

| | |
|---|---|
| **2.** anspornen, veranlassen *jmdn. zu,* treiben *jmdn. zu* | دفع ه إلى / ل |
| Der Lehrer veranlasste seine Studenten, dieses Buch zu lesen. | دفع المُعلّم طُلاّبَه إلى قِراءة هذا الكِتاب. |
| die anderen zur Arbeit anspornen | دفع الآخرين إلى العمل |
| das Rad der Entwicklung / die Entwicklung vorantreiben | دفع عجلة التطوُّر |

## IV أدْلى / يُدْلي (إدْلاء)

| | |
|---|---|
| abgeben *etw. (eine Erklärung o.ä.)* | أدْلى ب |
| Der offizielle Sprecher gab eine Erklärung ab. | أدْلى المُتحدِّث الرسْميّ ببيان / بتصْريح هامّ. |

| | |
|---|---|
| einen Kommentar abgeben | أدْلى بتعْليق |
| ein Interview geben | أدْلى بحديث |
| seine Meinung vorbringen *od* anführen | أدْلى برأْيِه |
| ein Argument anführen | أدْلى بحُجّة |
| eine Rede halten | أدْلى بكلِمة |
| Informationen vermitteln | أدْلى بمعْلومات |
| ein volles Geständnis ablegen | أدْلى باعْتِراف كامِل |

### أدار / يُديرُ (إدارة) IV

| | |
|---|---|
| führen, leiten, lenken *etw.*; verwalten *etw.* | أدار هـــ |
| Der Chefredakteur leitet die Tätigkeit des Verlages. | يُدير رئيس التحْرير أعْمال دار النشْر. |
| die Arbeit leiten / lenken | أدار العمل |
| die Aktionen (die Aktivitäten) leiten / lenken | أدار العمليّات |
| den Betrieb verwalten | أدار المصْنع |
| | ⊙ قاد , ترأس |

### ذكر / يذْكُرُ (ذِكْر) I

| | |
|---|---|
| erwähnen, nennen *jmdn.* / *etw.;* melden, berichten *etw.* | ذكر ه/هـــ |
| Der Redner erwähnte diese Tatsachen. | ذكر المُتحدِّث هذه الوقائع. |
| Die Agentur berichtete über die Ergebnisse der Gespräche. | ذكرت الوكالة نتائج المُباحثات. |
| die Zahlen (die Einzelheiten) erwähnen | ذكر الأرْقام (التفاصيل) |
| *Passiv:* nennenswert, erwähnenswert | يُذْكَر |
| nicht erwähnenswert | لا يُذْكَر |
| Es ist erwähnenswert, dass.../ Es muss erwähnt werden, dass... | مِما يُذْكر أنّ.../ من الجدير بالذِّكْر أنّ... |

### تذكّر / يتذكّرُ (تذكُّر) V

| | |
|---|---|
| sich erinnern *an jmdn, / etw.* | تذكّر ه / هـ |
| Ich erinnere mich an diese schöne Zeit. | أتذكّر هذا الوقْت الجميل. |
| Der Freund erinnerte sich an ihren Namen. | تذكّر الصديق اسْمَها. |
| Ich erinnere mich, dass das im Frühling geschah. | إني أتذكّر أنّ ذلك حدث في الربيع. |
| sich an den Besuch erinnern | تذكّر الزِّيارة |
| sich an diesen Tag erinnern | تذكّر هذا اليَوْم |
| sich an die Adresse erinnern | تذكّر العُنْوان |
| sich an das Versprechen erinnern | تذكّر الوعْد |
| sich gut erinnern | تذكّر جيِّداً |
| | ☒ نسِيَ |

### ذهب / يذْهب (ذهاب) I

| | |
|---|---|
| gehen / fahren *nach, zu jmdm. / zu einem Ort, in einen Ort* | ذهب إلى |
| fahren *mit etw. (Verkehrsmittel)* | ذهب ب |
| Der Student ging zu seinen Freunden. | ذهب الطالِب إلى أصْدِقائه. |
| zum Arzt gehen | ذهب إلى الطبيب |
| ins Studentenwohnheim gehen / fahren | ذهب إلى بيت الطلبة |
| ins Theater gehen | ذهب إلى المسْرح |
| zum Basar gehen | ذهب إلى السُّوق |
| nach Hause gehen | ذهب إلى البيت |
| in die Hauptstadt fahren | ذهب إلى العاصِمة |
| an die See fahren | ذهب إلى البحْر |
| aufs Land fahren | ذهب إلى الريف |
| mit dem Auto fahren | ذهب بالسيارة |
| mit dem Zug fahren | ذهب بالقِطار |

| | |
|---|---|
| zu Fuß gehen | ذهب سَيْراً على الأقْدام / مشْياً |
| zum Opfer fallen | ذهب ضَحيَةً |

### رأى / يَرَى (رُؤْية) I

| | |
|---|---|
| **1.** sehen *etw.* / *jmdn.*; ansehen *etw.* | رأى ه / هـــ |
| Ich sah den Freund. | رأيْتُ الصديق. |
| einen Film (an)sehen | رأى فيلْماً |
| einen Wettkampf (an)sehen | رأى مُباراة |
| *jmdn.* / *etw.* gut sehen | رأى ه/هـــ جيِّداً |
| *jmdn.* / *etw.* deutlich sehen | رأى ه/هـــ بصورة واضحة |
| *jmdn.* / *etw.* von weitem sehen | رأى ه/هـــ من بعيد |
| Ich habe ihn vor zwei Tagen (kürzlich) gesehen. | رأيتُه قبْل يَوْمين (مُؤَخِّراً). |
| Ich habe ihn gesehen, als er sich dem Haus näherte. | رأيته يقْترب من البيت. |
| *etw.* mit eigenen Augen sehen | رأى شيئاً رأيَ العَيْن |
| | ⊙ نظر إلى / شاهد / تفرّج على |
| **2.** meinen *etw.*; ansehen *etw. als*; halten *etw. für* | رأى هـــ |
| eine Sache als leicht ansehen *od* erachten | رأى الأمرَ سهْلاً |
| wie er meint / nach seiner Meinung | كما يَرى |
| | ⊙ اعْتبر |

### أرى / يُري (إراءة) IV

| | |
|---|---|
| zeigen *jmdm. etw.* | أرى ه هـــ |
| Er zeigte seinem Freund das Bild. | أرى صديقَه الصُّورة. |
| Er zeigte mir diese Zeitung. | أراني هذه الجريدة. |
| Er zeigt mir dieses Buch. | يُريني هذا الكتاب. |
| Zeige mir bitte das Geschenk! | أرِني الهدية من فضْلكَ! |

| | |
|---|---|
| *Imperativ:* Zeige! | أرِ *(m)* أري *(f)* |
| Zeigt! | أروا *(m)* أرِنَ *(f)* |

**I (رجاء) رجا / يرْجو**

| | |
|---|---|
| **1.** bitten *jmdn. um etw.* | رجا ه / منه أنْ |
| Ich bat den Freund zu kommen. | رجوتُ الصديق أنْ يأتي. |
| Ich bitte dich! | أرْجوك! |
| Wir bitten euch, uns zu schreiben. | نرْجوكم أنْ تكْتُبوا إلينا. |
| | ⊙ طلب |
| | ☒ شكر |

| | |
|---|---|
| **2.** wünschen *jmdm. etw.* | رجا هـ ل |
| Die Mutter wünschte ihrer Tochter alles Gute. | رجت الأُم لابْنتِها كُلَّ الخَيْر. |
| | ⊙ تمنّى |

**II(ترْحيب) رحّب / يُرحِّبُ**

| | |
|---|---|
| begrüßen *jmdn. / etw.* | رحّب ب |
| Der Rektor begrüßte die ausländischen Gäste. | رحّب رئيس الجامِعة بالضُّيوف الأجانِب. |
| die Delegation begrüßen | رحّب بالوفْد |
| den Schauspieler begrüßen | رحّب بالمُمثِّل |
| den Vorschlag begrüßen | رحّب بالاقْتِراح |
| *jmdn.* herzlich begrüßen | رحّب به بحرارة / ترْحيباً حارّاً |
| *jmdn.* mit Applaus begrüßen | رحّب به بعاصِفة من التصْفيق |

**I (رغْبة) رغِب / يرْغبُ**

| | |
|---|---|
| wünschen *etw.*, wollen *etw.* | رغِب في |
| wünschen, dass... | رغِب في أنْ... |

| | |
|---|---|
| Er wünschte, das Museum zu besuchen. / | رغِب في زِيارة المتْحف./ |
| Er wollte das Museum besuchen. | رغِب في أنْ يزورَ المتْحف. |
| reisen wollen | رغِب في السفر. |
| schlafen wollen | رغِب في النَّوْم. |
| das Buch lesen wollen | رغِب في قِراءة الكِتاب. |
| | ⊙ أراد |

**VIII ارْتفع / يرْتفِع (ارْتِفاع)**

| | |
|---|---|
| sich erhöhen, steigen, ansteigen | ارْتفع |
| Die Preise erhöhten sich / stiegen an. | ارْتفعت الأسْعار. |
| Das Lebensniveau erhöhte sich. | ارْتفع مُسْتوى المعيشة. |
| Der Wasserstand erhöhte sich. | ارتفع مُسْتوى الماء. |
| Die Gebühren stiegen. | ارْتفعت الأُجور. |
| Die Steuern stiegen. | ارْتفعت الضرائِب. |

**I زاد / يزيد (زِيادة)**

| | |
|---|---|
| **1.** zunehmen, steigen *um* | زاد ب |
| Die Zahl der Einwohner nahm zu. | زاد عدد السُّكّان. |
| Die Produktion stieg um 10%. | زاد الإنْتاج بِمقْدار 10%. |

| | |
|---|---|
| **2.** übersteigen *etw.*, hinausgehen *über* | زاد عن / على |
| Die Geschwindigkeit überstieg 100 km/h. | زادت السُّرْعة عن 100 كم في الساعة. |
| Die Warenproduktion überstieg... | زادت إنْتاج البضائِع عن / على... |
| Diese Menge überstieg... | زادت هذه الكَمِّيّة عن / على... |
| Die Länge (Der Umfang) überstieg... | زاد الطُّول (الحجْم) عن / على... |
| | ⊙ تجاوز |

**ازْداد / يزْدادُ (ازْدياد) VIII**

| | |
|---|---|
| mehr werden, zunehmen | ازْداد |
| Die Produktion von Konsumgütern nahm zu. | ازْداد إنْتاج السِّلع الاسْتهْلاكيّة. |
| Der Import (Der Export) nahm zu. | ازْداد الاسْتيراد ( التصْدير). |
| Das Interesse nahm zu (wuchs). | ازْداد الاهْتمام. |
| an Wahrscheinlichkeit zunehmen / immer wahrscheinlicher werden | ازْداد احْتمالاً |
| immer schlechter werden | ازْداد سُوءاً |
| immer besser werden | ازْداد تحسُّناً |
| immer trauriger werden | ازْداد حُزْناً |

**سأل / يسْألُ (سُؤال) I**

| | |
|---|---|
| fragen *jmdn. nach,* sich erkundigen *nach* | سأل ه عن |
| Der Kunde fragte nach dem Preis der Ware. | سأل الزبون عن سِعْر البِضاعة. |
| Er fragte ihn nach der Gesundheit seines Vaters. | سأله عن صِحّة أبيه. |
| nach dem Namen (der Anschrift) fragen | سأل عن الاسْم )العُنْوان) |
| nach dem Befinden fragen | سأل عن الحالة / الصِّحّة |
| nach den Plänen fragen | سأل عن الخُطط |
| nach dem Weg (der Uhrzeit) fragen | سأل عن الطريق (الساعة) |
| *jmdm.* eine Frage stellen | سأله سُؤالاً |
| | ☒ أجاب |

**سجّل / يُسجِّلُ (تسْجيل) II**

| | |
|---|---|
| registrieren, aufzeichnen, eintragen *jmdn. / etw.*; verzeichnen *etw.*; erzielen *etw.* | سجّل ه / هـ |
| Der Leiter der Konferenz registrierte die Zahl der Teilnehmer. | سجّل رئيس المُؤْتمر عدد المُشارِكين. |
| die Namen registrieren | سجّل الأسْماء |

| | |
|---|---|
| die Musik aufzeichnen | سجّل المُوسيقى |
| immatrikulieren | سجّل في الجامعة |
| sich eintragen | سجّل اِسْمَه |
| sich anmelden *bei einer Behörde* | سجّل إقامته |
| einen Rekord aufstellen | سجّل رقْماً قياسيّاً |
| ein Tor erzielen *Sport* | سجّل هدفاً |

**I سَرَّ / يسُرُّ (سُرور)**

| | |
|---|---|
| (er)freuen *jmdn.* | سرّ ه |
| Das (er)freut mich. | يسُرُّني هذا. |
| Dein Besuch (er)freut uns. | تسُرُّنا زيارتُك. |
| Die Nachricht erfreute ihn. | سَرَّه هذا الخبر. |
| *Passiv:* sich freuen *über* | سُرَّ , يُسرُّ ب / ل |
| Ich freute mich sehr darüber. | سُرِرْتُ كثيراً بذلك. |
| Wir freuten uns über die Begegnung. | سُرِرْنا بالمُقابلة. |
| | ⊙ أفْرح / أسْعد |

**III ساعد / يُساعِد (مُساعدة)**

| | |
|---|---|
| helfen, unterstützen *jmdn. bei etw.* | ساعد ه على |
| Er half mir bei der Arbeit. | ساعدني على العمل. |

**II سلّم / يُسلِّمُ (تسْليم)**

| | |
|---|---|
| übergeben, überbringen *jmdm. etw.* | سلّم ه هــ , سلّم ل / إلى هــ |
| Der Diplomat überbrachte eine Note. | سلّم الدِّبْلوماسيّ مُذكّرة. |
| eine Botschaft überbringen / übergeben | سلّم رِسالة |
| die Beglaubigungspapiere überbringen / übergeben | سلّم أوْراق الاعْتِماد |

| | |
|---|---|
| den Schlüssel übergeben | سلّم المِفْتاح |
| die Zeugnisse übergeben | سلّم الشَّهادات |
| Dokumente übergeben | سلّم الوثائق |
| die Waffen strecken | سلّم السِّلاح |
| sich stellen *z.B. der Polizei* | سلّم نفْسَه للسُّلْطات |
| | ⊙ قدّم |

**V تسلّم / يتسلّمُ (تسلُّم)**

| | |
|---|---|
| erhalten *etw. von jmdm.*, entgegennehmen *etw. von jmdm.* | تسلّم هـ منه |
| Der Kunde erhielt eine Quittung. | تسلّم الزبون وصْلاً. |
| Der Botschafter erhielt ein Schreiben vom Minister. | تسلّم السفير رِسالة من الوزير. |
| ein Erinnerungsgeschenk erhalten | تسلّم هديَة تذْكاريّة |
| ein Paket erhalten / entgegennehmen | تسلّم طرْداً |
| | ⊙ اسْتلم , حصل على , تلقّى |

**VIII اسْتلم / يسْتلِم (اسْتِلام)**

| | |
|---|---|
| erhalten, bekommen *etw.* | اسْتلم هـ |
| Der Regisseur erhielt eine Einladung. | اسْتلم المُخْرِج دعْوة. |
| Geld erhalten / bekommen | اسْتلم نُقوداً |
| Geschenke erhalten / bekommen | اسْتلم هدايا |
| einen Brief erhalten / bekommen | اسْتلم رِسالة |
| eine Antwort erhalten / bekommen | اسْتلم ردّاً / جواباً |
| | ⊙ تسلّم , حصل على , تلقّى |

**I سمِح / يسْمح ( سماح)**

| | |
|---|---|
| erlauben, gestatten *jmdm. etw.* | سمح هـ / ب ل |

| | |
|---|---|
| Der Direktor erlaubte den Besuchern einzutreten. | سمح المُدير للزُّوّار بالدُّخول. |
| die Teilnahme erlauben | سمح بالمُشاركة |
| *Passiv:* erlaubt / gestattet sein, dürfen | سُمِحَ , يُسْمَح (ب) |
| Darf ich eintreten? | هل يُسْمَح لي بالدُّخول / أنْ أدْخُل؟ |
| Ist das Rauchen gestattet? | هل يُسْمَح بالتدْخين؟ |
| | ⊙ جاز |
| | ☒ منع |

**سمِع / يسْمعُ (سَمْع / سماع) I**

| | |
|---|---|
| hören *jmdn. / etw.* | سمِع ه / هـ |
| Der Student hörte seinen Freund lachen. | سمِع الطالب صديقَه يضْحك. |
| Stimmen hören | سمِع الأصْوات |
| Lärm hören | سمِع الضَّجّة |

**اسْتمع / يسْتمِع (اسْتِماع) VIII**

| | |
|---|---|
| hören *auf*; anhören *jmdn. / etw.* | اسْتمع إلى |
| Die Anwesenden hörten die Erklärung des Sprechers an. | اسْتمع الحاضِرون إلى تصْريح المُتحدِّث. |
| die Diskussion anhören | اسْتمع إلى المُناقشة |
| die Musik hören | اسْتمع إلى الموسيقى |

**سمّى / يُسمِّي (تسْمية) II**

| | |
|---|---|
| nennen, benennen *jmdn. / etw.* | سمّى ه / هـ هـ |
| Der Vater nannte seinen Sohn Muhammad. | سمّى الأب ابْنَه مُحمّداً. |
| *Passiv:* genannt werden, heißen | سُمِّيَ, يُسمّى |
| Sein Sohn heißt Muhammad. | يُسمّى ابنُه محمّداً |
| | ⊙ دُعِيَ |

### سار / يسير (سَيْر) I

| | |
|---|---|
| gehen, laufen *(auch Maschine),* fahren *Auto,* | سار |
| Die Kinder gehen / laufen in die Stadt. | يسير الأطْفال إلى المدينة. |
| Das Auto fährt (ab). | تسير السيّارة. |
| durch den Wald gehen / laufen | سار في الغابة |
| in / durch den Garten gehen / laufen | سار في الحديقة |
| über den Markt gehen / laufen | سار في السُّوق |
| den Weg (die Straße) entlang gehen / entlang laufen | سار في الطريق |
| hinter *jmdm.* laufen | سار وراءَه |
| wandern, marschieren, laufen *zu Fuß* | سار على قدمَيْه |
| Geh mit Gott! | سِرْ في أمان الله. |
| | ⊙ مشى , ذهب |

### شرح / يشْرَح (شرْح) I

| | |
|---|---|
| erklären, erläutern, darlegen *etw.* | شرح هـ |
| erklären *jmdm. etw.* | شرح له هـ |
| Der Richter erläuterte diesen Artikel des Gesetzes. | شرح القاضي هذه المادّة من القانون. |
| Der Lehrer erklärte den Schülern die Hausaufgaben. | شرح المُعلّم للطُّلاب الواجِبات المنْزِليّة. |
| die Worte erklären | شرح الكلِمات |
| die Sitten und Gebräuche erklären | شرح العادات والتقاليد |
| die Bedeutung / den Sinn erklären | شرح المعْنى |
| die politische Lage erklären | شرح الوضْع السِّياسيّ |
| seinen Standpunkt darlegen | شرح مَوْقفه |
| die Gründe (die Probleme) darlegen | شرح الأسْباب (المشاكِل) |
| | ⊙ فسّر |

## III شارك / يُشارِكُ (مُشاركة)

| | |
|---|---|
| **1.** teilnehmen, mitwirken *an* | شارك في |
| Die Delegation nahm an der Konferenz teil. | شارك الوفْد في المُؤْتمر. |
| an der Sitzung teilnehmen | شارك في الجلْسة |
| am Dialog teilnehmen | شارك في الحِوار |
| | ⊙ اشْترك في |
| **2.** sich in *etw.* teilen, *mit jmdm. etw.* teilen | شارك ه هـــ |
| Wir teilen eure Trauer. | نُشارِكُكم حُزْنَكم. |
| *jmds.* Gefühle ( Freude / Meinung) teilen | شاركه عواطِفَه (سُرورَه, رأيَه) |

## VIII اشْترك / يشْترِكُ (اشْتِراك)

| | |
|---|---|
| teilnehmen, sich beteiligen *an etw.*;<br>mitwirken, mitarbeiten *an etw.* | اشْترك في |
| An der Konferenz nahmen viele Staaten teil. | اشْتركت دُوَل كثيرة في المُؤْتمر. |
| Die Abgeordneten wirkten an der<br>Ausarbeitung des Planes mit. | اشْترك النُّوّاب في إعْداد الخُطّة. |
| am Gespräch (an der Diskussion) teilnehmen | اشْترك في الحديث (المُناقشة) |
| an der Versammlung (an der Demonstration) teilnehmen | اشْترك في الاجْتِماع (التظاهُرة) |
| an der Messe teilnehmen | اشْترك في المعْرِض |
| an den Wahlen teilnehmen | اشْترك في الانْتِخابات |
| an der Weltmeisterschaft teilnehmen | اشْترك في بُطولة العالم |
| am Streik teilnehmen | اشْترك في الإضْراب |
| an dem Manöver teilnehmen | اشْترك في مُناورة |
| an dem Projekt (an dem Film) mitwirken | اشْترك في المشْروع (الفيلم) |
| | ⊙ شارك في |

### اشْترى / يشْتري (اشْتِراء) VIII

| | |
|---|---|
| kaufen *etw.* | اشْترى هـ |
| Der Mann kaufte ein neues Auto. | اشْترى الرجُل سيّارة جديدة. |
| Brot (Getränke) kaufen | اشْترى الخُبْز (المشْروبات) |
| Zeitungen (Briefmarken) kaufen | اشْترى الجرائد (الطوابِع) |
| *etw.* im Geschäft (ein)kaufen | اشْترى شيئاً من المخْزن |
| *etw.* auf dem Markt / Basar (ein)kaufen | اشْترى شيئاً من السُّوق |
| | ☒ باع |

### شكر / يشْكُرُ (شُكْر) I

| | |
|---|---|
| danken *jmdm. für* | شكر ه على |
| Der Redner dankte den Anwesenden für die Aufmerksamkeit. | شكر المُتحدِّث الحاضِرين على الانْتِباه. |
| für den herzlichen Empfang danken | شكر على الاسْتِقْبال الحارّ |
| für die Gastfreundschaft danken | شكر على الضِّيافة / الحفاوة |
| für das Geschenk danken | شكر على الهديَة |
| für die Hilfe danken | شكر على المُساعدة |
| für den Besuch danken | شكر على الزِّيارة |
| | ☒ رجا , طلب |

### تشكّل / يتشكّلُ ( تشكُّل) V

| | |
|---|---|
| gebildet werden, bestehen *aus* | تشكّل من |
| Die Kommission besteht aus fünf Mitgliedern. | تتشكّل اللجْنة من خمْسة أعْضاء. |
| Das Abendbrot besteht aus kaltem Fleisch und Brot. | يتشكّل طعام العشاء من اللحْم البارِد والخُبْز. |
| aus zwei Teilen bestehen | تشكّل من جُزْئيْن |
| aus vier Abteilungen bestehen | تشكّل من أرْبعة أقْسام |
| | ⊙ تكوّن من , تألّف من |

**IV** أشار / يُشيرُ (إشارة)

| | |
|---|---|
| (hin-, ver-) weisen *auf* | أشار إلى |
| hinweisen darauf, dass... | أشار إلى أنّ... |
| Der Journalist verwies auf die Resolution des Wirtschaftsrates. | أشار الصُحُفيّ إلى قرار المجْلِس الاقْتصاديّ. |
| Der Schneider wies darauf hin, dass in seinem Geschäft die modernsten Anzüge verkauft werden. | أشار الخيّاط إلى أنّ أحْدث البدْلات تُباع في محلّه. |
| auf die fruchtbaren Ergebnisse verweisen | أشار إلى النتائج المُثْمِرة |
| auf den spürbaren Fortschritt verweisen | أشار إلى التقدُّم الملْحوظ |
| auf die guten Beziehungen verweisen | أشار إلى العلاقات الجيِّدة |
| auf die laufenden Gespräche | أشار إلى المُحادثات الجارية |
| auf die Prinzipien dieser Politik verweisen | أشار إلى مبادئ هذه السِّياسة |

**IV** أصْبح / يُصْبِحُ (إصْباح)

| | |
|---|---|
| werden | أصْبح |
| Er ist Präsident geworden. | أصْبح رئيساً. |
| Die Terrorbekämpfung ist ein wichtiger Teil der internationalen Beziehungen geworden. | أصْبحت مُكافحة الإرْهاب جُزءاً هامّاً من العلاقات الدوليّة. |
| Die Welt ist sicherer geworden. | أصْبح العالم أكْثر أماناً. |
| Es ist klar (bekannt) geworden, dass... | أصْبح واضِحاً (معْروفاً) أنّ... |
| Der Terror hat begonnen, das Hauptsicherheitsrisiko darzustellen. = Der Terror stellt **jetzt** das Hauptsicherheitsrisiko dar. | أصْبح الإرْهاب يُمثِّل خطراً أمنيّاً رئيسيّاً. |

**I** صدر / يصْدُرُ (صُدور)

| | |
|---|---|
| erscheinen, herauskommen | صدر |
| Das Buch erschien in Bagdad. | صدر هذا الكِتاب في بغداد |
| Die Zeitung ist vor zwei Wochen herausgekommen. | صدرت الجريدة قبْل أُسْبوعَيْن. |

| | |
|---|---|
| Das Gesetz (Der Beschluss) erschien / kam heraus. | صدر القانون (القرار). |
| Die Verfassung (Die Charta) erschien / kam heraus. | صدر الدُّسْتور (الميثاق). |

**IV (إصْدار) أصْدر / يُصْدِرُ**

| | |
|---|---|
| herausgeben, erlassen *etw.* | أصْدر هـ |
| Der Verlag gab neue Bücher heraus. | أصْدرت دار النشْر كُتُباً جديدة. |
| eine Zeitung herausgeben | أصْدر جريدة |
| ein Kommuniqué herausgeben | أصْدر بياناً |
| Direktiven / Anweisungen herausgeben | أصْدر تعْليمات |
| einen Befehl (ein Signal) geben | أصْدر أمْراً (إشارة) |
| einen Aufruf (ein Urteil) erlassen | أصْدر نِداءً (حُكْماً) |
| | ⊙ نشر |

**I (ضمّ) ضمَّ / يضُمُّ**

| | |
|---|---|
| **1.** umfassen, enthalten, als Mitglied haben; eingliedern *jmdn./etw. in;* | ضمّ ه/هـ إلى |
| Die Mannschaft umfasste vier Sportler. | ضمّ الفريق أرْبعة رِياضيين. |
| Dem Ausschuss gehörten einige Experten an. | ضمّت اللجْنة بعْض الخُبراء. |
| ein neues Mitglied aufnehmen / eingliedern | ضمّ عُضْواً جديداً |
| eine Delegation von drei Mitgliedern = eine dreiköpfige Delegation | وفْد يضُمّ ثلاثة أعْضاء |
| eine Universität mit 15 Fakultäten | جامعة تضُمّ خمْس عشْرة كُلِّيّة |
| | ⊙ شمِل |
| **2.** annektieren, anschließen *etw.* | ضمّ هـ |
| fremde Gebiete annektieren | ضمّ أراضي الغيْر |

### ضمِن / يضْمَنُ (ضمان) I

| | |
|---|---|
| garantieren, gewährleisten *etw.* | ضمِن هـــ |
| Die Verfassung garantiert die Meinungsfreiheit. | يضْمن الدُّسْتور حُرِّيّة الرأْي. |
| materielle Unterstützung garantieren | ضمِن المُساعدة المادِّيّة |
| die gesundheitliche Fürsorge garantieren | صمِن الرِّعاية الصِّحِّيّة |

### أضاف / يُضيفُ (إضافة) IV

| | |
|---|---|
| hinzufügen *etw. zu* | أضاف هـــ إلى |
| Sie fügte dem Kaffee Zucker zu. | أضافت السُّكّر إلى القهْوة. |
| Wir fügten der Liste einige Namen hinzu. | أضفْنا بعْض الأسْماء إلى القائمة. |
| einige Worte (neue Gedanken) hinzufügen | أضاف بعْض الكلمات (أفْكاراً جديدة) |
| In der Erklärung heißt es weiter,..... | أضاف البيان قائلاً... |
| hinzu kommt.../ des weiteren... | أضِفْ إلى ذلك... |

### طلب / يطْلُبُ (طلب) I

| | |
|---|---|
| **1.** bestellen, (er)bitten *etw.* | طلب هـــ |
| Der Gast bestellte eine Tasse Kaffee. | طلب الضّيْف فِنْجاناً من القهْوة. |
| Getränke ( Speisen) bestellen | طلب المشْروبات ( المأكولات) |
| um Entschuldigung bitten | طلب الاعْتذار |
| um Erlaubnis bitten | طلب الإذْن |
| Hilfe erbitten | طلب المُساعدة |
| eine Antwort erbitten | طلب جواباً |

| | |
|---|---|
| **2.** verlangen, fordern *von jmdm. etw.* | طلب هـــ من |
| Die Arbeiter forderten Lohnerhöhung. | طلب العُمّال رفْع الأُجْور. |
| Der Lehrer verlangte eine Erklärung von ihnen. | طلب المُدرِّس منهم شرْحاً. |
| die Senkung der Steuern fordern | طلب تخْفيض الضرائب |

| | |
|---|---|
| Freiheit fordern | طلب الحُرِّيّة |
| dringend *etw.* fordern | طلب شَيْئاً بإلْحاح |
| | ⊙ طالب |

### أطْلع يُطْلِع (إطْلاع) IV

| | |
|---|---|
| informieren, unterrichten *jmdn. über* | أطْلع ه على |
| Der Begleiter informierte uns über die neuen Nachrichten. | أطْلعنا المُرافِق على الأخْبار الجديدة. |
| *jmdn.* über die Ereignisse (die Ergebnisse) informieren | أطْلعه على الأحْداث (النتائج) |
| *jmdn.* über die Einzelheiten (das Programm) informieren | أطْلعه على التفاصيل ( البرْنامج) |
| | ⊙ أخْبر |

### اطّلع / يطّلِع (اطّلاع) VIII

| | |
|---|---|
| sich informieren, sich unterrichten *über*, informiert sein *über* | اطّلع على |
| Der Apotheker informierte sich über die neuesten Medikamente. | اطّلع الصَيْدليّ على أحْدث الأدْوِية. |
| sich über die Gespräche (die Entwicklung) informieren | اطّلع على المُحادثات (التطوُّر) |
| sich über die Projekte (die Sehenswürdigkeiten) informieren | اطّلع على المشاريع (المعالِم) |

### عبّر / يُعبِّرُ (تعْبير) II

| | |
|---|---|
| äußern, zum Ausdruck bringen *etw.*, ausdrücken *etw.* | عبّر عن |
| Der Dolmetscher äußerte seinen Standpunkt. | عبّر المُترْجِم عن موْقفه. |
| Die Zeitung brachte die Meinung vieler Leser zum Ausdruck. | عبّرت الجريدة عن رأْي الكثير من القُرّاء ن. |
| seine Entschlossenheit zum Ausdruck bringen | عبّر عن عزْمه |
| seinen Willen zum Ausdruck bringen | عبّر عن نِيَّته |
| seine Gedanken zum Ausdruck bringen | عبّر عن أفْكارِه |
| seine Überzeugung zum Ausdruck bringen | عبّر عن قناعته |

| | |
|---|---|
| seine Befriedigung /Zufriedenheit zum Ausdruck bringen | عبّر عن ارْتياحه |
| seine Genugtuung zum Ausdruck bringen | عبّر عن اغْتباطه |
| seine Hoffnung zum Ausdruck bringen | عبّر عن أمله |
| seine Wertschätzung zum Ausdruck bringen | عبّر عن تقْديره |
| seinen Dank zum Ausdruck bringen | عبّر عن شُكْره |
| seine Hochachtung zum Ausdruck bringen | عبّر عن احْترامه |
| seine Freude zum Ausdruck bringen | عبّر عن سُروره / فرْحه |
| seine Trauer zum Ausdruck bringen | عبّر عن حُزْنه |
| sein Bedauern zum Ausdruck bringen | عبّر عن أسفه |
| seine Unzufriedenheit zum Ausdruck bringen | عبّر عن استيائه |
| seine Empörung zum Ausdruck bringen | عبّر عن سُخْطه |
| seinen Zorn zum Ausdruck bringen | عبّر عن غضبه |
| seine Besorgnis zum Ausdruck bringen | عبّر عن قلقه |
| die hohe Wertschätzung ausdrücken | عبّر عن بالغ التقْدير |
| die aufrichtige Wertschatzung ausdrucken | عبّر عن خالص التقْدير |
| die tiefe Befriedigung ausdrücken | عبّر عن بالغ الارْتياح |
| die tiefe Besorgnis ausdrücken | عبّر عن بالغ القلق |
| das tiefe Bedauern ausdrücken | عبّر عن بالغ الأسف |
| | ⊙ أعْرب عن , أبْدى |

**VIII اعْتبر / يعْتبر (اعْتبار)**

| | |
|---|---|
| ansehen, erachten, betrachten *jmdn. od etw. als* | اعْتبر ه ه / هـ هـ |
| Wir betrachten ihn als einen guten Lehrer. | نعْتبره مُعلّماً جيّداً. |
| Die Regierung erachtet die Entwicklung der Industrie als wichtigen Schritt. | تعْتبر الحُكومة تطْوير الصّناعة خُطْوة هامّة. |
| *Passiv:* gelten, angesehen werden *als*, bedeuten | أُعْتبِرَ / يُعْتبَر |

| | |
|---|---|
| Der Export gilt als wichtiger Bestandteil der Wirtschaft. | يُعْتبر التصْدير عُنْصُراً هامّاً في الاقْتصاد. |
| | ⊙ عُدّ |

**IV (إعْجاب) أعْجب / يُعْجب**

| | |
|---|---|
| gefallen *jmdm.* | أعْجب ه |
| Diese Stadt gefiel mir. | أعْجبتْني هذا المدينة. |
| Hat dir dieser Film gefallen? | هل أعْجبك هذا الفيلْم؟ |
| Der Vorschlag gefällt uns. | يُعْجبُنا الاقْتراح. |
| Gefällt euch das Geschenk? | هل تُعْجبُكم الهديَة؟ |
| *Passiv:* bewundern *jmdn. / etw.* | أُعْجِب ب / يُعْجَب ب |
| Wir bewunderten die Sehenswürdigkeiten von Aleppo. | أعْجبْنا بمعالِم حلب. |

**I (عدّ) عدّ / يعُدّ**

| | |
|---|---|
| zählen *jmdn. / etw.* | عَدّ ه / هــ |
| Der Begleiter zählte die Mitglieder der Delegation. | عدّ المُرافِق أعْضاء الوفد. |
| das Geld (die Tage) zählen | عدّ النُّقود (الأيّام) |
| die Stimmen zählen *Wahlen* | عدّ الأصْوات |
| *Passiv:* zählen *zu*, gelten *als* | عّدّ / يُعدّ |
| Diese Stadt zählt zu den größten Städten der Welt. | تُعدّ هذه المدينة من أكْبر المُدُن في العالم. |
| Der Irak zählt zu den erdölreichen Ländern der Welt. | يُعدّ العراق من الأقْطار الغنيَة بالنفْط في العالم. |
| | ⊙ اُعتُبِر |

**IV (إعْداد) أعدّ / يُعدّ**

| | |
|---|---|
| vorbereiten, bereit machen, ausarbeiten *etw.* | أعدّ هــ |

| | |
|---|---|
| Wir machen das Gerät bereit zur Arbeit. | نُعدّ الجِهاز للعمل. |
| ein Projekt vorbereiten | أعدّ مشْروعاً |
| ein Abkommen ausarbeiten | أعدّ اتّفاقيّة |
| eine Studie erarbeiten | أعدّ دِراسة |
| | ⊙ هيّأ , حضّر |

**I عرض / يعْرِض (عرْض)**

| | |
|---|---|
| **1.** ausstellen *etw.*, vorführen, vorlegen *etw.* | عرض هـ |
| Viele Länder stellten ihre Waren auf der Messe aus. | عرضت بُلْدان كثيرة بضائعها في المعْرِض. |
| schöne Bilder ausstellen / zeigen | عرض صُوراً جميلة |
| die modernsten Produkte ausstellen | عرض أحْدث المُنْتجات |
| neue Maschinen vorführen | عرض آلات جديدة |
| **2.** aufführen, zeigen *etw.* | عرض هـ |
| Das Ensemble zeigte ein schönes Programm. | عرضت الفِرْقة برْنامجاً جميلاً. |
| eine neues Theaterstück aufführen | عرض مسْرحيّة جديدة |
| einen arabischen Film zeigen | عرض فيلْماً عربيّاً |

**I عرف / يعْرِف (معْرِفة)**

| | |
|---|---|
| **1.** kennen *jmdn.* / *etw.* | عرف ه / هـ |
| Er kennt alle Freunde. | يعْرِف جميع الأصْدِقاء. |
| die neuen Beamten kennen | عرف المُوظّفين الجُدُد |
| die Geschichte des Landes kennen | عرف تأريخ البلد |
| *etw.* gut (ausgezeichnet) kennen | عرف شيْئاً حقّ المعْرِفة |
| **2.** wissen, erfahren *etw.* | عرف هـ |
| Er weiß alles. | هو يعْرِف كُلّ شيْء. |

| | |
|---|---|
| Ich weiß nichts. | لا أعْرِف شَيْئاً. |
| Er kann lesen und schreiben. | يعْرِف القِراءة والكِتابة. |
| | ⊙ علِم |

**V (تعرُّف) تعرّف / يتعرّف**

| | |
|---|---|
| kennen lernen *jmdn. / etw.;* sich vertraut machen *mit etw.* | تعرّف إلى / على / ب |
| Wir lernten den neuen Verantwortlichen kennen | تعرّفنا إلى المسْؤول الجديد. |
| Die Delegation lernte die Hauptstadt kennen. | تعرّف الوفْد على العاصِمة. |
| die neuen Freunde kennen lernen | تعرّف إلى / على الأصْدقاء الجُدُد |
| die aktuelle Situation kennen lernen | تعرّف إلى / على الوضْع الجديد |
| wichtige Projekte kennen lernen | تعرّف إلى / على المشاريع الهامّة |

**IV (إعْطاء) أعْطى / يُعْطي**

| | |
|---|---|
| geben *jmdm. etw.* | أعْطى ه هـ |
| Der Vater gab der Mutter den Schlüssel. | أعْطى الأب الأُم المِفْتاح. |
| Gib mir die Bücher! | أعْطِني / أعْطيني الكُتُب! |
| Gib mir die Hand, Laila! | أعْطِيني يَدَيْكِ يا لَيْلى! |
| Geld (ein Geschenk) geben | أعْطى نُقوداً (هدِيَة) |
| ein Versprechen geben | أعْطى تعهُّداً |
| einen Befehl geben | أعْطى أمْراً |
| einen Aufschub geben | أعْطي مُهْلة |
| eine Antwort geben | أعْطى جواباً / ردّاً |
| das Recht geben | أعْطى الحقّ |
| Empfehlungen (Ratschläge) geben | أعْطى التوْصيات ( النصائِح) |
| Unterricht geben / eine Lektion erteilen | أعْطى درْساً |
| das Wort erteilen | أعْطى الكلِمة |

| | |
|---|---|
| die Priorität einräumen | أعْطى الأوْلويّة |
| | ⊙ قدّم |
| | ☒ أخذ |

**عقد / يعْقد (عقْد) I**

| | |
|---|---|
| **1.** abhalten *etw.(eine Konferenz)* | عقد هـــ |
| Die arabischen Staaten hielten eine Gipfelkonferenz ab. | عقدت الدُول العربيّة مُؤْتمراً للقمّة. |
| eine Sitzung (eine Versammlung) abhalten | عقد جلْسة ( اجْتماعاً) |
| eine Tagung (ein Treffen) abhalten | عقد دَوْرة (لقاءً) |
| *häufiger Gebrauch des Passiv:* abgehalten werden, stattfinden | عُقد , يُعْقَد |
| Die Konferenz fand im vergangenen Monat statt. | عُقد المُؤْتمر في الشهْر الماضي. |
| | ⊙ انْعقد |

| | |
|---|---|
| **2.** abschließen *etw. (einen Vertrag)* | عقد هـــ |
| Beide Seiten schlossen einen Vertrag ab. | عقد الطرفان مُعاهدة. |
| ein Abkommen (ab)schließen | عقد اتّفاقيّة |
| einen Arbeitsvertrag (ab)schließen | عقد عقْد العمل |
| ein Geschäft (ab)schließen | عقد صفْقة |
| die Ehe schließen | عقد الزواج |
| Hoffnungen knüpfen *an* | عقد أملاً على |
| den Entschluss fassen *zu* | عقد العزْم على |
| den Vorsatz fassen | عقد النّيّة |

**VIII اعْتقد / يعْتقد (اعْتقاد)**

| | |
|---|---|
| glauben, annehmen *etw. / dass...* | اعْتقد هـــ / أنّ ... |
| Ich glaube, dass die Journalisten auf dem Flughafen angekommen sind. | أعْتقد أنّ الصُّحُفيّين وصلوا إلى المطار. |

| | |
|---|---|
| *Passiv:* Es wird angenommen / Man nimmt an, dass... | يُعْتَقَد أنّ... |

### I عِلم / يعْلم (عِلْم)

| | |
|---|---|
| wissen, kennen *etw.;* erfahren *etw./dass...* | عِلم هــ / أنّ... |
| Der Mann kannte die Ursachen. | عِلم الرجُل الأسْباب. |
| Der Korrespondent erfuhr, dass die Gäste eingetroffen sind. | عِلم المُراسِل أنّ الضُّيوف قد وصلوا. |
| die Realität kennen | عِلم الحقيقة |
| das Geheimnis kennen | عِلم السِّرّ |
| die Folgen kennen / erfahren | عِلم النتائج |
| viel wissen | عِلم كثيراً |
| | ⊙ عرف |

### IV أعْلن / يُعْلِن (إعْلان)

| | |
|---|---|
| bekannt geben, verkünden, proklamieren, ausrufen *etw.* | أعْلن هــ / عن |
| Der Vorsitzende gab die Tagesordnung bekannt. | أعْلن الرئيس جدْول الأعْمال. |
| Der Sprecher verkündete die Ziele der neuen Reformen. | أعْلن المُتحدِّث أهْداف الإصْلاحات الجديدة. |
| eine Entscheidung bekannt geben | أعْلن قراراً |
| die Beschlüsse (neue Maßnahmen) bekannt geben | أعْلن القرارات (الإجْراءات الجديدة) |
| die Verordnung verkünden | أعْلن المرْسوم |
| die Wahlergebnisse verkünden | أعْلن نتائج الانْتخابات |
| das Urteil verkünden | أعْلن الحُكْم |
| die Republik proklamieren | أعْلن الجُمْهوريّة |
| eine neue Verfassung proklamieren | أعْلن دُسْتوراً جديداً |
| den Krieg erklären *gegen* | أعْلن الحرْب ضِدّ |
| das Kriegsrecht verhängen | أعْلن الأحْكام العُرْفيّة |

**VIII اعْتمد / يعْتمِد (اعْتِماد)**

| | |
|---|---|
| sich stützen, sich gründen, basieren *auf;* zur Grundlage haben | اعْتمد على |
| Dieser Vorschlag stützt sich auf viele Erfahrungen. | يعْتمِد هذا الاقْتِراح على الخِبْرات الكثيرة. |
| sich auf feste Grundlagen stützen | اعْتمد على أُسُس ثابِتة |
| sich auf breite Zustimmung stützen | اعْتمد على إقْبال واسِع |

**I عاد / يعود (عَوْدة)**

| | |
|---|---|
| zurück kehren, zurück kommen *nach, von, aus* | عاد إلى / من |
| Der Junge kehrte in den Garten zurück. | عاد الولد إلى الحديقة. |
| in die Stadt (in die Heimat) zurück kehren | عاد إلى المدينة (إلى الوطن) |
| Der Bauer kam vom Feld zurück. | عاد الفلاّح من الحقْل. |
| vom Markt zurück kommen | عاد من السُّوق |
| von der Arbeit zurück kommen | عاد من العمل |
| aus dem Urlaub zurück kommen | عاد من العُطْلة |
| wieder zu sich kommen | عاد إلى نفْسِه |
| Er fuhr fort.... *(nach einer Redepause)* | عاد يقول... |
| | ⊙ رجع |

**IV أعاد / يُعيدُ (إعادة)**

| | |
|---|---|
| wiederholen *etw.*, wieder in Gang setzen *etw.*, wiederherstellen *etw.*, wieder tun *etw.* | أعاد هـــ |
| Er wiederholte die neuen Wörter. | أعاد الكلمات الجديدة. |
| *etw.* wieder ins Gedächtnis rufen | أعاد شَيْئاً إلى الأذْهان |
| *jmdn.* reaktivieren *Mil* | أعاده إلى الخِدْمة |
| *etw.* / *jmdn.* wieder einsetzen | أعاده إلى مكانِه |
| *etw.* neu *od* wieder aufbauen | أعاد بناءَه |
| *etw.* reexportieren | أعاد تصْديرَه |

| | |
|---|---|
| neu berechnen | أعاد الحِساب |
| wieder beleben | أعاد الحياة ل |
| den alten Zustand wieder herstellen | أعاد الأوْضاع إلى أوْضاعِها |
| die Lage normalisieren | أعاد الشُّؤون إلى أوْضاعِها |
| wieder in Kraft setzen | أعاد العمل به |
| überprüfen | أعاد النظر في |
| reorganisieren | أعاد التنْظيم |

### غادر / يُغادِر (مُغادرة) III

| | |
|---|---|
| **1.** verlassen *jmdn. / etw.* | غادر ه / هـــ |
| Die Touristen haben die Hauptstadt verlassen. | غادر السُّيّاح العاصِمة. |
| das Haus verlassen | غادر البَيْت |
| die Heimat (das Land) verlassen | غادر الوطن (البلد) |
| **2.** abreisen, abfahren, abfliegen *von* | غادر هـــ |
| Der Student ist aus Kairo nach Bagdad abgereist. | غادر الطالِب القاهِرة إلى بغداد. |
| | ⊙ ترك |

### اسْتغْرق / يسْتغْرِقُ (اسْتغْراق) X

| | |
|---|---|
| dauern *Zeit* | اسْتغْرق هـــ |
| Der Besuch dauerte zwei Wochen. | اسْتغْرقت الزِّيارة أُسْبوعَيْن. |
| zwei Stunden (fünf Tage) dauern | اسْتغْرق ساعتَيْن (خمْسة أيّام) |
| einen ganzen Monat dauern | اسْتغْرق شهْراً كامِلاً |
| ein Jahr dauern | اسْتغْرق سنة واحِدة / عاماً واحِداً |
| ein Besuch, der zwei Tage dauert = ein zweitägiger Besuch | زِيارة تسْتغْرِق يَوْمَيْن |
| | ⊙ دام , اسْتمرّ |

### استغلّ / يستغِلّ (استغلال) X

| | |
|---|---|
| **1.** ausbeuten *etw.* | استغلّ هـ |
| Der Mensch beutet die Natur aus. | يستغِلّ الإنسان الطبيعة. |
| die Ressourcen ausbeuten | استغلّ الثروات |
| Erdölvorräte ausbeuten | استغلّ احتِياطيات النفْط |
| | |
| **2.** ausnutzen *etw.;* nutzen *etw.* | استغلّ هـ |
| die Fläche landwirtschaftlich nutzen | استغلّ المِساحة في الزِّراعة |
| die Bodenschätze nutzen | استغلّ الثروات المعْدِنيّة |
| die Schwierigkeiten ausnutzen | استغلّ الصُّعوبات |
| eine Chance (diesen Anlass) nutzen | استغلّ فُرْصة (هذه المُناسبة) |
| seinen Einfluss nutzen | استغلّ نُفوذه |
| | ⊙ استثْمر / استفاد من |

### تغلّب / يتغلّب (تغلُّب) V

| | |
|---|---|
| überwinden *etw.* | تغلّب على |
| Das Land überwand die ökonomischen Schwierigkeiten. | تغلّب البلد على الصُّعوبات الاقْتِصاديّة. |
| die Hindernisse überwinden | تغلّب على العراقيل |
| die Krise überwinden | تغلّب على الأزْمة |
| | اجْتاز هـ |

### فتح / يفْتَح (فتْح) I

| | |
|---|---|
| **1.** öffnen *etw.*, eröffnen *etw.* | فتح هـ |
| Der Vater öffnete die Haustür. | فتح الأب بابَ البيْت. |
| das Fenster (den Schrank) öffnen | فتح الشُّبّاك (الخِزانة) |
| einen Kredit eröffnen | فتح اعْتِماداً |
| Perspektiven eröffnen | فتح آفاقاً |

| | |
|---|---|
| das Feuer eröffnen *gegen* | فتح النيران على / ضِدّ |
| **2.** anschalten *etw.* | فتح هـــ |
| Ich schaltete das Radio an. | فتحتُ جهاز الراديو. |
| das Tonbandgerät anschalten | فتح جهاز التسْجيل |
| die Maschine anschalten | فتح الآلة |

**فرض / يفْرِضُ (فرْض) I**

| | |
|---|---|
| verhängen *etw. über;* auferlegen *jmdm. etw.* | فرض هـــ على |
| Die Behörden verhängten das Ausgangsverbot über die Stadt. | فرضت السُّلْطات منْع التجوُّل على المدينة. |
| eine Blockade (ein Embargo) verhängen | فرض حِصاراً (حظْراً) |
| den Ausnahmezustand verhängen | فرض حالة الطوارِئ |
| den Boykott (die Kontrolle) verhängen *über* | فرض المُقاطعة (الحِراسة) |
| eine Strafe (Sanktionen) verhängen | فرض عُقوبةً (العُقوبات) |
| Beschränkungen auferlegen *jmdm.* | فرض قُيُودا على |
| mit einer Steuer belegen *jmdn. od etw.* | فرض ضريبة على |
| zur Aufgabe *od* Unterwerfung zwingen *jmdn.* | فرض الاسْتسْلام عليه |
| seine Meinung aufzwingen *jmdm.* | فر ض رأْيه على |
| Kosten auferlegen *jmdm.* | فرض النفقات على |

**فشِل / يفْشَل (فَشَل) I**

| | |
|---|---|
| scheitern, missglücken | فشِل |
| Die Verhandlungen scheiterten. | فشِلت المُفاوضات. |
| Unser Plan scheiterte. | فشِلت خُطّتُنا. |
| Der Militärputsch scheiterte. | فشِل الانْقِلاب العسْكريّ. |

| | |
|---|---|
| Die Verschwörung scheiterte. | فشلت المُؤامرة. |
| | ⊙ أخْفق |
| | ☒ نجح |

**فقد / يفْقِد (فقْد, فُقْدان) I**

| | |
|---|---|
| verlieren *etw. / jmdn.* | فقد ه / هـــ |
| Der Student verlor sein Wörterbuch. | فقد الطالِب قاموسَه. |
| die Tasche (das Geld) verlieren | فقد الشنْطة (النُّقود) |
| einen Freund verlieren | فقد صديقاً |
| sein Gleichgewicht verlieren | فقد توازُنَه |
| das Gedächtnis verlieren | فقد الذاكِرة |
| den Verstand verlieren | فقد الصَّواب |
| seine Vernunft verlieren | فقد رُشْدَه |
| sein Augenlicht verlieren | فقد بَصَرَه |
| | ⊙ وجد |

**فكّر / يُفكّر (تفْكير) II**

| | |
|---|---|
| denken *an;* nachdenken *über* | فكّر في |
| Der Junge dachte an seine Schwester. | فكّر الولد في أُخْته. |
| Der Student dachte über dieses Problem nach. | فكّر الطالِب في هذه المُشْكلة. |
| an das Studium (an die Prüfung) denken | فكّر في الدِّراسة (في الامْتِحان) |
| an die Familie denken | فكّر في العائلة / الأُسْرة |
| über diese Frage (den Vorschlag) nachdenken | فكّر في هذا السُّؤال (هذا الاقْتِراح) |

**فهِم / يفْهم (فهْم) I**

| | |
|---|---|
| verstehen *jmdn. / etw.* | فهِم ه / هـــ |

| | |
|---|---|
| Ich habe dich verstanden. | فهِمْتُك. |
| Hast du mich verstanden? | هل فهِمْتني؟ |
| Der Student hat die Lektion verstanden. | فهِم الطالب الدرْس. |
| Hast du verstanden, was ich gesagt habe? | هل فهِمْت ما قُلْتُه؟ |
| die Sache / Angelegenheit verstehen | فهِم الأمْر / الشَيْء |
| den Sinn / die Bedeutung verstehen | فهِم المعْنى |
| diese Frage verstehen | فهِم هذا السُّؤال |
| die Erklärung (die Idee) verstehen | فهِم الشرْح (الفِكْرة) |
| die Rede / das Wort verstehen | فهِم الكلِمة |
| gut verstehen *etw.* | فهِم (شَيْئاً) جيِّداً |
| leicht verstehen / begreifen *etw.* | فهِم (شَيْئاً) بسُهولة |

**II قدّم / يُقدِّم (تقْديم)**

| | |
|---|---|
| **1.** überreichen, überbringen *jmdm. etw.;* vorlegen, unterbreiten *jmdm. etw.;* anbieten *jmdm. etw.* | قدّم له / إليه هــ |
| Der Junge überreichte seinem Freund ein Geschenk. | قدّم الولد لصديقه هدِيَة. |
| Der Minister unterbreitete der Regierung ein Projekt. | قدّم الوزير إلى الحُكومة مشْروعاً. |
| Der Freund bot ihm eine Tasse Kaffee an. | قدّم له الصديق فِنْجاناً من القهْوة. |
| einen Blumenstrauß überreichen | قدّم باقة من الزُّهور |
| das Beglaubigungsschreiben überreichen | قدّم أوْراق الاعْتِماد |
| eine diplomatische Note überreichen | قدّم مُذكِّرة دِبْلوماسيّة |
| Wünsche (Glückwünsche) übermitteln | قدّم التمنِّيات (التهانئ / التهْنِئة) |
| Grüße übermitteln | قدّم التحِيات |
| ein Angebot (einen Vorschlag) unterbreiten | قدّم عرْضاً (اقْتِراحاً) |
| eine Erläuterung (eine Antwort) geben | قدّم شرْحاً (جواباً) |
| Unterstützung gewähren | قدّم المُساعدة |
| einen Kredit gewähren | قدّم قرْضاً |

| | |
|---|---|
| ein Glas Tee (eine Erfrischung) anbieten | قدّم كأساً من الشاي (شَيْئاً مُنْعِشاً) |
| Möglichkeiten (Ersatz) bieten | قدّم إمْكانيّات (بديلاً) |
| eine Aufführung bieten | قدّم عرْضاً |
| einen literarischen Abend bieten | قدّم أُمْسية أدبيّة |
| ein Theaterstück aufführen | قدّم مسرّحيّةً |
| seine Meinung (ein Problem) vortragen | قدّم رأيَه (مُشْكِلة) |
| ein Gedicht vortragen | قدّم قصيدة |
| den Dank aussprechen | قدّم الشُّكْر |
| das Beileid aussprechen | قدّم التعْزِيَة / التعازِي |
| einen Bericht erstatten *über* | قدّم تقْريراً عن |
| einen Antrag stellen | قدّم طلباً |
| einen Dienst erweisen | قدّم خِدْمة |
| eine Prüfung ablegen | قدّم امْتِحاناً |
| die Dissertation einreichen | قدّم أُطْروحة الدُّكْتوراه |
| | ⊙ أعْطى |
| **2.** vorstellen *jmdn. jmdm. m etw. jmdm.* | قدّم ه له / إليه, قدّم هـ له/إليه |
| Der Bruder stellte den Eltern seine Freundin vor. | قدّم الأخ صديقتَه للوالدين. |
| Der Experte stellte der Kommission das Projekt vor. | قدّم الخبير المشْروع للجْنة. |
| sich vorstellen | قدّم نفْسَه |
| Gestatten Sie mir, dass ich mich vorstelle! | اِسْمحُوا لي أنْ أُقدِّم نفْسي. |

### قرّر / يُقرِّر (تقْرير) II

| | |
|---|---|
| beschließen *etw.*, anordnen *etw.*, festlegen *etw.* | قرّر هـ |
| Der Rat beschloss die Durchführung der notwendigen Maßnahmen. | قرّر المجْلِس تنْفيذ الإجْراءات اللازمة. |
| die Fortsetzung der Gespräche beschließen | قرّر مُواصلة المُحادثات |

| | |
|---|---|
| die Aufnahme diplomatischer Beziehungen beschließen | قرّر إقامة العلاقات الدِّبْلوماسيّة |

**IV (أقرّ / يُقِرّ (إقْرار**

| | |
|---|---|
| bestätigen *etw.;* festigen, stabilisieren *etw.* | أقرّ هـ |
| Das Parlament bestätigte den Verfassungsentwurf. | أقرّ البرْلمان مشْروع الدُّسْتور. |
| das Budget bestätigen | أقرّ الميزانيّة |
| die Aussage (den Vorschlag) bestätigen | أقرّ القَوْل (الاقْتِراح) |
| den Frieden festigen | أقرّ السلام |

**I (قضى / يقْضي (قضاء**

| | |
|---|---|
| **1.** verbringen *Zeit* | قضى |
| Wir verbrachten dort eine schöne Zeit. | قضينا هناك وقْتاً جميلاً. |
| zwei Tage dort verbringen | قضى هناك يَوْمين |
| mehrere Monate (ein ganzes Jahr) dort verbringen | قضى هناك عِدّة شُهور (سنة كاملة) |
| | ⊙ أمضى , مكث |

| | |
|---|---|
| **2.** erledigen *etw.,* liquidieren *etw.* | قضى على |
| Die Regierung löste ein subversives Netz auf. | قضت الحُكومة على شبكة تخْريبيّة. |
| die Rückständigkeit überwinden | قضى على التّخلُّف |
| die Folgen des Krieges überwinden | قضى على آثار الحرْب |
| die Ausbeutung beenden | قضى على الاسْتِغْلال |
| die Krankheit besiegen | قضى على المرض |
| | ⊙ صفّى |

**I (قطع / يقْطَع (قطْع**

| | |
|---|---|
| **1.** (ab)schneiden *etw.* | قطع هـ |
| Der Vater schnitt ein Stück Brot ab. | قطع الأب قِطْعة من الخُبْز. |

| | |
|---|---|
| Papier (Stoff) schneiden | قطع الورق (القُماش) |
| mit dem Messer (mit der Schere) schneiden | قطع بالسِّكين (بالمقصّ) |
| das Bein amputieren | قطع الرِّجْل |
| den Baum fällen | قطع الشجرة |
| eine Fahrkarte lösen | قطع تذْكِرة |
| **2.** unterbrechen, abbrechen *etw.* | قطع هـــ |
| Der Lehrer unterbrach die Rede des Schülers. | قطع المُعلِّم كلام التلْميذ. |
| die Beziehungen abbrechen | قطع العلاقات |
| den Briefwechsel abbrechen | قطع المُراسلة |
| den Strom abschalten | قطع التّيار |
| die Erdöllieferungen sperren | قطع تَوْريد النفْط |
| **3.** zurücklegen *Entfernung* | قطع هـــ |
| Das Auto legte diese Entfernung schnell zurück. | قطعت السيّارة هذه المسافة بسُرْعة. |
| ein gutes Stück vorankommen | قطع شَوْطاً كبيراً |

### قال / يقول (قَوْل) I

| | |
|---|---|
| sagen *jmdm. etw.*, / sagen, dass... | قال له هـــ / قال إنّ... |
| Er sagte uns die Wahrheit. | قال لنا الحقّ. |
| Ich sagte ihr einige Worte. | قُلْتُ لها بعض الكلمات. |
| Sage mir bitte, wo das Hotel liegt! | قُلْ لي من فضْلِكَ أيْن يقع الفُنْدُق. |
| Sage ihm das alles! | قُلْ له كُلّ ذلك! |
| Sage ihm nichts! | لا تقُلْ له شَيْئاً! |
| Er sagte zu sich selbst... | قال في نفْسه... |
| Der Dolmetscher sagte, dass die arabischen Studenten morgen kommen werden. | قال المُترْجِم إنّ الطُّلاّب العرب سيأْتون غداً. |
| Sie sagte, dass sie krank sei. | قالت إنّها مريضة. |

| | |
|---|---|
| Die Zeitung schrieb, dass sich die Beziehungen verbessert haben | قالت الجريدة إن العلاقات قد تحسّنت. |
| In der Erklärung heißt es, dass... | قال / يقول البيان إنّ ... |
| Radio Bagdad meldet(e), dass... | قال / يقول راديو بغداد إنّ... |
| Man sagt, dass... / Es heißt, dass... | قِيل / يُقال إنّ ... |
| Wie man sagt... | على ما يُقال... |

**قام / يقوم (قِيام) I**

| | |
|---|---|
| **1.** sich erheben, aufstehen | قام |
| Der Junge erhob sich von dem Platz. | قام الولد من المقْعد. |
| aufstehen (vom Schlaf) | قام (من النَوْم) |
| | |
| **2.** durchführen *etw.*, ausüben etw., unternehmen *etw.* | قام ب |
| Die Delegation führte einen offiziellen Besuch durch. | قام الوفْد بزِيارة رسْميّة. |
| wichtige Maßnahmen durchführen | قام بإجْراءات هامّة |
| Reformen durchführen | قام بإصْلاحات |
| Massenstreiks (einen Putsch) durchführen | قام بإضْرابات جماهيريّة (بانْقِلاب) |
| das Programm verwirklichen | قام بتنْفيذ البرْنامج |
| die Beziehungen entwickeln | قام بتطْوير العلاقات |
| eine Rolle spielen | قام بدَوْر |
| die Kosten tragen, bezahlen | قام بالمصْروفات |
| eine ernsthafte Arbeit leisten | قام بعمل جِدِّيّ |
| Terrorakte verüben | قام بعمليّات إرْهابيّة |
| Aktivitäten zeigen | قام بنشاطات |
| seine Aufgabe erfüllen | قام بواجِبه |
| *an jmds.* Stelle treten | قام مقامَه |

## IV أقام / يُقيم (إقامة)

| | |
|---|---|
| **1.** durchführen *etw.*, veranstalten *etw.* | أقام هـــ |
| Die Messeleitung veranstaltete / gab einen Empfang. | أقامت إدارة المعْرِض حفْلة استِقْبال. |
| eine Konferenz (ein Seminar) durchführen / veranstalten | أقام مُؤْتمراً (ندْوة) |
| einen Wettkampf durchführen / veranstalten | أقام مُباراة |
| ein Treffen (eine Messe) durchführen / veranstalten | أقام لِقاءً (معْرِضاً) |
| ein Abendessen geben | أقام مأدُبة عشاء |
| das Gebet verrichten | أقام الصّلاة |
| den Beweis antreten *für* | أقام البُرْهان على |
| | ⊙ قام ب, أجْرى |

| | |
|---|---|
| **2.** errichten *etw.*, gründen *etw.*, schaffen *etw.* | أقام هـــ |
| Die Künstler errichteten / gründeten ein neues Theater. | أقام الفنّانون مسْرحاً جديداً. |
| neue Gebäude errichten | أقام مبانِيَ جديدة |
| diplomatische Beziehungen herstellen / aufnehmen | أقام علاقات دِبْلوماسيّة |
| | ⊙ أنْشأ |

| | |
|---|---|
| **3.** sich aufhalten, wohnen | أقام |
| Der Schriftsteller hält sich in Damaskus auf. | يُقيم الأديب في دِمشق. |
| sich in der Hauptstadt aufhalten | أقام في العاصِمة |
| sich im Hotel aufhalten, im Hotel wohnen | أقام في الفُنْدُق |
| sich als Gast aufhalten = zu Gast sein | أقام ضَيْفاً |
| | ⊙ قضى |

## II كلّف / يُكلّف (تكْليف)

| | |
|---|---|
| **1.** beauftragen *jmdn.* / *etw. mit* | كلّف ه/هـــ ب |
| Wir beauftragten ihn mit einer offiziellen Mission. | كلّفناه بمُهِمّة رسْميّة. |

| | |
|---|---|
| *jmdn.* beauftragen, eine Rede zu halten | كلّفه بإلْقاء كلمة |
| *jmdn.* beauftragen, die Angelegenheit zu klären | كلّفه بتصْفية الأمْر |
| | |
| **2.** kosten *etw.* / *jmdn. etw.* | كلّف هــ/ه هــ |
| Das Projekt kostete eine Million Lira. | كلّف المشْروع مِلْيون ليرة. |
| *jmdn.* das Leben kosten | كلّفه الحياة |
| *jmdm.* teuer zu stehen kommen | كلّفه غالياً |
| was es auch kosten möge | مهْما كلّف الأمْر |

## تكلّم / يتكلّم (تكلُّم) V

| | |
|---|---|
| sprechen *eine Sprache;* sprechen *über* | تكلّم (لُغة), تكلّم حَوْلَ / على |
| sprechen *von* | تكلّم عن |
| sprechen *zu* | تكلّم في |
| Der Student spricht arabisch. | يتكلّم الطالِب اللُّغة العربيّة. |
| Er spricht mit dem Freund über das Studium. | يتكلّم مع الصّديق عن/حول الدِّراسة. |
| über die Politik (das Wetter) sprechen | تكلّم حول/عن السِّياسة (الطقْس) |
| über alles sprechen | تكلّم حول/عن كُلّ الأشْياء |
| | ⊙ تحدّث |

## ألْغى / يُلْغي (إلْغاء) IV

| | |
|---|---|
| absagen, absetzen, aufheben, streichen, annullieren *etw.* außer Kraft setzen *etw.* | ألْغى هــ |
| Die Verwandten sagten den Besuch ab. | ألْغى الأقْرِباء الزِّيارة. |
| den Termin absagen | ألْغى المَوْعِد |
| das Programm (das Theaterstück) absetzen | ألْغى البرْنامج (المسْرحيّة) |
| die Verfassung aufheben | ألْغى الدُّسْتور |
| ein Gesetz außer Kraft setzen | ألْغى القانون |

| | |
|---|---|
| einen Vertrag annullieren | أَلْغى المُعاهدة |

### لَقِيَ / يلْقى (لِقاء) I

| | |
|---|---|
| treffen *jmdn. / auf jmdn. od etw.;* begegnen *jmdm.;* finden *jmdn. / etw.,* stoßen *auf jmdn od etw.* | لقِيَ هـ/ه |
| Der Freund traf in der Universität (auf) die anderen Freunde. | لقِيَ الصديق الأصْدقاء الآخَرين في الجامعة. |
| großes Interesse / starke Beachtung finden | لقِيَ اهْتماماً كبيراً |
| breite Zustimmung finden | لقِيَ إقْبالاً شديداً |
| Unterstützung finden | لقِيَ تأييداً |
| auf ein lebhaftes Echo stoßen | لقِيَ صداً بعيداً |
| auf Widerstand (auf Schwierigkeiten) stoßen | لقِيَ مقاومة (صُعوبات) |
| eine Niederlage erleiden | لقِيَ هزيمة |
| | ⊙ قابل, وجد |

### أَلْقى / يُلْقي (إلْقاء) IV

| | |
|---|---|
| werfen *etw.;* halten *etw. Rede* | أَلْقى هـ |
| Der Sportler warf den Ball. | أَلْقى الرِّياضيّ الكُرة. |
| Der Präsident hielt eine Rede. | أَلْقى الرئيس كلِمة. |
| den Stock werfen | أَلْقى العصى |
| eine Handgranate werfen | أَلْقى قُنْبُلة يدويّة |
| *jmdn* zu Boden werfen | ألقاه أرْضاً |
| Licht werfen *auf* | أَلْقى ضَوْءاً على |
| sich werfen *od* stürzen *auf* | أَلْقى بنفْسه |
| eine Rede halten | أَلْقى كلِمة / خِطاباً |
| eine Vorlesung halten | أَلْقى مُحاضرة |
| die Waffen strecken | أَلْقى السِّلاح |

| | |
|---|---|
| Gehör schenken *jmdm.* | أَلْقى السمْع إليه |
| auferlegen *jmdm etw.* | أَلقى على عاتقه شَيْئاً |
| festnehmen, verhaften *jmdn.* | أَلْقى القَبْض على |
| eine Frage stellen *jmdm.* | أَلْقى عليه سُؤالاً |

**V تلقّى / يتلقّى (تلقٍّ)**

| | |
|---|---|
| erhalten *etw.*, bekommen *etw.*; (auf-, entgegen-)nehmen *etw.* | تلقّى هـ |
| Der Vater erhielt einen Brief. | تلقّى الأُب رِسالة. |
| ein Paket bekommen | تلقّى طرْداً |
| eine Einladung (eine Nachricht) erhalten | تلقّى دعْوة (خبراً) |
| einen Befehl erhalten | تلقّى أمراً |
| das Gebet erhören | تلقّى الدُّعاء |

⊙ حصل على, اسْتلم, تسلّم

**I مرّ / يَمُرُّ (مُرور)**

| | |
|---|---|
| **1.** vorbeigehen, vorbeifahren *an, bei* | مرّ ب, على |
| Der Mann ging an uns vorbei, ohne zu grüßen. | مرّ الرجل بنا و لم يُسلِّم. |
| Das Auto fuhr schnell an uns vorbei. | مرّت السيّارة بنا بسُرْعة. |
| Ich werde morgen bei ihm vorbeigehen. | سأمُرّ عليه غداً. |
| **2.** vergehen *Zeit* | مرّ |
| Die Zeit ist vergangen. | مرّ الوقت. |
| Tag für Tag vergeht. | يمُرُّ يَوْماً بعد يَوْم. |

⊙ مضى

**مكّن / يُمكّن (تمكين) II**

| | |
|---|---|
| ermöglichen *jmdm. etw.*, in die Lage versetzen *jmdn. zu* | مكّن ه/هـ من |
| Wir ermöglichen dem Freund die Teilnahme an der Konferenz | نُمكّن الصديق من المُشاركة في المُؤْتمر. |
| Er ermöglichte und den Besuch des Museums. | مكّننا من زِيارة المتْحف |

**أمْكن / يُمْكِن (إمْكان) IV**

| | |
|---|---|
| können, möglich sein *jmdm. etw.* | أمْكن ه (أن) |
| Er kann ins Ausland fahren. | يُمْكنه أنْ يُسافِرَ إلى الخارِج. |
| Man darf eintreten = Eintritt gestattet. | يُمْكِن الدُّخول. |
| Es kann / darf geraucht werden = Rauchen gestattet. | يُمْكِن التدْخين. |
| möglich | يُمْكِن |
| unmöglich | لا يُمْكِن |
| so schnell wie möglich | في أسْرع ما يُمْكِن |
| so viel wie möglich | أكْثر ما يُمْكِن |

**تمكّن / يتمكّن (تمكُّن) V**

| | |
|---|---|
| können, vermögen, imstande sein *zu* | تمكّن من (أنْ) |
| Der Junge kann lesen und schreiben. | يتمكّن الولد من القِراءة والكِتابة. |
| schwimmen können | تمكّن من السِّباحة |
| das Studium beenden können | تمكّن من إتْمام الدِّراسة |

**منح / يمْنَح (منْح) I**

| | |
|---|---|
| verleihen *jmdm. etw.;* gewähren *jmdm. etw.* | منح ه/ل هـ |
| Der Künstlerverband verlieh dem Schriftsteller einen Preis. | منح اتِّحاد الفنّانين الأديب جائز. |
| den Doktorgrad verleihen | منح درجة الدُّكْتوراه |

| | |
|---|---|
| den Titel „Bester Sportler“ verleihen | منح لقب أفْضل رِياضيّ |
| die Unabhängigkeit gewähren | منح الاسْتقْلال |
| einen Kredit (ein Stipendium) gewähren | منح قرْضاً (مِنْحة دِراسيّة) |
| Urlaub gewähren | منح الإجازة / العُطْلة |

**منع / يمْنَع (منْع) I**

| | |
|---|---|
| verbieten *jmdm. etw.;* hindern *jmdn. an* | منع ه هـ / من , عن |
| Er verbot ihnen das Rauchen. | منعهم التدْخين. / منعهم من التدْخين. |
| den Eintritt verbieten *jmdm.* | منعه من الدُّخول |
| die Einmischung verbieten *jmdm.* | منعه من التدخُّل |
| die Teilnahme verbieten *jmdm.* | منعه من المُشاركة |
| | ⊙ حظر عليه |
| | ⊠ سمح |

**تمنّى / يتمنّى (تمنٍّ) V**

| | |
|---|---|
| wünschen *jmdm. etw.* | تمنّى ل هـ / أنْ |
| Ich wünsche dir Glück. | أتمنّى لك السعادة. |
| Wir wünschen den Sportlern den Sieg. | نتمنّى للرِّياضيين الفَوْز. |
| Erfolg wünschen | تمنّى نجاحاً / تَوْفيقاً |
| gute Gesundheit wünschen | تمنّى صِحّة جيّدة |
| baldige Genesung wünschen | تمنّى الشِّفاء العاجِل |
| guten Appetit wünschen | تمنّى شهِيّة طيِّبة |
| | ⊙ شاءَ |

**تميّز / يتميّز (تميُّز) V**

| | |
|---|---|
| sich auszeichnen, gekennzeichnet *od* charakterisiert sein *durch* | تميّز ب |

| | |
|---|---|
| Die Arbeit in der Landwirtschaft ist durch die Anwendung moderner Maschinen gekennzeichnet. | يتميّز العمل في مجال الزراعة باسْتِخْدام الآلات الحديثة. |
| sich durch Sauberkeit (Fleiß) auszeichnen | تميّز بالنظافة (بالاجْتِهاد) |
| sich durch Mut (Entschlossenheit) auszeichnen | تميّز بالشُّجاعة (بالحزْم) |
| | ⊙ امْتاز |

**نسي / ينْسى (نِسْيان) I**

| | |
|---|---|
| vergessen *etw.* | نسِيَ هـ |
| Der Mann hat den Schlüssel vergessen. | نسِيَ الرجُل المِفْتاح. |
| das Heft (die Brille) vergessen | نسِيَ الكُرّاسة (النظّارة) |
| den Namen der Familie vergessen | نسِيَ اسم العائلة |
| den Titel des Buches vergessen | نسِيَ عنْوان الكِتاب |
| die Telefonnummer vergessen | نسِيَ رقْم التِّليفون |
| Ich habe vergessen, wo sie wohnt. | نسيتُ أيْن تسكن. |
| Ich habe vergessen, was er wollte. | نسيتُ ماذا أراد. |
| | ☒ تذكّر |

**انتظر / ينْتظِر (انْتِظار) VIII**

| | |
|---|---|
| warten *auf jmdn./etw.*, erwarten *jmdn. etw.* | انْتظر ہ/هـ |
| Der Freund wartete auf den Zug. | انتظر الصديق القِطار. |
| Ich erwarte euch am Abend. | أنْتظِرُكم في المساء. |
| auf die Ankunft des Flugzeuges warten | انتظر وُصول الطائرة |
| auf eine Antwort warten | انْتظر جواباً |
| einen Brief erwarten | انتظر رسالةً |
| eine Nachricht erwarten | انْتظر خبراً |

## نقل / ينْقُل (نقْل) I

| **1.** transportieren *etw.*, befördern *etw.*, bringen *jmdn./ etw.* | نقل ه/هـ |
|---|---|
| Der Träger transportierte die Tasche vom Auto ins Hotel. | نقل الحمّال الشّنْطة من السيّارة إلى الفُنْدُق. |
| Das Auto brachte den Kranken ins Krankenhaus. | نقلت السيّارة المريض إلى المُسْتشْفى. |
| den Koffer (das Gepäck) transportieren | نقل الحقيبة (الأمْتِعة) |
| Rohstoffe (Düngemittel) transportieren | نقل الموادّ الخام ( الأسْمِدة) |

| **2.** übermitteln, überbringen *etw.;* übertragen *etw.* | نقل هـ |
|---|---|
| Der Botschafter überbrachte eine Note seiner Regierung. | نقل السفير مُذكِّرة عن حُكومته. |
| den Brief (die Nachricht) übermitteln / überbringen | نقل الرِّسالة (الخبر) |
| die Grüße übermitteln / überbringen | نقل التّحِيات |
| die Nachricht in Funk und Fernsehen übertragen | نقل الخبر في الإذاعة والتليفِزيون |
| unter Berufung *auf* | نقْلاً عن |

## انْتقل / ينْتقِل (انْتِقال) VIII

| **1.** überwechseln, übergehen *zu* | انْتقل إلى |
|---|---|
| Der Student wechselte in eine andere Universität über. | انْتقل الطالِب إلى جامعة أُخْرى. |
| zu einer anderen Fachrichtung wechseln | انتقل إلى فرْع دراسيّ آخر |
| zu einem anderen Thema übergehen | انتقل إلى مَوْضوع آخر |
| zum Angriff übergehen | انتقل إلى الهُجوم |

| **2.** umziehen *nach, in* | انْتقل إلى |
|---|---|
| Der Freund zog in eine neue Wohnung um. | انْتقل الصديق إلى منْزِل جديد. |
| in eine andere Stadt umziehen | انْتقل إلى مدينة أخرى |
| aufs Land ziehen | انْتقل إلى الرّيف |

| | |
|---|---|
| in die Ewigkeit eingehen, sterben | انْتقل إلى رحْمة الله |

### أنْهى / يُنْهي (إنْهاء) I

| | |
|---|---|
| beenden *etw.*, abschließen *etw.* | أنْهى هـــ |
| Der Lehrer beendete die Unterrichtsstunde. | أنْهى المُعلّم الدّرْس. |
| die Konferenz (die Sitzung) beenden | أنْهى المُؤْتمر (الجلْسة) |
| die Arbeit (die Diskussion) beenden | أنْهى العمل (المُناقشة) |
| den Brief (den Artikel) beenden | أنْهى الرسالة (المقالة) |

### انْتهى / ينْتهي (انْتِهاء) VIII

| | |
|---|---|
| enden, zu Ende gehen | انْتهى |
| beenden *etw.* | انْتهى من |
| Die Unterrichtsstunde ging zu Ende. | انْتهى الدرْس |
| Der Lehrer beendete die Unterrichtsstunde. | انْتهى المُعلّم من الدرْس. |
| Die Versammlung (Die Konferenz) endete. | انتهى الاجْتِماع (المُؤْتمر). |
| Der Besuch (Die Sitzung) endete. | انتهت الزِّيارة (الجلْسة). |
| Der Krieg endete. | انْتهت الحرْب. |
| | ⊙ أنْهى , اخْتتم |
| | ☒ ابْتدأ |

### تناول / يتناول (تناوُل) VI

| | |
|---|---|
| **1.** zu sich nehmen *etw.*, essen *etw.*, einnehmen *etw.* | تناول هـــ |
| Die arabischen Freunde nahmen das Abendessen im Hotel ein. | تناول الأصْدقاء العرب العشاء في الفُنْدُق. |
| das Frühstück zu sich nehmen, frühstücken | تناول (طعام) الفُطور |
| eine appetitliche Speise zu sich nehmen | تناول طعاماً طيِّباً |
| die Medizin (Tabletten) einnehmen | تناول الأدْوية (الحُبوب) |
| | ⊙ أكل |

| | |
|---|---|
| **2.** behandeln *etw.*, zum Gegenstand haben *etw.* | تناول هـــ |
| Die beiden Präsidenten behandelten Einzelheiten des Abkommens. | تناول الرئيسان مَوْضوع الاتِّفاقيّة. |
| den Vertragsentwurf behandeln | تناول مشْروع المُعاهدة |
| die gegenwärtigen Beziehungen behandeln | تناول العلاقات الراهِنة |
| | ⊙ بحث |

**VIII** (اهْتمام) اهْتمّ / يهْتمّ

| | |
|---|---|
| **1.** sich interessieren *für* | |
| Der Maler interessierte sich für das Leben im Orient und stellte es dar. | اهتمّ الرسام بالحياة الشرقية وصوّرها. |
| sich für Sprachen (Bücher, das Theater) interessieren | اهْتمّ باللغات (بالكُتُب, بالمسرح) |
| sich für die Infrastruktur (die Arbeit) interessieren | اهْتمّ بالبنية الأساسية (بالعمل) |
| sich für den Aufschwung (die Entwicklung) interessieren | اهْتمّ بالنُهوض (بالتطوير) |
| sich für das Medizinstudium interessieren | اهْتمّ بدراسة الطب |
| **2.** sich sorgen *um;* sich kümmern *um* | |
| Sein Vater kümmerte sich um seine Ausbildung. | اهْتمّ أبوه بتعْليمه. |
| sich um die Familie kümmern | اهْتمّ بالأُسْرة |
| sich um die Armen kümmern | اهْتمّ بالفُقراء |
| sich um den Verbraucherschutz kümmern | اهْتمّ بحماية المُسْتهْلِك |

**II** (تَهْنِئة) هنّأ / يُهنِّئ

| | |
|---|---|
| beglückwünschen *jmdn. zu*, gratulieren *jmdm. zu* | هنّأ ه ب / على |
| Der Vater beglückwünschte seinen Sohn zum Abschluss des Studiums. | هنّأ الأب ابْنه بإتْمام الدِّراسة. |
| zum Geburtstag (zum Erfolg) gratulieren *jmdm.* | هنّأه بعيد ميلاده (بالنجاح) |

## وجب / يجِب (وُجوب) I

| | |
|---|---|
| müssen; notwendig sein *für* | وجب (على) أنْ... |
| er muss... | يجِب عليه أنْ ... |
| Der Begleiter muss die Gäste auf dem Bahnhof empfangen. | يجِب على المُرافِق أنْ يستقْبِلَ الضُّيوف في المحطّة. |
| Du musst in die Bibliothek gehen. | يجِب عليك أنْ تذْهبَ إلى المكْتبة. |
| Er darf nicht... | يجِب عليه ألاّ ... |
| Er braucht nicht *od* muss nicht... | لا يجِب عليه أنْ ... |

## وجد / يجِد (وُجود) I

| | |
|---|---|
| (vor)finden *etw.;* antreffen *jmdn: / etw.* | وجد ه/هـ |
| Er traf die Freunde vor dem Haus an. | وجد الأصْدِقاء أمام البَيْت. |
| Er fand eine Lösung für dieses Problem. | وجد حلاًّ لهذه المُشْكِلة. |
| auf offene Ohren treffen / Gehör finden | وجد أذاناً صاغِيَة |
| einen passenden Ausdruck finden | وجد تعْبيراً مُناسِباً |
| *Passiv:* es gibt | يوجد / توجد |
| soweit vorhanden | إنْ وُجِد(ت) |

## وجّه / يُوجِّه (توْجيه) II

| | |
|---|---|
| richten *etw. auf / an;* | وجّه ه/هـ إلى |
| Der Generalsekretär richtete einen Brief an den Sicherheitsrat. | وجّه الأمين العام رسالة إلى مجْلِس الأمن. |
| eine Frage (eine Bitte) richten *an* | وجّه سُؤالاً (طلباً) إلى |
| eine Rede richten *an* | وجّه خطاباً (كلمةً) إلى |
| eine Warnung (eine Einladung, einen Aufruf) richten *an* | وجّه تحْذيراً (دعوة, نداءً) إلى |
| Anschuldigungen (Anklage) erheben *gegen* | وجّه اتِّهامات (التُّهْمة) إلى |

## III واجه / يُواجه (مُواجهة)

| | |
|---|---|
| konfrontiert sein *mit jmdm./etw.;* ausgesetzt sein, sich gegenüber sehen; entgegentreten *jmdm./etw.;* begegnen *etw.* | واجه ه/هـ |
| Der Staat sah sich vielen Problemen gegenüber. | واجهت الدّوْلة مشاكِل كثيرة. |
| Er war der Erste, der mit diesen Schwierigkeiten konfrontiert war. | هو كان أول مَن واجه هذه الصُّعوبات. |
| mit der Krise (mit Gefahren) konfrontiert sein | واجه الأزمة (المخاطِر) |
| schwierigen Zeiten (Bedingungen) ausgesetzt sein | واجه أوقاتاً (ظُروفاً) صعْبة |
| sich einem Dilemma gegenüber sehen | واجه مأزقاً |
| der Willkür begegnen | واجه الاسْتِبْداد |
| der Nachfrage begegnen /gerecht werden | واجه الطلب |
| die Globalisierung mit Anstand begegnen | واجه العَوْلَمة بالأخْلاق |
| einer starken Mannschaft begegnen / gegenüber stehen *Sport* | واجه مُنْتخباً قوياً |

## VIII اتّجه / يتّجه (اتِّجاه)

| | |
|---|---|
| sich richten, sich orientieren *auf;* gerichtet sein; sich zuwenden *jmdm.;* sich wenden, begeben *nach* | اتّجه إلى/ل/نحْوَ |
| Die Konzentration während des Entwicklungsplanes war auf die Stärkung des Arbeitskräftepotenzials gerichtet. | اتّجه الترْكيز خِلال خطّة التّنْمية نحْو تعْزيز قُدْرات القوى العاملة. |
| Ali wandte sich seinem Vater zu, um ihn nochmals zu umarmen. | اتّجه علي إلى والِده ليُعانِقه مرّة أخرى. |
| eine Richtung (Kurs) einschlagen | اتّجه اتِّجاهاً |
| sich nach Istanbul begeben | اتّجه إلى استانْبول |

## I وصف / يصِف (وصْف)

| | |
|---|---|
| beschreiben *jmdn. / etw.;* bezeichnen *jmdn. / etw. als* | وصف ه / هـ، وصف ه/ه ب |
| Die Zeitung beschrieb die neue Situation. | وصفت الجريدة الوضْع الجديد. |
| Die Agentur bezeichnete die Lage als gefährlich. | وصفت الوِكالة الوضْع بأنه خطير. |

| | |
|---|---|
| *Passiv:* unbeschreiblich | لا يُوصَف |

### I (وُصول) وصل / يصِل

| | |
|---|---|
| ankommen *in, auf, an einem Ort,* eintreffen | وصل إلى |
| Die arabischen Freunde kamen in der Hauptstadt an. | وصل الأصْدِقاء العرب إلى العاصِمة. |
| in diesem Land ankommen / eintreffen | وصل إلى هذا البلد |
| im Hotel ankommen / eintreffen | وصل إلى الفُنْدُق |
| auf dem Flugplatz (Bahnhof ) ankommen / eintreffen | وصل إلى المطار (المحطّة) |
| mit dem Flugzeug (Zug ) eintreffen | وصل بالطائرة (بالقِطار) |
| am Morgen (um zwei Uhr ) eintreffen | وصل في الصّباح (في السّاعة الثانية) |
| heute (am Sonntag) eintreffen | وصل اليَوْمَ (يَوْمَ الأحد) |
| pünktlich eintreffen | وصل حسب المَوْعِد |
| verspätet eintreffen | وصل مُتأخِّراً |
| Ein Brief erreichte mich = Ich erhielt einen Brief. | وصلتْني رِسالة. |

### III(مُواصلة) واصل / يُواصِل

| | |
|---|---|
| fortsetzen, fortführen *etw.* | واصل هـــ |
| Der Kongress setzte seine Arbeit fort. | واصل المُؤْتمر أعْمالَه. |
| die Reise (Rundfahrt) fortsetzen | واصل السفر (الجولة) |
| die Rede fortsetzen | واصل الخِطاب / الكلمة |
| die Diskussion fortsetzen | واصل المناقشة |
| Tag und Nacht arbeiten | واصل اللّيْل بالنّهار |
| | ⊙ تابع , اسْتمرّ في |

### V توصّل / يتوصّل (توصُّل)

| | |
|---|---|
| kommen, führen *zu;* gelangen *zu;* erreichen, erzielen *etw.* | توصّل إلى |
| Beide Seiten gelangten in den Gesprächen zu positiven Ergebnissen. | توصّل الطرفان في المُحادثات إلى نتائج إيجابيّة. |
| zu einer Übereinkunft (Kompromiss) gelangen | توصّل إلى اتّفاق (حلّ وسط) |
| zu neuen Ergebnissen (Entdeckungen) führen | توصّل إلى نتائج (اكتشافات) جديدة |

### VIII اتّصل / يتّصِل (اتّصال)

| | |
|---|---|
| sich in Verbindung setzen *mit* | اتّصل ب |
| Der Ingenieur setzte sich mit den Verantwortlichen in Verbindung. | اتّصل المُهندِس بالمسْؤولين. |
| sich mit der Leitung in Verbindung setzen | اتّصل بالإدارة |
| sich mit dem Ministerium in Verbindung setzen | اتّصل بالوِزارة |

### I وضع / يضَع (وضْع)

| | |
|---|---|
| legen *etw.;* stellen *etw.;* stecken *etw.;* stellen *etw.* | وضع هـ |
| Der Student legte die Tasche auf den Tisch. | وضع الطالب الشّنْطة على الطّاولة. |
| Die Mutter stellt die Flasche in den Kühlschrank. | وضعت الأُم الزجاجة في البرّادة. |
| Der Lehrer steckte das Buch in die Tasche. | وضع المُعلّم الكتاب في الشّنْطة. |
| Der Mann setzte den Hut auf (den Kopf). | وضع الرجُل القبعة على رأسه. |
| eine Grundlage legen *für* | وضع أساساً ل |
| sein Vertrauen setzen *auf* | وضع ثِقتَه في |
| den Grundstein legen | وضع حجر الأساس / الحجر الأساسي |
| ein Ende setzen *einer Sache* | وضع حدّاً ل |
| einen Plan entwerfen | وضع مشْروعاً |
| Hindernisse in den Weg legen | وضع العراقيل |
| einen Kommentar abgeben *zu* | وضع تعْليقاً على |

| | |
|---|---|
| einen Bericht verfassen *od* erstatten | وضع تقْريراً |
| Lösungen ausarbeiten | وضع حُلولاً |
| Richtlinien aufstellen | وضع نُظُماً |
| Schluss machen *mit etw.* | وضع نِهايةً ل |
| Besitz ergreifen *von* | وضع يَدَه على |
| in Zweifel ziehen *etw.* | وضعه مَوْضِع الشكّ |
| in die Praxis umsetzen *etw.* | وضعه مَوْضِع التطْبيق |
| in die Tat umsetzen *etw.* | وضعه مَوْضِع العمل |
| in Kraft setzen *etw.* | وضعه مَوْضِع التنْفيذ |
| zur Verfügung stellen *etw.* | وضعه تحْت التّصرُّف |
| ins rechte Lot bringen *etw.* | وضعه في إطاره الصحيح |
| in Betracht ziehen *etw.* | وضعه في الاعْتِبار |
| den Punkt aufs I setzen | وضع النِّقاط على الحُروف |
| letzte Hand anlegen | وضع اللمسات الأخيرة |
| sein ganzes Gewicht in die Waagschale werfen | وضع كُلّ ثقله إلى جانِب |

**III وافق / يُوافِق (مُوافقة)**

| | |
|---|---|
| zustimmen *einer Sache* | وافق على |
| Der Vater stimmte diesem Vorschlag zu. | وافق الأب على هذا الاقْتِراح. |
| dieser Politik (dieser Frage) zustimmen | وافق على هذه السياسة (هذه المسْألة) |
| der Tagesordnung (dem Entwurf ) zustimmen | وافق على جدْول الأعْمال (المشْروع) |
| den Maßnahmen (den Bemerkungen) zustimmen | وافق على الإجْراءات / الترْتيبات (المُلاحظات) |
| der Entsendung von Truppen zustimmen | وافق على إرْسال القوات |
| der Note (den Empfehlungen) zustimmen | وافق على المُذكّرة (التوْصيات) |
| dem Antrag (dem Bericht) zustimmen | وافق على الطلب (التقْرير) |
| dem Beschluss / der Resolution zustimmen | وافق على القرار |

**VIII اتّفق / يتّفِق (اتّفاق)**

| | |
|---|---|
| sich einigen *über*, übereinkommen; vereinbaren *etw.* | اتّفق على |
| Die beide Seiten vereinbarten die Festigung der wirtschaftlichen Beziehungen. | اتّفق الطرفان على تعْزيز العلاقات الاقْتصاديّة. |
| sich über die Finanzierung einigen | اتّفق على التمْويل |
| sich über die Entwicklungsziele einigen | اتّفق على أهْداف التنْمية |
| die Bekämpfung des Terrors vereinbaren | اتّفق على مُكافحة الإرْهاب |
| die Machtübergabe vereinbaren | اتّفق على تسليم السُّلْطة |
| die notwendigen Maßnahmen vereinbaren | اتّفق على اتّخاذ الإجْراءات الضروريّة |
| sich einstimmig auf das Folgende einigen | اتّفق بالإجْماع على ما يلي... |

**I وقع / يقَع (وُقوع)**

| | |
|---|---|
| **1.** liegen *geogr* | وقع |
| Unser Land liegt in Mitteleuropa: | يقع بلدنا في أوروبّا الوُسْطى. |
| auf dem afrikanischen Kontinent liegen | يقع في القارّة الإفْريقيّة |
| am Meer liegen | يقع على البِحار |
| im Süden des Landes liegen | يقع في جنوب البِلاد |
| im Zentrum der Stadt liegen | يقع في مرْكز المدينة |
| **2.** passieren, eintreten, sich ereignen | وقع |
| Es passierten viele Verkehrsunfälle. | وقعت حوادِث كثيرة. |
| | ⊙ حدث |

**I وقف / يقِف (وُقوف)**

| | |
|---|---|
| (an)halten; sich hinstellen | وقف |
| Das Auto hielt vor dem Hause (an). | وقفت السيّارة أمام البَيْت. |
| an *od* auf *jmds.* Seite stehen | وقف إلى جانِبه |

| | |
|---|---|
| sich gegen *jmdn. od etw.* stellen | وقف في وجْهه |
| tatenlos dastehen / zusehen | وقف مَوْقِفَ المُتفرِّج / مكْتوف الأيْدي |

**IV** (إيقاف) **أوْقف / يُوقِف**

| | |
|---|---|
| **1.** anhalten, stoppen *etw. / jmdn.* | |
| Der Polizist stoppte das Auto. | أوْقف الشُّرْطي السيّارة. |
| die Maschine anhalten | أوْقف الآلة |
| den Ball stoppen *Sport* | أوْقف الكُرة |
| das Konto sperren | أوْقف الرصيد |
| **2.** einstellen, unterbinden *etw.* | أوْقف هـ |
| Die beiden Seiten stellten die aggressiven Handlungen ein. | أوْقف الجانبان الأعْمال العدْوانية. |
| die Untersuchung einstellen | أوقف التحْقيق |
| den Terror einstellen | أوْقف الإرْهاب |
| den Wettkampf einstellen | أوْقف المُباراة |
| die Zahlung einstellen | أوْقف الدفْع |
| **3.** abstellen, abschalten *etw.* | أوْقف هـ |
| Der Arbeiter stellte die Maschine ab. | أوْقف العامِل الآلة. |
| das Auto abstellen = das Auto parken | أوقف السيّارة |

**V** (تولٍّ) **تولّى / يتولّى**

| | |
|---|---|
| übernehmen, innehaben, ausüben, bekleiden *etw.* | تولّى هـ |
| Er übernahm das Amt des Generalsekretärs. | تولّى منْصِب الأمين العام. |
| einen Posten übernehmen *od* bekleiden | تولّى منْصِباً |
| die Macht übernehmen *od* ausüben | تولّى السُّلْطة |
| die Führung übernehmen | تولّى القِيادة |

| | |
|---|---|
| die Leitung übernehmen | تولّى الرئاسة |
| die Schirmherrschaft innehaben | تولّى الإشْراف |

## Ausgewählte arabische Substantive

### Liste der Substantive

| أزْمة | أساس | مُؤسّسة | أمْر | مُؤْتمر |
|---|---|---|---|---|
| مبْدأ | بطاقة | بلد | بناء | تجارة |
| ج إجْراءات | جلْسة | مجْلس | جمعيّة | اجْتماع |
| مُجْتمع | جامعة | مجال | مُحادثة | حُرّيّة |
| حرْب | حزْب | حُكومة | حياة | خبْرة |
| خُطّة | خُطْوة | دَوْلة | رئيس | مرْحلة |
| مرْكز | زراعة | سِلاح | سلام | سِياسة |
| سوق | مُسْتوى | مشْروع | صداقة | مصْرِف |
| إصْلاح | صنْدوق | صِناعة | ضمان | ضَيْف |
| طاقة | معْرِض | علاقة | علْم | عامِل |
| عمليّة | مُعاهدة | فُرْصة | فكْرة | مُفاوضة |
| قُدْرة | تقْرير | قرار | اقْتراح | قرْض |
| اقْتصاد | قطاع | قطْعة | قاعدة | اسْتقْلال |
| قِيادة | مُقاومة | قُوّة | مكان | لجْنة |
| مادّة | إنْتاج | نتيجة | نجاح | نِضال |
| منْطقة | نظام | مُنظّمة | مُناقشة | هدف |
| اهْتمام | هَيْئة | اتّحاد | وِزارة | مَوْضوع |
| اتّفاق | اتّفاقيّة | مَوْقِف | | |

| | |
|---|---|
| **Krise** *f* | **أزْمة ج –ات** |
| eine politische Krise | أزْمة سياسيّة |
| eine Wirtschaftskrise | أزْمة اقْتصاديّة |
| eine Finanzkrise | أزْمة ماليّة |
| eine allgemeine Krise | أزْمة عامّة |
| eine akute Krise | أزْمة حادّة |
| eine Kabinettskrise / Regierungskrise | أزْمة وِزاريّة |
| die Weltwirtschaftskrise | أزْمة الاقْتصاد العالميّ |
| die Währungskrise | أزْمة النقْد |
| der Krisenherd | بُؤْرة الأزمات |
| der Krisenzyklus | دَوْرة الأزمات |
| die Krisenerscheinungen | ج ظواهِرُ الأزمات |
| die Krise überwinden | تغلّب على الأزْمة |
| aus der Krise herausgelangen | خرج من الأزْمة |

| | |
|---|---|
| **Grundlage** *f*, **Basis** *f* | **أساس ج أُسُس** |
| eine wichtige Grundlage | أساس هامّ |
| eine feste Grundlage | أساس ثابِت / وطيد |
| eine solide Grundlage | أساس متين |
| eine reale Grundlage | أساس حقيقيّ |
| eine breite Grundlage | أساس واسِع |
| die einzige Grundlage | الأساس الوحيد |
| die ökonomische Basis | الأساس الاقْتصاديّ |
| die politische Basis | الأساس السِّياسيّ |
| die Grundlage der Produktion | أساس الإنْتاج |
| die Grundlage des Vertrages | أساس المُعاهدة |
| die Basis des Gesprächs | أساس الحديث |

| | |
|---|---|
| die Basis der Zusammenarbeit | أساس التعاوُن |
| die Grundlage schaffen | أنْشأ الأساس |
| die Grundlage bilden | شكّل الأساس |
| auf der Grundlage / auf der Basis | على أساس... |
| auf dieser Grundlage | على هذا الأساس |
| jeder Grundlage entbehren / grundfalsch sein | لا أساسَ له من الصِّحّة |
| | ⊙ قاعدة ج قواعِدُ |
| **Institution *f*, Unternehmen *n*, Betrieb *m*** | **مُؤسّسة ج –ات** |
| Industrieunternehmen | مُؤسّسة صِناعيّة |
| Finanzunternehmen, Finanzinstitut | مُؤسّسة ماليّة |
| Geldinstitut | مُؤسّسة النقْد |
| staatliches Unternehmen | مُؤسّسة عامّة |
| privates Unternehmen | مُؤسّسة خاصّة |
| wissenschaftliche Institution | مُؤسّسة عِلْميّة |
| die verfassungsmäßigen Organe | ج المُؤسّسات الدُّسْتوريّة |
| die Gründung des Unternehmens | تأسيس المُؤسّسة |
| der Direktor des Unternehmens | مُدير المُؤسّسة |
| die Angestellten des Unternehmens | مُسْتخْدَمو المُؤسّسة |
| in dem Unternehmen beschäftigt sein | اشْتغل في المُؤسّسة |
| das Unternehmen leiten | أدار المُؤسّسة |
| **1. Befehl *m*, Anordnung *f*** | **أمْر ج أوامِرُ** |
| eine strenger Befehl | أمْر صارِم / مُشدّد |
| ein militärischer Befehl | أمْر عسْكريّ |
| ein dienstlicher Befehl | أمْر رسْميّ |
| der Haftbefehl | الأمْر بإلْقاء القبْض |

| | |
|---|---|
| der Befehl des Kommandeurs | أمْر القائد |
| der Befehl des Offiziers | أمْر الضابِط |
| einen Befehl geben | أصْدر أمْراً |
| einen Befehl erhalten / bekommen | تلقّى أمْراً |
| einen Befehl ausführen | نفّذ أمْراً |
| einen Befehl verweigern | رفض أمْراً |
| dem Befehl unterliegen | خضع للأمْر |
| auf Anordnung des Direktors | بأمْر المُدير |
| Zu Diensten! | تحْت أمْرُك! |
| **2. Angelegenheit *f*, Sache *f*, Fall *m*** | **أمْر ج أُمور** |
| eine einfache Angelegenheit / Sache | أمْر بسيط |
| eine schwierige Angelegenheit / Sache | أمْر صعْب |
| eine leichte Angelegenheit / Sache | أمْر سهْل |
| eine wichtige Angelegenheit / Sache | أمْر هامّ / مُهِمّ |
| Tatsache | أمْر واقِع |
| Status quo | الأمْر الواقِع |
| die Angelegenheit regeln | سوّى الأمْر |
| die Angelegenheit erledigen | نفّذ الأمْر |
| die Angelegenheit erleichtern | سهّل الأمْر |
| die Angelegenheit komplizieren | عقّد الأمْر |
| anfangs, zunächst | في أوّل الأمْر |
| wie es der Fall ist | كما هو الأمْر |
| am Ende, kurz gesagt | في نهاية الأمْر |
| **Konferenz *f*, Kongress *m*** | **مُؤْتمر ج ـات** |
| eine internationale Konferenz | مُؤْتمر دُوليّ / عالميّ |

| | |
|---|---|
| eine ordentliche / reguläre Konferenz | مُؤْتمر عاديّ |
| eine außerordentliche Konferenz | مُؤْتمر اسْتِثْنائيّ / طارِئ |
| eine wissenschaftliche Konferenz | مُؤْتمر عِلْميّ |
| eine Pressekonferenz | مُؤْتمر صُحُفيّ |
| eine Regionalkonferenz | مُؤْتمر إقْليميّ |
| die Dreimächtekonferenz | المُؤْتمر الثُلاثيّ |
| die Gipfelkonferenz | مُؤْتمر القِمّة |
| die Sicherheitskonferenz | مُؤْتمر الأمْن |
| die Abrüstungskonferenz | مُؤْتمر نزْع السِّلاح |
| die Friedenskonferenz | مُؤْتمر السَّلام / مُؤْتمر الصُّلْح |
| die Schriftstellerkonferenz | مُؤْتمر الكُتّاب |
| die Weltkonferenz der Orientalisten | المُؤْتمر العالميّ لِلمُسْتشْرِقين |
| der Nationalkongress | المُؤْتمر الوطنيّ |
| der Volkskongress | مُؤْتمر الشعْب |
| der Ärztekongress | مُؤْتمر الأطِبّاء |
| der Parteitag | مُؤْتمر الحِزْب |
| die Vorbereitung der Konferenz | إعْداد / تَمْهيد المُؤْتمر |
| das Präsidium der Konferenz | رِئاسة المُؤْتمر |
| die Tätigkeit / Arbeit der Konferenz | ح أعْمال المُؤْتمر |
| die Tagesordnung der Konferenz | جدْول أعْمال المُؤْتمر |
| der Präsident / Leiter der Konferenz | رئيس المُؤْتمر |
| die Beschlüsse (die Empfehlungen) der Konferenz | قرارات (تَوْصيات) المُؤْتمر |
| Die Konferenz wurde eröffnet (beendet). | أُفْتُتِح (اخْتُتِم) المُؤْتمر. |
| Die Konferenz wurde durchgeführt. | انْعقد المُؤْتمر. |
| Die Konferenz wurde fortgesetzt. | اسْتمرّ المُؤْتمر. |
| eine Konferenz abhalten | عقد مُؤْتمراً |
| eine Konferenz durchführen | أجرى مُؤْتمراً |

| | |
|---|---|
| eine Konferenz eröffnen | افتتح مُؤْتمراً |
| eine Konferenz beenden | ختم / أنهى مُؤْتمراً |
| an der Konferenz teilnehmen | حضر المُؤْتمر / اشْترك في المُؤْتمر |
| **Prinzip *m*, Grundsatz *m*** | **مبْدأ ج مبادِئ** |
| ein festes Prinzip | مبْدأ ثابت |
| ein Hauptprinzip | مبْدأ رئيسيّ |
| ein Grundprinzip | مبْدأ أساسيّ |
| das Prinzip dieser Politik | مبْدأ هذه السِّياسة |
| das Prinzip der Gleichberechtigung | مبْدأ المُساواة |
| an dem Prinzip festhalten | تمسّك بالمبْدأ |
| von dem Prinzip abgehen | خرج عن المبْدأ |
| aus Prinzip | بِحُكْم المبْدأ |
| Es geht ums Prinzip: | مسْألة مبْدأ |
| prinzipienlos, ohne Prinzip | عدِيم المبْدأ |
| **Karte *f*** | **بِطاقة ج –ات** |
| eine Ansichtskarte | بِطاقة مُصوّرة |
| eine Kennkarte / Personalausweis | بِطاقة شخْصيّة |
| die Visitenkarte | بِطاقة الزِّيارة |
| die Lebensmittelkarte | بِطاقة التمْوين |
| die Postkarte | بِطاقة البريد |
| die Fahrkarte | بِطاقة السفر |
| die Eintrittskarte | بِطاقة الدُّخول |
| die Einladungskarte | بِطاقة الدعْوة |
| **Land *n*** | **بلد ج بُلْدان , بِلاد** |
| ein kleines (großes) Land | بلد صغير (كبير) |

| | |
|---|---|
| ein reiches (armes) Land | بلد غني (فقير) |
| die ärmsten Länder | ج البُلْدان الأكْثر فقْراً |
| ein freies Land | بلد حُرّ |
| ein entwickeltes (zurückgebliebenes) Land | بلد مُتطوِّر (مُتخلِّف) |
| ein Entwicklungsland | بلد نام ج بُلْدان نامية |
| ein Schwellenland | بلد آخِذ في النُّمُوّ |
| ein Industrieland | بلد صِناعيّ |
| ein Agrarland | بلد زِراعيّ |
| das Transitland | بلد العُبور |
| das Herkunftsland | بلد المَنْشأ |
| die befreundeten Länder | ج البُلْدان الصديقة |
| die Bruderländer | ج البُلْدان الشقيقة |
| die Nachbarländer | ج البُلْدان المُجاوِرة |
| das im Norden gelegene Land | البلد الواقِع في الشمال |
| die Hauptstadt des Landes | عاصِمة البلد |
| die Sprache des Landes / die Landessprache | لُغة البلد |
| die Wirtschaft des Landes | اقْتِصاد البلد |
| die Interessen des Landes | ج مصالِحُ البلد |
| die Verteidigung des Landes | الدِّفاع عن البلد |
| aus allen Teilen des Landes | من جميع أنْحاء البلد |
| die Freundschaft zwischen den beiden Ländern | الصداقة بين البلدين |
| das Land besuchen | زار البلد |
| das Land verlassen | ترك / غادر البلد |
| das Land kennen | عرف البلد |
| das Land lieben | أحبّ البلد |
| in das Land reisen / fahren | سافر إلى البلد |

| | |
|---|---|
| **1. Erbauung *f*, Errichtung *f*; Aufbau *m*** | **بِناء** |
| der Aufbau von Häusern (von Betrieben) | بِناء البُيوت (المصانِع) |
| die Errichtung von Brücken (von Staudämmen) | بِناء الجُسور (السُّدود) |
| der Aufbau eines neuen Lebens | بِناء حياة جديدة |
| die Bautätigkeit | ج أعْمال البِناء |
| die Baustoffe | ج موادّ البِناء |
| der Wiederaufbau | إعادة البِناء |
| | ⊙ إنْشاء |
| **2. Gebäude *n*, Bau *m*** | **بِناء ج أبْنِيَة** |
| hohe (neue) Gebäude | ج أبْنية عالِيَة (جديدة) |
| Gebäude errichten / erbauen | أقام أبْنية |
| Gebäude restaurieren | رمّم أبْنية |
| | ⊙ مبْنىً ج مبانٍ |
| auf Grund von... | بِناءً على ... |
| demgemäss | بِناءً على ذلك |
| | |
| **Handel *m*** | **تِجارة** |
| Außenhandel | تِجارة خارِجيّة |
| Binnenhandel | تِجارة داخِليّة |
| Transithandel | تِجارة الترانْسيت / تِجارة المُرور |
| Einzelhandel | تِجارة التجْزِئة |
| Großhandel | تِجارة الجُمْلة |
| Überseehandel | تِجارة ما وراء البِحار |
| Devisenhandel | التِجارة بالعُمْلات الأجْنبيّة / تِجارة العُمْلة |
| Waffenhandel | تِجارة الأسْلحة |
| Drogenhandel, Rauschgifthandel | تِجارة المُخدِّرات |
| Sklavenhandel | تِجارة الرقيق |

| | |
|---|---|
| florierender Handel | تِجارة مُزْدهِرة |
| stagnierender Handel | تِجارة راكِدة |
| illegaler Handel | تِجارة غَيْر مشْروعة |
| innerarabischer Handel | تِجارة عربية بَيْنيّة |
| Handel treiben | مارس تِجارة |
| Industrie- und Handelskammer | غُرْفة التِّجارة والصِّناعة |
| | |
| **Maßnahmen *f/Pl*, Vorgehen *n*** | **ج إجْراءات** |
| notwendige Maßnahmen | ج إجْراءات لازِمة |
| entschlossene Maßnahmen | ج إجْراءات حازِمة |
| progressive (reaktionäre) Maßnahmen | ج إجْراءات تقدُّميّة (رجْعيّة) |
| geeignete Maßnahmen | ج إجْراءات مُناسبة |
| vorläufige Maßnahmen | ج إجْراءات مُؤَقّتة |
| organisatorische Maßnahmen | ج إجْراءات تنْظيميّة |
| gesetzliche Maßnahmen | ج إجْراءات قانونيّة |
| Willkürmaßnahmen | ج إجْراءات تعسُّفيّة |
| Zwangsmaßnahmen | ج إجْراءات قمْعيّة |
| Maßnahmen ergreifen | اتّخذ ج إجْراءات |
| | ⊙ ج تدابيرُ |
| | |
| **Sitzung *f Verhandlung*** | **جلْسة ج –ات** |
| eine offizielle Sitzung | جلْسة رسْميّة |
| eine reguläre Sitzung | جلْسة دَوْريّة |
| eine öffentliche (geschlossene) Sitzung | جلْسة علنيّة / مفْتوحة (مُغْلقة) |
| eine geheime Sitzung / eine geschlossene Verhandlung | جلْسة سرِّيّة |
| eine dringliche Sitzung | جلْسة طارِئة / مُسْتعْجِلة |
| eine Sondersitzung | جلْسة خاصّة |

| | |
|---|---|
| eine Plenarsitzung | جلْسة عامّة |
| die Eröffnungssitzung | جلْسة افْتتاحيّة |
| die Abschlusssitzung | جلْسة ختاميّة |
| die Abendsitzung | جلْسة مسائيّة |
| die Arbeitssitzung | جلْسة العمل |
| eine Sitzung abhalten | عقد جلْسة |
| eine Sitzung eröffnen | افتتح جلْسة |
| eine Sitzung wiederaufnehmen | اسْتأنف جلْسة |
| eine Sitzung vertagen | أجّل جلْسة |
| **Rat *m*; Gesellschaft *f*** | **مجْلِس ج مجالِسُ** |
| der Rat der Republik | المجلِس الجُمْهوريّ |
| der Volksrat / die Volksversammlung | المجلِس الشّعْبيّ |
| der Ministerrat | المجلِس الوِزاريّ |
| der Exekutivrat | المجلِس التنْفيذيّ |
| der Legislativrat | المجلِس التشْريعيّ |
| der Aufsichtsrat / der Verwaltungsrat | مجْلِس الإدارة |
| der Sicherheitsrat | مجْلِس الأمْن |
| die Nationalversammlung / das Parlament | مجْلِس الأُمّة |
| die Revolutionsrat | مجْلِس الثّوْرة |
| die Revolutionäre Kommandorat | مجْلِس قِيادة الثّوْرة |
| der Staatsrat | مجْلِس الدّوْلة |
| der Präsidialrat | مجْلِس الرِّئاسة |
| der Regierungsrat | مجْلِس الحُكْم |
| der Volksrat / die Volksversammlung | مجْلِس الشعْب |
| das Abgeordnetenhaus ( das Parlament | مجْلِس النُّوّاب |
| der Ministerrat | مجْلِس الوُزراء |

| | |
|---|---|
| der Senat | مَجْلِس الشُّيوخ |
| der Akademische Senat | مَجْلِس الجامعة |
| der Ratsvorsitzende | رئيس المَجلِس |
| das Ratsmitglied | عُضْو المَجْلِس |
| die Mitglieder des Rates wählen | اِنْتخب أعْضاء المَجْلِس |
| die Mitglieder des Rates ernennen | عيّن أعْضاء المَجْلِس |
| **Verein *m*, Vereinigung *f*; Gesellschaft *f*, Körperschaft *f*; Verband *m*** | **جَمْعيّة ج ــات** |
| eine große Vereinigung | جَمْعيّة كبيرة |
| eine regionale Vereinigung | جَمْعيّة إقْليميّة |
| eine Handelsvereinigung | جَمْعيّة تِجاريّة |
| ein wissenschaftlicher Verein | جَمْعيّة عِلْميّة |
| ein Wohltätigkeitsverein | جَمْعيّة خَيْريّة |
| eine Genossenschaft | جَمْعيّة تعاوُنيّة |
| eine Konsumgenossenschaft | جَمْعيّة تعاوُنيّة اسْتِهْلاكيّة |
| eine landwirtschaftliche Genossenschaft | جَمْعيّة تعاوُنيّة زِراعيّة |
| die Vollversammlung *einer Organisation* | الجَمْعيّة العامّة |
| die legislative Körperschaft | الجَمْعيّة التشْريعيّة |
| der Künstlerverband | جَمْعيّة الفنّانين |
| die Freundschaftsgesellschaft | جَمْعيّة الصداقة |
| die Verbrauchergesellschaft | جَمْعيّة المُسْتهْلِكين |
| der Unternehmerverband | جَمْعيّة أرْباب العمل |
| der Vorsitzende (die Mitglieder) des Verbandes | رئيس (أعْضاء) الجمعيّة |
| die Ziele (die Prinzipien) des Verbandes | أهْداف (مبادئ) الجمعيّة |
| die Charta (das Programm) des Verbandes | ميثاق (برْنامج) الجمعيّة |
| Die Vereinigung besteht aus... | تتألّف الجَمْعيّة من... |

| | |
|---|---|
| Die Vereinigung unterstützt... | تُؤيّد الجمعيّة... |
| eine Vereinigung / einen Verband / einen Verein gründen | أسّس جمْعيّة |
| eine Vereinigung / einen Verband / einen Verein auflösen | حلّ جمْعيّة |
| in den Verband / Verein eintreten | انْضمّ إلى / أصْبح عُضْواً في الجمعيّة |
| dem Verband / Verein angehören | انْتسب إلى الجمْعيّة |
| | ⊙ رابِطة ج روابِطُ , اتِّحاد ج –ات |

| | |
|---|---|
| **Zusammenkunft *f*, Treffen *n*; Versammlung *f*, Tagung f, Sitzung f** | **اجْتِماع ج –ات** |
| eine öffentliche (eine geheime) Sitzung | اجْتِماع مفْتوح / علنيّ (سِرّيّ) |
| eine Generalversammlung | اجْتِماع عامّ |
| eine Gewerkschaftsversammlung | اجْتِماع نِقابيّ |
| eine Wahlversammlung | اجْتِماع انْتِخابيّ |
| eine ordentliche (außerordentliche) Tagung | اجْتِماع عاديّ ( غَيْر عاديّ / اسْتِثْنائيّ) |
| eine Vorbereitungstagung | اجْتِماع تَحْضيريّ / تمْهيديّ |
| eine Vollversammlung | اجْتِماع كامِل |
| die Versammlung der Studenten (der Wissenschaftler) | اجْتِماع الطُّلاّب (العُلماء) |
| der Tagungsablauf | سَيْر الاجْتِماع |
| Soziologie | عِلْم الاجْتِماع |
| Die Tagung / Versammlung beginnt. | يبْدأ الاجْتِماع. |
| Die Tagung / Versammlung dauert an. | يسْتمرّ الاجْتِماع. |
| Die Tagung / Versammlung endet. | ينْتهي الاجْتِماع. |
| die Tagung / Versammlung abhalten | عقد الاجْتِماع |
| die Tagung / Versammlung eröffnen | افْتتح الاجْتِماع |
| die Tagung / Versammlung beenden | اخْتتم الاجْتِماع |
| die Tagung / Versammlung leiten | رأس الاجْتِماع |
| an der Versammlung teilnehmen | حضر الاجْتِماع |

| | |
|---|---|
| auf der Versammlung sprechen | تكلّم في الاجْتِماع |
| **Gesellschaft** *f* ***menschliche*****, Gemeinschaft** *f* | **مُجْتمع ج ـات** |
| die menschliche Gesellschaft | المُجْتمع الإنْسانيّ / البشريّ |
| die entwickelte Gesellschaft | المُجْتمع المُتطوِّر |
| die rückständige Gesellschaft | المُجْتمع المُتخلّف |
| die Klassengesellschaft | المُجْتمع الطبقيّ |
| die Entwicklung der Gesellschaft | تطوُّر المُجْتمع |
| die Gestaltung der Gesellschaft | تشْكيل المُجْتمع |
| die Probleme der Gesellschaft | ج قضايا المُجْتمع |
| die Reform der Gesellschaft | إصْلاح المُجْتمع |
| die Struktur der Gesellschaft | هَيْكل المُجْتمع |
| die Konsumgesellschaft | مُجْتمع اسْتهْلاكي |
| die Wohlstandsgesellschaft | مُجْتمع الرفاهِيَة / مجتمع مُرَفَّه |
| Die Gesellschaft fördert | يُشجِّع المُجْتمع... |
| Die Gesellschaft schützt... | يحْمي المُجْتمع... |
| Die Gesellschaft ist gekennzeichnet durch... | يتميّز المُجْتمع بـ... |
| die Gesellschaft aufbauen | بنى المُجْتمع |
| die Gesellschaft entwickeln | طوّر المُجْتمع |
| die Gesellschaft verändern | غيّر المُجْتمع |
| **1. Universität** *f* | **جامِعة ج ـات** |
| eine alte (eine berühmte) Universität | جامِعة قديمة (مشْهورة) |
| die Universität Bagdad | جامِعة بغداد |
| die Universität Kairo | جامِعة القاهِرة |
| die Humboldt-Universität in Berlin | جامِعة هومْبُلدت في برلين |
| der Rektor / Präsident der Universität | رئيس الجامِعة |

| | |
|---|---|
| der Student der Universität | طالب الجامِعة |
| der Absolvent der Universität | خِرِّيج الجامِعة |
| die Fakultäten der Universität | ج كُلِّيّات الجامِعة |
| die Leitung der Universität | رِئاسة الجامِعة |
| das Studium an der Universität | الدِّراسة في الجامِعة |
| zur Universität kommen = immatrikuliert werden | اِلْتحق بالجامِعة / اِنْتسب إلى الجامِعة |
| an der Universität studieren | درس في الجامِعة |
| an der Universität arbeiten | عمل / اشْتغل في الجامِعة |
| die Universität absolvieren | تخرّج من الجامِعة |
| **2. Liga *f*** | جامِعة ج –ات |
| die Liga der arabischen Staaten | جامِعة الدُول العربيّة |
| die arabische Liga | الجامِعة العربيّة |
| | |
| **Gebiet *n*, Bereich *m*; Feld *n*** | **مجال ج –ات** |
| ein weites Gebiet / Feld | مجال واسِع |
| ein begrenztes Gebiet | مجال محْدود |
| ein wichtiges Gebiet / Feld | مجال مُهِمّ / هامّ |
| ein Wissenschaftsgebiet | مجال عِلْميّ |
| ein Wirtschaftsgebiet | مجال اقْتصاديّ |
| Spezialgebiete *Pl* | ج مجالات مُتخصِّصة |
| Lebensraum | مجال الحياة |
| Luftraum | مجال جَوِّيّ |
| das Gebiet der Kultur (der Medizin) | مجال الثقافة (الطِّبّ) |
| das Gebiet der Presse (des Verkehrswesens) | مجال الصِّحافة ( المُواصلات) |
| das Gebiet der Naturwissenschaften (der Mathematik) | مجال العُلوم الطبيعيّة (الرِّياضيات) |
| die Wissenschaftsbereiche | ج مجالات العِلْم |
| der Anwendungsbereich | مجال الاسْتِخْدام |

| | |
|---|---|
| der Arbeitsbereich, das Betätigungsfeld | مجال العمل |
| das Gesprächsthema | مجال الحديث |
| die Lebensbereiche | ج مجالات الحياة |
| das magnetische (das elektrische) Feld | المجال المغْناطيسيّ ( الكهْربائيّ) |
| die Abgrenzung des Bereichs | تحْديد المجال |
| Dieses Gebiet umfasst... | يشْمُل هذا المجال... |
| Dieses Gebiet erstreckt sich von...bis... | يمْتدّ هذا المجال من ...إلى... |
| auf diesem Gebiet arbeiten | عمِل في هذا المجال |
| ein Gebiet umreißen / abstecken | حدّد مجالاً |
| dieses Gebiet erforschen | بحث في هذا المجال |
| einen weiten Bereich / Spielraum eröffnen für... | فتح مجالاً واسِعاً ل... |
| Er hatte keine Wahl. | لمْ يكُنْ عِنْده مجالاً للاخْتِيار. |
| Es gibt keinen Zweifel (keine Diskussion). | لَيْس هناك مجال للشكّ (للمُناقشة). |
| in diesem Zusammenhang | في هذا المجال |

| | |
|---|---|
| **Gespräch *n*, Unterredung *f*, Besprechung *f*** | **مُحادثة ج ـات** |
| freundschaftliche Gespräche | ج مُحادثات ودِّيّة |
| nützliche Gespräche | ج مُحادثات مُفيدة |
| fruchtbare Gespräche | ج مُحادثات مُثْمِرة |
| offizielle Gespräche | ج مُحادثات رسْميّة |
| konstruktive Gespräche | ج مُحادثات بنّاءة |
| Gespräche führen | أجْرى مُحادثات |
| Die Gespräche fanden in einer freundschaftlichen Atmosphäre statt. | جرت المُحادثات في جَوّ وُدِّيّ. |
| Die Gespräche fanden in einer Atmosphäre der Offenheit statt. | جرت المُحادثات في جَوّ من الصراحة. |

⊙ مُباحثات

| | |
|---|---|
| **Freiheit** *f* | **حُرِّيّة ج –ات** |
| die völlige Freiheit | الحُرِّيّة الكاملة |
| die absolute Freiheit | الحُرِّيّة المُطْلَقة |
| die demokratischen Freiheiten | ج الحُرِّيّات الدِّيمُقْراطيّة |
| die Grundrechte | ج الحُرِّيّات العامّة |
| die Informationsfreiheit | حُرِّيّة الإعْلام |
| die Versammlungsfreiheit | حُرِّيّة الاجْتماع |
| die Redefreiheit | حُرِّيّة الكلمة |
| die Pressefreiheit | حُرِّيّة الصِّحافة |
| die Gedankenfreiheit | حُرِّيّة الأفْكار |
| die Religionsfreiheit | حُرِّيّة الأدْيان |
| die Glaubensfreiheit | حُرِّيّة العبادة / حُرِّيّة العقيدة |
| die Freiheit des Handels | حُرِّيّة التِّجارة |
| freie Durchfahrt | حُرِّيّة المُرور |
| die Freiheit lieben | أحبّ الحُرِّيّة |
| die Freiheit erhalten | نال الحُرِّيّة |
| die Freiheit verteidigen | دافع عن الحُرِّيّة |
| für die Freiheit kämpfen | ناضل / كافح من أجْلِ الحُرِّيّة |
| freiheitsliebend | مُحِبّ للحُرِّيّة |
| | |
| **Krieg** *m* | **حرْب ج حُروب** |
| ein gerechter Krieg | حرْب عادلة |
| ein begrenzter Krieg | حرْب محْدودة |
| ein globaler / totaler Krieg | حرْب شاملة |
| der Kalte Krieg | الحرْب البارِدة |
| der konventionelle Krieg | الحرْب الاعْتياديّة / الحرْب التقْليديّة |
| Atomkrieg | حرْب ذرِّيّة |

| | |
|---|---|
| Nuklearkrieg | حرْب نوويّة |
| Weltkrieg | حرْب عالميّة |
| Bürgerkrieg | حرْب أهْليّة |
| Aggressionskrieg | حرْب عُدْوانيّة |
| Angriffskrieg | حرْب هُجوميّة |
| Verteidigungskrieg | حرْب دِّفاعيّة |
| Befreiungskrieg | حرْب تحْريريّة |
| Handelskrieg | حرْب تِجاريّة |
| Finanzkrieg | حرْب ماليّة |
| Sternenkrieg | حرْب النُّجوم |
| der Beginn des Krieges | بِداية الحرْب |
| der Verlauf des Krieges | مجْرى الحرْب |
| die Leiden des Krieges | ج ويْلات الحرْب |
| die Ergebnisse des Krieges | ج نتائجُ الحرْب |
| das Unheil des Krieges | ج ويْلات الحُروب |
| Der Krieg begann. | انْدلعت الحرْب. |
| Der Krieg brach aus / entbrannte. | اشْتعلت الحرْب. |
| Der Krieg dauerte an. | اسْتمرّت الحرْب. |
| Der Krieg endete. | انْتهت الحرْب. |
| einen Krieg entfachen / entfesseln | أشْعل حرْباً |
| einen Krieg führen | شنّ حرْباً |
| den Krieg erklären | أعْلن حرْباً |
| den Krieg verhindern | منع حرْباً |
| den Krieg verurteilen | أدان حرْباً |
| den Krieg gewinnen | انْتصر في الحرْب |
| den Krieg verlieren | خسِر في الحرْب |
| im Krieg getötet werden = fallen | قُتِل في الحرْب |

| | |
|---|---|
| im Krieg verwundet werden | جُرِح في الحرْب |
| | ☒ سلام |

| **Partei** *f* | **حِزْب ج أحْزاب** |
|---|---|
| eine demokratische Partei | حِزْب ديمُقْراطيّ |
| eine bürgerliche Partei | حِزْب بورْجُوازيّ |
| eine politische Partei | حِزْب سِياسيّ |
| eine sozialistische Partei | حِزْب اشْتِراكيّ |
| eine kommunistische Partei | حِزْب شُيُوعيّ |
| eine revolutionäre Partei | حِزْب ثَوْريّ |
| eine fortschrittliche (eine reaktionäre) Partei | حِزْب تقدُّميّ (رجْعيّ) |
| ein konservative Partei | حِزْب مُحافِظ |
| die herrschende Partei | الحِزْب الحاكِم |
| di Oppositionspartei | الحِزْب المُعارِض |
| die Bruderpartei | الحِزْب الشقيق |
| der Parteitag | مُؤْتمر الحِزْب |
| das Parteimitglied | عُضْو الحِزْب |
| das Parteiprogramm | برْنامج الحِزْب |
| der Parteivorstand | رِئاسة الحِزْب |
| Die Partei führt den Wahlkampf. | يخوض الحِزْب المعركة الانْتخابيّة |
| Die Partei kämpft für... | يُناضِل الحِزْب من أجْلِ... |
| Die Partei spaltete sich. | انْقسم الحِزْب. |
| eine Partei gründen | أنْشأ حِزْباً |
| eine Partei verbieten | منع حِزْباً |
| sich einer Partei anschließen | انْضمّ إلى حِزْب |

| | |
|---|---|
| **Regierung *f*** | **حُكومة ج –ات** |
| Koalitionsregierung | حُكومة ائْتلافيّة |
| Revolutionsregierung | حُكومة ثَوْريّة |
| Militärregierung | حُكومة عسْكريّة |
| Marionettenregierung | حُكومة عميلة |
| despotische Regierung | حُكومة مُستَبدّة / حُكومة اسْتبْداديّة |
| Exilregierung | الحُكومة في المنْفى / حُكومة المنْفى |
| Minderheitenregierung | حُكومة الأقلّيّة |
| Zivilregierung | حُكومة مدنيّة |
| Übergangsregierung | حُكومة انْتقاليّة |
| Bundesregierung | حُكومة اتّحاديّة / حُكومة فدْراليّة |
| provisorische Regierung | حُكومة مُؤقّتة |
| gewählte Regierung | حُكومة مُنْتخَبة |
| eine Regierung bilden | شكّل حُكومةً / ألّف حُكومةً |
| eine Regierung stürzen | أسْقط الحُكومةَ |

| | |
|---|---|
| **Leben *n*** | **حياة** |
| ein freies Leben | حياة حُرّة |
| ein neues Leben | حياة جديدة |
| ein glückliches Leben | حياة سعيدة |
| ein schweres (ein leichtes) Leben | حياة قاسية (سهْلة) |
| ein langes (ein kurzes) Leben | حياة طويلة (قصيرة) |
| das gesellschaftliche Leben | الحياة الاجْتماعيّة |
| das kulturelle Leben | الحياة الثقافيّة |
| das öffentliche Leben | الحياة العامّة |
| das Privatleben | الحياة الخاصّة |
| das Familienleben | الحياة العائليّة |

| | |
|---|---|
| das Alltagsleben | الحياة اليَوْميّة |
| das Leben des Menschen | حياة الإنْسان |
| das Leben der Tiere | حياة الحَيوانات |
| das Leben der Pflanzen | حياة النبات |
| das Leben der Kinder | حياة الأطْفال |
| das Leben der Jugendlichen | حياة الشباب |
| das Leben auf dem Dorf | الحياة في الرِّيف |
| das Leben in der Stadt | الحياة في المدينة |
| die Entstehung des Lebens | نُشوء الحياة |
| die Entwicklung des Lebens | تطوُّر الحياة |
| die Probleme des Lebens | ج مشاكِل الحياة |
| der Lebenslauf | سَيْر / مجْرى الحياة |
| die Lebenslage | وضْع الحياة |
| die Lebensweise | نمْط الحياة |
| der Lebensstandard | مُسْتوى الحياة |
| die Freuden des Lebens | مَسَرّات الحياة |
| die Lebensversicherung | التأمين على الحياة |
| die Erhaltung des Lebens | الحفاظ على الحياة |
| Das Leben beginnt. | تبْدأ الحياة |
| Das Leben dauert... | تسْتمِرّ الحياة |
| Das Leben vergeht. | تمُرُّ الحياة |
| Das Leben verläuft... | تجْري الحياة. |
| Er begann sein Leben. | بدأ حياتَه. |
| Er beendete sein Leben. | أنْهى حياتَه. |
| sein Leben retten | أنْقذ حياتَه |
| sein Leben widmen... | كرّس حياتَه ل... |
| sein Leben genießen | تمتّع بحياتَه |

| | |
|---|---|
| sein Leben opfern | ضحّى بحياته |
| sein Leben riskieren | خاطر بحياته |
| das ganze Leben | كُلّ الحياة |
| das Leben lang | طيلة الحياة |
| zum ersten Mal im Leben | لأوّل مرّة في الحياة |
| am Leben sein | كان على قَيْد الحياة |
| **Erfahrung** *f* | **خِبْرة ج ـات** |
| eine gute (schlechte) Erfahrung | خِبْرة جيِّدة (سَيِّئة) |
| eine wertvolle (nützliche) Erfahrung | خِبْرة قيِّمة (مُفيدة) |
| eine wichtige Erfahrung | خِبْرة مُهِمّة / هامّة |
| eine langjährige Erfahrung | خِبْرة سنوات عديدة |
| reiche Erfahrungen | ج خِبْرات غنية |
| ausreichende Erfahrungen | ج خِبْرات كافِيَة |
| die Erfahrungen der Jugend | ج خِبْرات الشباب |
| die Erfahrungen der Generationen | ج خِبْرات الأجْيال |
| die Erfahrungen der Politiker | ج خِبْرات السِّياسيين |
| die Kampferfahrung | الخِبْرة في الكفاح |
| die Arbeitserfahrung | الخِبْرة في العمل |
| die Fahrpraxis *Auto* | الخِبْرة في القيادة |
| der Erfahrungsaustausch | تبادُل الخِبْرات |
| die Verallgemeinerung der Erfahrungen | تعميم الخِبْرات |
| erfahren | ذُو خِبْرة |
| unerfahren | عديم الخِبْرة |
| Erfahrungen austauschen | تبادل الخِبْرات |
| Erfahrungen haben / besitzen | امْتلك الخِبْرات |
| Erfahrungen vermitteln | قدّم الخِبْرات |

| | |
|---|---|
| Erfahrungen sammeln | جمع الخِبْرات |
| Erfahrungen auswerten | قيّم الخِبْرات |
| aus den Erfahrungen lernen | تعلّم من الخِبْرات |
| aus den Erfahrungen Nutzen ziehen | اسْتفاد من الخِبْرات |

| **Plan *m*** | **خُطّة ج خُطط** |
|---|---|
| ein hervorragender Plan | خُطّة بارزة / رائعة |
| ein nützlicher Plan | خُطّة مُفيدة |
| ein genauer Plan | خُطّة دقيقة |
| ein persönlicher Plan | خُطّة شخْصيّة |
| ein umfassender Plan | خُطّة شاملة |
| ein anspruchsvoller / ehrgeiziger Plan | خُطّة طموحة |
| ein strategischer Plan | خُطّة اسْتراتيجيّة |
| der Arbeitsplan | خُطّة العمل |
| die Studienplan / der Stundenplan | خُطّة الدِّراسة / التعْليم |
| der Forschungsplan | خُطّة البحْث |
| der Entwicklungsplan | خُطّة التنْمية |
| ein Zweijahresplanplan | خُطّة لمُدّة سنتَيْن |
| ein Fünfjahrplan | خُطّة خَمْسيّة |
| ein langfristiger Plan | خُطّة طويلة المدى / الأجَل |
| die Planerfüllung | تنْفيذ الخُطّة |
| der Inhalt des Planes | مضْمون الخُطّة |
| die Ziele des Planes / die Planziele | ج أهْداف الخُطّة |
| Der Plan gelang / wurde ausgeführt. | نجحت الخُطّة. |
| Der Plan scheiterte. | فشلت الخُطّة |
| einen Plan erfüllen | نفّذ الخُطّة |
| einen Plan verwirklichen / realisieren | حقّق الخُطّة |

einem Plan zustimmen — وافق على الخُطّة

einen Plan erstellen — أعدّ خُطّةً

nach Plan laufen — سار على الخُطّة

**Schritt *m*** — **خُطْوة ج ـ ات , خُطىً**

ein entscheidender Schritt — خُطْوة حاسِمة

ein schwerwiegender Schritt — خُطْوة شديدة / خُطْوة لها ثِقْلها

ein historischer Schritt — خُطْوة تأريخيّة

ein notwendiger Schritt — خُطْوة لازِمة / ضروريّة

eine gefährlicher Schritt — خُطْوة خطيرة

ein erster Schritt — خُطْوة أُولى

ein unvorsichtiger Schritt — خُطْوة غَيْر حَذِرة

die Schritte des Mannes — ج خطوات الرجل

die Schritte des Kindes — ج خطوات الطِفْل

die Schritte der Entwicklung — ج خطوات التطوُّر

die Notwendigkeit des Schrittes — ضرورة الخُطْوة

raschen Schrittes — حثيث الخُطىَ

Schritte zurücklegen — قطع خطوات

Schritte unternehmen — اتّخذ خطوات

Schritte tun — قام بخطوات

den ersten Schritt tun — بدأ الخُطْوة الأُولى

weitere Schritte planen — خطط خطوات إضافيّة

sich seine Schritte überlegen — فكّر في خطواته

große Schritte machen — خطا خطواتٍ واسِعة

schnellen Schrittes gehen — خطا خطواتٍ سريعة

Schritt für Schritt — خُطْوة بخُطْوة

mit überlegten Schritten — بخطوات محْسوبة

| | |
|---|---|
| Er unternahm gut überlegte Schritte. | خطا خطوات محْسوبة. |
| **Staat *m*** | **دَوْلة ج دُوَل** |
| ein demokratischer Staat | دَوْلة ديمُقْراطيّة |
| ein unabhängiger Staat | دَوْلة مُسْتقِلّة |
| ein neutraler Staat | دَوْلة مُحايِدة / حِياديّة |
| ein föderalistischer Staat | دَوْلة فيدْراليّة |
| ein souveräner Staat | دَوْلة ذات سِيادة |
| ein Industriestaat | دَوْلة صِناعيّة |
| ein Agrarstaat | دَوْلة زِراعيّة |
| eine Kolonialmacht | دَوْلة اسْتِعْماريّة |
| eine Atommacht | دَوْلة ذرّيّة |
| der ägyptische Staat | الدَّوْلة المِصْريّة |
| die Staaten Afrikas (Asiens) | ج دُوَل إفْريقيا ( آسيا) |
| die Großmächte | ج الدُّوَل الكُبْرى / العُظْمى |
| die nichtpaktgebundenen Staaten | ج دُوَل عدم الانْحِياز / الدُّوَل غَيْر المُنْحازة |
| die Bruderstaaten | ج الدُّوَل الشقيقة |
| die Unterzeichnerstaaten | ج الدُّوَل المُوقّعة (على) |
| die NATO-Staaten | ج دُوَل حِلْف الناتو |
| ein Mitgliedsstaat | دَوْلة عُضْو ج دُوَل أعْضاء |
| die Bürger des Staates | ج رعايا الدَّوْلة |
| Staatsapparat | جهاز الدولة |
| Staatsaufbau | بُنية الدولة |
| Staatsbank | مصْرِف /بنْك الدولة |
| Staatseinkünfte | ج إيرادات الدولة |
| Staatsgelder | ج أمْوال الدولة |
| Staatsgewalt / Staatsmacht | سُلْطة الدولة |

| | |
|---|---|
| Staatshaushalt | ميزانية الدولة |
| Staatshoheit | سِيادة الدولة |
| Staatsmann | رجُل الدولة / ...من قادة الدولة |
| Staatsoberhaupt / Staatspräsident | رئيس الدولة |
| Staatspolitik | سِياسة الدولة |
| auf Staatskosten | على نفقة الدولة |
| oberstes staatlicher Machtorgan | الهَيْئة العُلْيا في الدولة |
| die Fläche des Staates | مِساحة الدولة |
| die Grenzen des Staates | ج حدود الدولة |
| die Interessen des Staates | ج مصالِحُ الدولة |
| die Vereinigung der beiden Staaten | تَوْحيد الدولتين |
| Der Staat vertritt... | تُمثِّل الدولة... |
| Der Staat schützt... | تَحْمي الدولة... |
| einen Staat gründen | أسّس دولة |
| einen Staat errichten | أنْشأ دولة |
| einen Staat besuchen | زار دولة |
| einen Staat verteidigen | دافع عن دولة |
| **Präsident *m*, Leiter *m*, Vorsitzender *m*** | **رئيس ج رُؤَساءُ** |
| der neue Präsident | الرئيس الجديد |
| der erste (frühere) Präsident | الرئيس الأوّل (السابِق) |
| der amtierende Präsident | الرئيس بالنِّيابة |
| der Ehrenpräsident | الرئيس الفخْريّ |
| der Präsident der Regierung | رئيس الحُكومة |
| der Präsident der Republik | رئيس الجُمْهوريّة |
| der Staatspräsident | رئيس الدَّوْلة |
| der Ministerpräsident | رئيس (مجْلِس) الوُزراء |

| | |
|---|---|
| der Vorsitzender der Partei / der Parteivorsitzende | رئيس الحِزْب |
| der Vorsitzende der Kommission | رئيس اللجْنة |
| der Leiter der Verwaltung | رئيس الإدارة |
| der Leiter der Delegation / der Delegationsleiter | رئيس الوفْد |
| der Leiter der Konferenz | رئيس المُؤْتمر |
| der Chef des Generalstabes | رئيس أرْكان الحرْب |
| der Rektor / Präsident der Universität | رئيس الجامِعة |
| der Chefredakteur | رئيس التحْرير |
| der Kapitän der Fußballmannschaft | رئيس فِرْقة كُرة القدم |
| der Beschluss des Präsidenten | قرار الرئيس |
| die Autorität des Präsidenten | سُلْطة الرئيس |
| die Befugnisse des Präsidenten | ج صلاحيّات الرئيس |
| Der Präsident entscheidet... | يبُتّ الرئيس في... |
| Der Präsident besucht... | يزور الرئيس... |
| Der Präsident verkündet... | يُعْلِن الرئيس ... |
| zum Präsidenten ernannt werden | عُيِّن رئيساً |
| zum Präsidenten gewählt werden | أُنْتُخِب رئيساً |

| **Etappe *f*, Stadium *n*, Phase *f*, Abschnitt *m*** | **مرْحلة ج مراحِل** |
|---|---|
| eine lange (kurze) Etappe | مرْحلة طويلة (قصيرة) |
| eine besondere Etappe / Phase | مرْحلة خاصّة |
| eine historische Etappe / Phase | مرْحلة تأريخيّة |
| eine wichtige (eine entscheidende) Etappe / Phase | مرْحلة هامّة (حاسِمة) |
| eine bestimmte Etappe / Phase | مرْحلة مُعيّنة |
| eine friedliche (eine gefährliche) Etappe / Phase | مرْحلة سِلْميّة (خطيرة) |
| die gegenwärtige Etappe / Phase | المرْحلة الراهِنة |
| die erste (die letzte) Etappe | المرْحلة الأُولى (الأخيرة) |

| die Anfangphase | المرْحلة الابْتدائيّة |
|---|---|
| die Endphase | المرْحلة النِّهائيّة |
| die Etappe der Industrialisierung | مرْحلة التصْنيع |
| die Etappe des Aufbaus | مرْحلة البِناء |
| die Etappe der Veränderungen (der Umwälzungen) | مرْحلة التغيُّرات |
| der Lebensabschnitt | مرْحلة الحياة |
| die Kindheitsphase / das Kindesalter | مرْحلة الطُّفولة |
| das Entwicklungsstadium | مرْحلة التطوُّر |
| die Wachstumsphase | مرْحلة النُّمو |
| der Beginn der Etappe | بِداية المرْحلة |
| der Verlauf der Etappe | مجْرى المرْحلة |
| das Ende der Etappe | نِهاية المرْحلة |
| die Ergebnisse der ersten Etappe | ج نتائجُ المرْحلة الأُولى |
| eine Etappe zurücklegen | قطع مرْحلةً |
| eine Etappe / einen Abschnitt planen | رسم مرْحلة |
| eine Etappe / einen Abschnitt einschätzen | قيّم مرْحلة |
| eine Etappe / einen Abschnitt bezeichnen als... | وصف مرْحلة بـــ... |

| **Zentrum *n*, Platz *m*, Position *f*** | **مرْكز ج مراكزُ** |
|---|---|
| ein geografisches Zentrum | مرْكز جُغْرافيّ |
| ein regionales Zentrum | مرْكز إقْليميّ |
| ein politisches Zentrum | مرْكز سياسيّ |
| ein wissenschaftliches Zentrum | مرْكز عِلْميّ |
| ein kulturelles Zentrum | مرْكز ثقافيّ |
| ein ärztliches Zentrum | مرْكز طِبّيّ |
| ein religiöses Zentrum | مرْكز دينيّ |
| ein Handelszentrum | مرْكز تِجاريّ |

| | |
|---|---|
| eine Telefonzentrale | مرْكز الاتِّصال |
| das Stadtzentrum | مرْكز المدينة |
| das Verwaltungszentrum | مرْكز الإدارة |
| das Pressezentrum | مرْكز الصِّحافة |
| das Forschungszentrum | مرْكز البُحوث |
| das Informationszentrum | مرْكز الاسْتِعْلام / مرْكز الإعْلام |
| die Erste Hilfe – Station | مرْكز الإسْعاف |
| die Polizeistation / das Polizeirevier | مرْكز الشُّرْطة |
| der Mittelpunkt des Kreises *Geom* | مرْكز الدائِرة |
| der Schwerpunkt | مرْكز الثِّقَل |
| ein Zentrum aufbauen | بنى مرْكزاً |
| einen Platz / eine Position einnehmen | احْتلّ مرْكزاً |
| einen Platz / eine Position finden | وجد مرْكزاً |
| einen Platz / eine Position verlieren | أضاع مرْكزاً |

| **Landwirtschaft *f*; Anbau *m*** | **زِراعة** |
|---|---|
| eine moderne (eine entwickelte) Landwirtschaft | زِراعة حديثة (مُتطوِّرة) |
| eine zurückgebliebene Landwirtschaft | زِراعة مُتخلِّفة |
| eine intensive Landwirtschaft | زِراعة مُكثّفة |
| der Anbau von Weizen | زِراعة القمْح |
| der Anbau von Baumwolle | زِراعة القُطْن |
| der Anbau von Gemüse (von Obst) | زِراعة الخُضْروات ( الفواكِه) |
| Monokultur | زِراعة المحْصول الواحِد |
| der Minister für Landwirtschaft | وزير الزِّراعة |
| das Ministerium für Landwirtschaft | وزارة الزِّراعة |
| die Probleme der Landwirtschaft | ج قضايا الزِّراعة |
| die Entwicklung der Landwirtschaft | تطوُّر الزِّراعة |

| | |
|---|---|
| die Agrarwissenschaft | عِلْم الزِّراعة |
| landwirtschaftliche Nutzfläche | أرْض قابلة للزِّراعة |
| Die Landwirtschaft entwickelt sich. | تتطوّر الزِّراعة. |
| Die Landwirtschaft verfällt / geht zurück. | تتدهْور الزِّراعة. |
| die Landwirtschaft unterstützen | دعم الزِّراعة |
| **Waffe *f*; Rüstung *f*** | **سِلاح ج أسْلِحة** |
| eine starke Waffe | سِلاح قويّ |
| eine gefährliche Waffe | سِلاح خطير |
| eine verheerende Waffe | سِلاح فتّاك |
| konventionelle Waffen | ج أسْلِحة اعْتِياديّة / تقْليديّة |
| moderne Waffen | ج أسْلِحة حديثة |
| biologische Waffen | ج أسْلِحة بِيُولوجيّة |
| bakteriologische Waffen | ج أسْلِحة جرْثوميّة |
| automatische Waffen | ج أسْلِحة أوتوماتيكيّة / آليّة |
| strategische Waffen | ج أسْلِحة إسْتراتيجيّة |
| die Atomwaffen | ج أسْلِحة ذرِّيّة |
| die Nuklearwaffen / die Kernwaffen | ج أسْلِحة نوويّة |
| die Weltraumwaffen | ج أسْلِحة فضائيّة |
| die Angriffswaffen | ج أسْلِحة هُجوميّة |
| die Kriegsmarine | سِلاح البحْريّة |
| die Luftwaffe | سِلاح الجوّ |
| die Infanterie | سِلاح المُشاة |
| die Abrüstung | نزْع السِّلاح |
| die Reduzierung der Rüstung | تخْفيض السِّلاح |
| Waffen tragen | حمل السِّلاح |
| die Waffen niederlegen | ألْقى السِّلاح |

| | |
|---|---|
| die Waffen strecken | سلّم السِّلاح |
| **Frieden *m*** | **سلام** |
| eine fester ( ein dauerhafter) Frieden | سلام وطيد (دائم) |
| Weltfrieden | سلام عالميّ |
| Separatfrieden | سلام مُنْفرِد |
| Friedenspolitik | سِياسة السّلام |
| Friedensbewegung | حركة السّلام |
| Friedenskonferenz | مُؤْتمر السّلام |
| Friedenskräfte | ج قُوى السّلام |
| Friedensrat | مجْلِس السّلام / مجْلِس السِّلْم |
| Friedensverhandlungen | ج مُفاوضات السّلام |
| Friedensvertrag | مُعاهدة السّلام / مُعاهدة الصُّلْح |
| Friedensbruch | نقْض السّلام |
| Friedensbemühungen | ج مساعي السّلام |
| die Bedrohung des Friedens | التهْديد للسّلام |
| Friedenstaube | حمامة السّلام |
| den Frieden erhalten | حافظ على السّلام |
| den Frieden gefährden | عرّض السّلام للخَطَر |
| den Frieden herstellen | أقرّ السّلام |
| den Frieden sichern / stabilisieren | اسْتتب السّلام |
| Friede sei mit Euch! | السّلام عليكم! ● وعليكم السّلام! |
| | ⊙ سِلْم, صُلْح |
| | ⊠ حرْب |
| **Politik *f*** | **سِياسة ج ـات** |
| eine erfolgreiche Politik | سِياسة ناجِحة |

| | |
|---|---|
| eine kluge Politik | سِياسة حكيمة |
| eine friedliche Politik | سِياسة سِلْميّة |
| eine aggressive Politik | سِياسة عُدْوانيّة |
| eine fortschrittliche / progressive Politik | سِياسة تقدُّميّة |
| eine reaktionäre Politik | سِياسة رجْعيّة |
| die internationale Politik | السِّياسة الدُّوَليّة |
| Außenpolitik | السِّياسة الخارجيّة |
| Bevölkerungspolitik | السِّياسة السُّكّانيّة |
| Innenpolitik | السِّياسة الدّاخليّة |
| Militärpolitik | السِّياسة العسْكريّة |
| Kolonialpolitik | سِياسة اسْتعْماريّة |
| Realpolitik | السِّياسة العمليّة |
| Wirtschaftspolitik | السِّياسة الاقْتصاديّة |
| Friedenspolitik | سِياسة السّلام |
| die Politik der Annäherung / Annaherungspolitik | سِياسة التقارُب |
| die Politik der Abrüstung / Abrüstungspolitik | سِياسة نزْع السِّلاح |
| die Politik der Verständigung / Verständigungspolitik | سِياسة التفاهُم |
| Expansionspolitik | سِياسة التوسُّع / سِياسة توسُّعيّة |
| die Politik des Wettrüstens | سِياسة سِباق التسلُّح |
| die Politik der Stärke | سِياسة القُوّة |
| die Politik der friedlichen Koexistenz | سِياسة التعايُش السِّلْميّ |
| die Politik der guten Nachbarschaft | سِياسة حُسْن الجِوار |
| die Politik des Staates | سِياسة الدَوْلة |
| die Politik der Regierung | سِياسة الحُكومة |
| die Politik der offenen Tür | سِياسة الانْفتاح |
| die Staatsmänner | ج رِجال السِّياسة |
| die Ziele (die Ergebnisse) der Politik | ج أهْداف (نتائجُ) السِّياسة |

| | |
|---|---|
| die Mittel der Politik | ج وسائلُ السِّياسة |
| eine Politik betreiben | مارس / انْتهج سِياسة |
| eine Politik verfolgen | اتّبع سِياسة |
| eine Politik planen | خطط سِياسة |
| eine Politik einschätzen | قيّم سِياسة |
| eine Politik verurteilen | أدان سِياسة |
| diese Politik anerkennen | اعْترف بهذه السِّياسة |
| diese Politik unterstützen | أيّد هذه السِّياسة |
| sich für Politik interessieren | اهْتمّ بالسِّياسة |

| | |
|---|---|
| **Markt *m*; Basar *m*** | **سوق ج أسْواق** |
| ein neuer (ein alter) Markt | سوق جديدة (قديمة) |
| ein stabiler Markt | سوق مُسْتقِرّة |
| der freie Markt | السُّوق الحُرّة |
| der schwarze Markt, der Schwarzmarkt | السُّوق السَّوْداء |
| der internationale Markt | السُّوق العالميّة |
| der gemeinsame Markt | السُّوق المُشْتركة |
| Binnenmarkt | السُّوق الداخِليّة |
| Jahrmarkt | السُّوق السنويّة |
| Warenmarkt | سُوق البضائع |
| Erdölmarkt | سُوق النَّفْط |
| Geldmarkt / Börse | سُوق النّقْد |
| Marktanalyse | تحْليل حالة السُّوق |
| Marktmechanismus | آليّة /ميكانزْم السُّوق |
| Marktpreis | سِعْر السُّوق |
| Marktwert | قيمة سوقيّة |
| Marktwirtschaft | اقْتِصاد السُّوق |

| | |
|---|---|
| freie Marktwirtschaft | الاقْتصاد الحُرّ |
| soziale Marktwirtschaft | اقْتصاد السُّوق الاجْتماعيّ |
| die Bedeutung des Marktes | أهَمِّيّة السُّوق |
| zum Markt gehen | ذهب إلى السُّوق |
| *etw.* auf dem Markt / Basar kaufen | اشْترى شَيْئاً من السُّوق |
| *etw.* auf dem Markt / Basar verkaufen | باع شَيْئاً في السُّوق |
| | |
| **Ebene *f*, Niveau *n*, Stand *m*** | **مُسْتوى ج –ات** |
| ein hohes Niveau | مُسْتوى عالٍ |
| ein niedriges Niveau | مُسْتوى مُنْخفِض |
| ein mittleres Niveau | مُسْتوى مُتوسِّط |
| das kulturelle Niveau | المُسْتوى الثقافيّ |
| das wissenschaftliche Niveau | المُسْتوى العِلْميّ |
| das wirtschaftliche Niveau / das Wirtschaftsniveau | المُسْتوى الاقْتصاديّ |
| das soziale Niveau / das Sozialniveau | المُسْتوى الاجْتماعيّ |
| das Lebensniveau / der Lebensstandard | مُسْتوى المعيشة |
| das Ernährungsniveau | مُسْتوى التّغْذِيَة |
| der Wasserspiegel | مُسْتوى الماء |
| Das Niveau steigt. | يرْتفِع المُسْتوى. |
| Das Niveau sinkt. | ينْخفِض المُسْتوى. |
| das Niveau erhöhen | رفع المُسْتوى |
| das Niveau senken | خفّض المُسْتوى |
| | |
| **Projekt *n*, Entwurf *m*, Plan *m*** | **مشْروع ج –ات , مشاريعُ** |
| eine kühnes Projekt | مشْروع جريء |
| das ökonomische Projekt / das Wirtschaftsprojekt | المشْروع الاقْتصاديّ |
| das industrielle Projekt / das Industrieprojekt | المشْروع الصِّناعيّ |

| | |
|---|---|
| das landwirtschaftliche Projekt / das Landwirtschaftsprojekt | المشْروع الزِّراعيّ |
| das Projekt der industriellen Entwicklung | مشْروع تطْوير الصِّناعة |
| das Bauprojekt | مشْروع البِناء |
| das Reformprojekt | مشْروع الإصْلاح |
| der Gesetzesentwurf | مشْروع القانون |
| die Bedeutung des Projektes | أهمِّيّة المشْروع |
| die Erörterung des Projektes | دِراسة المشْروع |
| die Vorbereitung des Projektes | إعْداد المشْروع |
| ein Projekt ausarbeiten | وضع مشْروعاً |
| ein Projekt erfüllen | نفّذ مشْروعاً |
| ein Projekt realisieren | حقّق مشْروعاً |
| ein Projekt vorschlagen | اقْترح مشْروعاً |
| ein Projekt unterstützen | دعّم مشْروعاً / أيّد مشْروعاً |
| ein Projekt bestätigen | أقرّ مشْروعاً |
| dem Projekt zustimmen | وافق على مشْروع |
| sich über das Projekt einigen | اتّفق على مشْروع |

| | |
|---|---|
| **Freundschaft *f*** | **صداقة** |
| eine alte / langjährige Freundschaft | صداقة قديمة |
| eine traditionelle Freundschaft | صداقة تقْليديّة |
| eine feste / unverbrüchliche Freundschaft | صداقة ثابِتة |
| eine feste Freundschaft | صداقة وطيدة |
| eine herzliche Freundschaft | صداقة قلْبيّة / صداقة من القلْب |
| eine aufrichtige Freundschaft | صداقة مُخْلِصة |
| eine uneigennützige Freundschaft | صداقة نزيهة |
| die ewige Freundschaft | الصداقة الأبديّة / إلى الأبد |
| die Freundschaft der beiden Studenten | صداقة الطالِبَيْن |

| | |
|---|---|
| die Freundschaftsgesellschaft | جمعيّة الصداقة |
| der Freundschaftsvertrag | معاهدة الصداقة |
| die Vertiefung der Freundschaft | تعْميق الصداقة |
| die Festigung der Freundschaft | تدْعيم / تعْزيز / تَوْطيد الصداقة |
| in einer Atmosphäre der Freundschaft / in einer freundschaftlichen Atmosphäre | في جَوّ من الصداقة / في جَوّ مُتّسِم بالصداقة |
| Eine feste Freundschaft verbindet uns. | ترْبُط بَيْنَنا صداقة قويّة. |
| Eine feste Freundschaft verbindet unsere beiden Völker. | بين شعْبَيْنا صداقة قويّة. |
| Die Freundschaft siegt... | تنْتصِر الصداقة |
| Freundschaft(sbande) schließen | عقد روابِط / عُرى الصداقة |
| die Freundschaft festigen | عزّز الصداقة |
| die Freundschaft bewahren | صان الصداقة |
| die Freundschaft erhalten | حافظ على الصداقة |
| die Freundschaft zerstören | دمّر الصداقة |
| die Freundschaft verraten | خان الصداقة |

| | |
|---|---|
| **Bank** *f Fin* | **مصْرِف ج مصارِفُ** |
| Emissionsbank | مصْرِف الإصْدار |
| Staatsbank | مصْرِف الدَّوْلة |
| Monopolbank | المصْرِف الاحْتِكاريّ |
| Nationalbank | المصْرِف الوطني |
| Privatbank | المصْرِف أهْليّ / الخاصّ |
| Zentralbank | المصْرِف المرْكزيّ |
| der Bankdirektor | مدير المصْرِف |
| der Bankangestellte | مُوظّف المصْرِف |
| das Bankgebäude | مبْنى المصْرِف |
| die Bank betreten | دخل المصْرِف |

| | |
|---|---|
| die Bank verlassen | ترك / خرج من المصْرِف |
| in der Bank Geld wechseln | صرّف النُّقود في المصْرِف |
| | ⊙ بنْك ج بُنوك |

| | |
|---|---|
| **Reform *f*** | **إصْلاح –ات** |
| eine grundlegende Reform | إصْلاح جِذْريّ |
| die Bodenreform / Agrarreform | الإصْلاح الزِّراعيّ |
| die Finanzreform | الإصْلاح الماليّ |
| die Währungsreform | الإصْلاح النّقْديّ |
| die Gesetzesreform | الإصْلاح القانونيّ |
| die Verwaltungsreform | الإصْلاح الإداريّ |
| die Strukturreform | الإصْلاح البنْيويّ / الترْكيبي / الهيْكليّ |
| die Sozialreform | الإصْلاح الاجْتِماعيّ |
| die Steuerreform | الإصْلاح الضّريبيّ |
| die Verfassungsreform | الإصْلاح الدّسْتوريّ |
| die Wirtschaftsreform | الإصْلاح الاقْتصاديّ |
| die Gesundheitsreform | إصْلاح نِظام الصِّحّة العامّة |
| die Bildungsreform | إصْلاح التّعْليم |
| die Preisreform | إصْلاح نِظام الأسْعار |
| die Rentenreform | إصْلاح نِظام المعاش التّقاعُديّ |
| die Reformbewegung | حركة الإصْلاح |
| die Reformpolitik | سياسة الإصْلاحات |
| der Reformprozess | عمليّة الإصْلاح |
| der Reformverlauf | مسار الإصْلاح |
| das Reformprogramm | برْنامج الإصْلاح |
| eine Reform durchführen | أجْرى إصْلاحاً / قام بإصْلاحٍ |
| eine Reform ablehnen | رفض إصْلاحاً |

| | |
|---|---|
| eine Reform unterstützen | دعم / أيّد إصْلاحاً |

| | |
|---|---|
| **Kiste *f*, Kasten *m*; Kasse *f*; Fonds *m*** | **صنْدوق ج صناديقُ** |
| eine Holzkiste / ein Holzkasten | صنْدوق خشبيّ / صنْدوق من الخشب |
| der Sozialfonds | الصنْدوق الاجْتماعيّ |
| der Sonderfonds | الصنْدوق الخاصّ |
| der Währungsfonds | صنْدوق النقْد |
| der Entwicklungsfonds | صنْدوق التنْمِيَة |
| der Hilfsfonds | صنْدوق المُساعدة / الإغاثة |
| die Sparkasse | صنْدوق التّوْفير |
| die Wahlurne | صنْدوق الاقْتِراع / الانْتِخابات |
| der Briefkasten / das Postfach | صنْدوق البريد |
| einen Fonds schaffen / gründen | أنْشأ صنْدوقاً |

| | |
|---|---|
| **Industrie *f*, Anfertigung *f*, Herstellung *f*** | **صِناعة ج ـات** |
| eine entwickelte Industrie | صِناعة مُتطوِّرة |
| eine unterentwickelte Industrie | صِناعة مُتخلِّفة |
| eine moderne Industrie | صِناعة حديثة |
| eine traditionelle Industrie | صِناعة تقْليديّة |
| die einheimische Industrie | الصِّناعة المحلّيّة |
| die nationale Industrie | الصِّناعة الوطنيّة |
| die verarbeitende Industrie | الصِّناعة التحْويليّة |
| die extraktive Industrie | الصِّناعة الاسْتخْراجيّة |
| die handwerkliche Industrie / das Handwerk | الصِّناعة اليدويّة |
| die maschinelle Industrie | الصِّناعة الآليّة |
| die chemische Industrie | الصِّناعة الكيماويّة |
| die Leichtindustrie | الصِّناعة الخفيفة |

| | |
|---|---|
| die Schwerindustrie | الصِّناعة الثقيلة |
| die Lebensmittelindustrie | الصِّناعة الغذائيّة |
| die Zulieferindustrie | الصِّناعة المُغَذِّيَة |
| die Textilindustrie | صِناعة الغَزَل والنّسيج |
| die Metallindustrie | الصناعة المعْدنيّة |
| die Erdölindustrie | صِناعة النفْط / البتْرول |
| die Bauindustrie | صِناعة البِناء |
| keramische Industrie | صِناعة الخزَف |
| Korbanfertigung | صِناعة السِّلال |
| Ziegelherstellung | صِناعة الطُّوب |
| die Industriellen | ج رِجال الصِّناعة |
| die Grundlagen der Industrie | ج أُسس الصِّناعة |
| die Entwicklung der Industrie | تطوُّر الصِّناعة |
| Die Industrie erweitert sich... | تتوسّع الصِّناعة... |
| Die Industrie versorgt... | تُموِّن الصِّناعة |
| die Industrie entwickeln | طوّر الصِّناعة |
| die Industrie erweitern | وسّع الصِّناعة |
| ein Industriezweig | فرْع من فُروع الصِّناعة |
| **Garantie *f*, Sicherheit *f*** | **ضمان ج –ات** |
| kollektive Sicherheit | ضمان جماعيّ |
| Sozialversicherung | ضمان اجْتِماعيّ |
| Kaution | ضمان ماليّ |
| Gepäckversicherung | ضمان الأمْتِعة |
| Garantiebescheinigung | خِطاب ضمان |
| Garantiefrist | مُدّة ضمان |

| | |
|---|---|
| **Gast *m*** | **ضَيْف ج ضُيُوف** |
| ein hoher Gast | ضيف كبير |
| Ehrengast | ضيف شرف |
| als Gast von... | ضيفاً على... |
| Gastdelegation | الوفْد الضّيف |
| Gastland | البلد المُضِيف |
| | |
| **Kapazität *f*; Kraft *f*; Energie *f*; Potential *n*; Potenz *f*** | **طاقة ج ـات** |
| mechanische Energie | طاقة ميكانيكيّة |
| Atomenergie | طاقة ذرّيّة |
| Elektroenergie | طاقة كهْربائيّة |
| Kernenergie | طاقة نوويّة |
| Sonnenenergie | طاقة شمْسيّة |
| Wärmeenergie / Wärmekraft | طاقة حراريّة |
| die Produktionskapazität | الطاقة الإنْتاجيّة |
| das Menschenpotential | الطاقة البشريّة |
| die Energieerzeugung | تَوْليد الطاقة |
| Das übersteigt seine Kräfte. | هذا يُجاوِز طاقتَه. |
| nach Kräften / nach Möglichkeit | على قدْر الطاقة |
| alles in Kräften stehende tun | بذل قُصارى طاقتِه / جُهْدِه |
| | |
| **Ausstellung *f*, Messe *f*** | **معْرِض ج معارِضُ** |
| die nationale Messe | المعْرِض الوطنيّ |
| die internationale Messe | المعْرِض الدُّوَليّ |
| die jährliche Messe | المعْرِض السنويّ |
| die Wirtschaftsausstellung | المعْرِض الاقْتِصاديّ |
| die Industrieausstellung | المعْرِض الصِّناعيّ |

| | |
|---|---|
| die Landwirtschaftsausstellung | المعْرِض الزِّراعيّ |
| die Leipziger Messe | معْرِض لايبزك |
| die Bagdad – Messe | معْرِض بغداد |
| die Buchmesse / Buchausstellung | معْرِض الكُتُب |
| die Automesse | معْرِض السّيارات |
| die Messeleitung | إدارة المعْرِض |
| der Messekatalog | دليل المعْرِض |
| die Messeexponate | ج المعْروضات |
| die Messebesucher | ج زُوّار المعْرِض |
| die Messeaussteller | ج عارِضو المعْرِض |
| die Messehalle | قاعة المعْرِض |
| der Messepavillon | جناح المعْرِض |
| eine Messe veranstalten | أقام معْرِضاً |
| die Messe besuchen | زار معْرِضاً |

| | |
|---|---|
| **Beziehung *f*, Verhältnis *n*; Verbindung *f*** | **علاقة ج –ات** |
| gute (schlechte) Beziehungen | ج علاقات جيِّدة (سَيِّئة) |
| freundschaftliche Beziehungen | ج علاقات وِدِّيّة |
| gespannte Beziehungen | ج علاقات مُتوتِّرة |
| sachliche Beziehungen | ج علاقات مَوْضوعيّة |
| persönliche Beziehungen | ج علاقات شخْصيّة |
| internationale Beziehungen | ج علاقات دُوليّة |
| diplomatische Beziehungen | ج علاقات دِبْلوماسيّة |
| politische Beziehungen | ج علاقات سِياسيّة |
| ökonomische / wirtschaftliche Beziehungen | ج علاقات اِقْتصاديّة |
| kulturelle Beziehungen | ج علاقات ثقافيّة |
| Handelsbeziehungen | ج علاقات تِجاريّة |

| | |
|---|---|
| die Familienbeziehungen | ج العلاقات الأُسْريّة |
| die Öffentlichkeitsarbeit / Public relations (PR) | ج علاقات عامّة |
| die Beziehungen der Freundschaft | ج علاقات الصّداقة |
| die Beziehungen der Zusammenarbeit | ج علاقات التّعاوُن |
| die Produktionsverhältnisse | ج علاقات الإنْتاج |
| die gutnachbarlichen Beziehungen | ج علاقات حُسْن الجِوار |
| die Beziehungen zwischen den beiden Ländern | ج العلاقات بين البلدَيْن |
| die Beziehungen zwischen den beiden Staaten | ج العلاقات بين الدُّوْلتَيْن |
| die Beziehungen zwischen den beiden Universitäten | ج العلاقات بين الجامعتَيْن |
| die Beziehungen zwischen den Menschen | ج العلاقات بين الناس |
| die Beziehungen zwischen den Jugendlichen | ج العلاقات بين الشباب |
| die Beziehungen zwischen uns | ج العلاقات بيننا |
| die Festigung der Beziehungen | توْطيد / تدْعيم / تعْزيز العلاقات |
| der Abbruch der Beziehungen | قطْع العلاقات |
| das Einfrieren der Beziehungen | تجْميد العلاقات |
| die Normalisierung der Beziehungen | تطْبيع العلاقات |
| Beziehungen aufnehmen | أقام العلاقات |
| Beziehungen unterhalten | مارس العلاقات |
| Beziehungen stärken / festigen | عزّز / وطّد العلاقات |
| Beziehungen verbessern | حسّن العلاقات |
| Beziehungen entwickeln | طوّر العلاقات |
| Beziehungen vertiefen | عمّق العلاقات |
| Beziehungen erweitern | وسّع العلاقات |
| Beziehungen wieder aufnehmen | اسْتأْنف العلاقات |
| Beziehungen abbrechen | قطع العلاقات |
| in Beziehung stehen zu... | له علاقة بـــ... |
| in keiner Beziehung stehen zu... | ليس له علاقة بـــ... |

| | |
|---|---|
| **Wissenschaft *f*** | **عِلْم ج عُلوم** |
| eine alte Wissenschaft | عِلْم قديم |
| eine traditionelle Wissenschaft | عِلْم تقْليديّ |
| eine aufblühende Wissenschaft | عِلْم مُزْدهِر |
| eine entwickelte Wissenschaft | عِلْم مُتطوِّر |
| die Geisteswissenschaft(en) | ج العُلوم الإنْسانيّة |
| die Naturwissenschaft(en) | ج العُلوم الطبيعيّة |
| die Sozialwissenschaft(en) | ج العُلوم الاجْتماعيّة |
| die technischen Wissenschaften | ج العُلوم التّقنيّة |
| die angewandten Wissenschaften | ج العُلوم التطْبيقيّة |
| Archäologie | عِلْم الآثار |
| Soziologie | عِلْم الاجْتماع |
| Biologie | عِلْم الحياة |
| Zoologie | عِلْم الحَيوان |
| Botanik | عِلْم النّباتات |
| Mineralogie | عِلْم المعادن |
| Linguistik | عِلْم اللّغة |
| Phonetik | عِلْم الأصْوات |
| Psychologie | عِلْم النّفْس |
| Medizin | عِلْم الطِّبّ |
| Chemie | عِلْم الكيمياء |
| Physik | عِلْم الفيزياء |
| die Gebiete der Wissenschaft | ج مجالات العِلْم |
| die Erkenntnisse der Wissenschaft | ج معارِفُ العِلْم |
| die Anwendung der Wissenschaft in der Praxis | اسْتِخْدام العِلْم في التطْبيق / في المجال العمليّ |
| ein Leben für die Wissenschaft | حياة من أجْلِ العِلْم |
| die Naturwissenschaftliche Fakultät | كُلِّيّة العُلوم |

|  |  |
|---|---|
| Kunst und Wissenschaft | الفنّ والعِلْم |
| Wissenschaft und Technik | العِلْم والتّكتيك |
| Wissenschaft und Praxis | العِلْم والتّطْبيق |
| Die Wissenschaft lehrt... | يُدرِّس العِلْم... |
| Die Wissenschaft erklärt... | يشْرح العِلْم... |
| Die Wissenschaft anerkennt... | يعْترِف العِلْم بـــ... |
| Die Wissenschaft lehnt ab... | يرْفُض العِلْم... |
| Die Wissenschaft entwickelt sich. | يتطوّر العِلْم. |
| der Wissenschaft dienen | خدم العِلْم |
| die Wissenschaften pflegen | اعْتنى بالعُلوم |
| die Wissenschaften fördern | شجّع العُلوم |
| für die Wissenschaft leben | عاش من أجْل العِلْم |
| **1. Arbeiter *m*** | **عامِل ج عُمّال** |
| ein geschickter Arbeiter | عامِل ماهِر |
| ein fleißiger Arbeiter | عامِل مُجْتهِد |
| ein aktiver Arbeiter | عامِل نشيط |
| der Facharbeiter | العامِل الفنِّيّ |
| der Landarbeiter | العامِل الزِّراعيّ |
| der Saisonarbeiter | العامِل المَوْسِميّ |
| der Erdölarbeiter | عامِل النفْط |
| der Fabrikarbeiter | عامِل المصْنع |
| die Arbeiter und die Bauern | ج العُمّال والفلاّحون |
| die Arbeiterbewegung | حركة العُمّال |
| **2. Faktor *m*** | **عامِل ج عوامِلُ** |
| ein entscheidender Faktor | عامِل حاسِم |
| ein notwendiger Faktor | عامِل ضروريّ |

| | |
|---|---|
| ein wichtiger Faktor | عامِل هامّ / مُهِمّ |
| ein politischer Faktor | عامِل سِياسيّ |
| ein geografischer Faktor | عامِل جُغْرافيّ |
| ein militärischer Faktor | عامِل عسْكريّ |
| der Zeitfaktor | عامِل الزمن |
| die Entwicklungsfaktoren | ج عوامِلُ التطوُّر |
| **Operation *f*; Akt *m*, Aktion *f*; Prozess *m*, Verfahren *n*** | **عمليّة ج –ات** |
| eine entschlossene Aktion | عمليّة حازِمة |
| eine mutige Aktion | عمليّة شُجاعة |
| ein langwieriger Prozess | عمليّة طويلة |
| ein biologischer Prozess | عمليّة بِيولوجيّة |
| eine Handelsaktion | عمليّة تِجاريّة |
| eine Transaktion | عمليّة نقْديّة / ماليّة |
| ein chirurgischer Eingriff, eine Operation | عمليّة جِراحيّة |
| eine militärische Operation | عمليّة عسْكريّة |
| ein Terrorakt | عمليّة إرْهابيّة |
| eine Operation durchführen | أجْرى عمليّة |
| **Vertrag *m*, Abkommen *n*, Pakt *m*** | **مُعاهدة ج –ات** |
| ein gleichberechtigter Vertrag | مُعاهدة مُتكافِئة |
| ein Handelsvertrag | مُعاهدة تِجاريّة |
| Grenzvertrag | مُعاهدة الحُدود |
| Neutralitätsvertrag | مُعاهدة الحِياد |
| Friedensvertrag | مُعاهدة السّلام / الصُّلْح |
| Waffenstillstandvertrag | مُعاهدة الهُدْنة / مُعاهدة وقْف إطْلاق النار |
| Nichtangriffsvertrag | مُعاهدة عدم الاعْتِداء |

| | |
|---|---|
| Freundschaftsvertrag | مُعاهدة الصّداقة |
| der Vertrag über Freundschaft, Zusammenarbeit und gegenseitigen Beistand | مُعاهدة الصّداقة والتّعاوُن والمعونة المُتبادلة |
| das Potsdamer Abkommen *hist* | مُعاهدة بوتْسدام |
| die Genfer Konvention | مُعاهدة جنيف |
| die Achtung des Vertrages | احْترام المُعاهدة |
| die Einhaltung des Vertrages | التقيُّد بالمُعاهدة |
| die Unverletzbarkeit des Vertrages | حُرْمة المُعاهدة |
| den Vertrag abschließen | عقد المُعاهدة |
| den Vertrag unterzeichnen | وقّع المُعاهدة / وقّع على المُعاهدة |
| den Vertrag verletzen | خرق المُعاهدة |
| den Vertrag kündigen | ألْغى المُعاهدة / أعْلن إلْغاء المُعاهدة |
| der Vertrag tritt in Kraft | تُصْبح المُعاهدة مَوْضعَ التّنْفيذ |
| | ⊙ اتِّفاقيّة ج –ات, اتِّفاق |

| | |
|---|---|
| **Gelegenheit *f*, Chance *f*** | **فُرْصة ج فُرص** |
| eine einmalige / goldene Chance | فُرْصة فريدة / ذهبيّة |
| eine glückliche Chance | فُرْصة سعيدة |
| die einzige Gelegenheit | الفُرْصة الوحيدة |
| die erste Gelegenheit | الفُرْصة الأُولى |
| die letzte Gelegenheit | الفُرْصة الأخيرة |
| die Arbeitsgelegenheit = der Arbeitsplatz | فُرْصة العمل |
| die Chance seines Lebens | فُرْصة العُمْر |
| *jmdm.* die Chance bieten | أتاح له الفُرْصة |
| die Gelegenheit wahrnehmen / nutzen | اغْتنم / انْتهز الفُرْصة |
| | ⊙ مُناسبة ج –ات |

| **Gedanke *m*, Idee *f*; Vorstellung *f*** | **فِكْرة ج أفْكار** |
|---|---|
| ein neuer Gedanke | فِكْرة جديدة |
| ein einfacher Gedanke | فِكْرة بسيطة |
| ein großartiger Gedanke | فِكْرة رائعة / عظيمة |
| ein klarer Gedanke | فِكْرة واضحة |
| ein sonderbarer Gedanke | فِكْرة غريبة |
| fortschrittliche (reaktionäre) Ideen | ج أفْكار تقدُّميّة (رجْعيّة) |
| der Hauptgedanke | الفِكْرة الرّئيسيّة |
| der Grundgedanke | الفِكْرة الأساسيّة |
| die Idee des Romans | فِكْرة الرِّواية |
| die Idee des Buches | فِكْرة الكِتاب |
| der Vater des Gedankens = der geistige Urheber | صاحِب الفِكْرة |
| einen Gedanken unterbreiten | قدّم فِكْرة |
| einen Gedanken unterstützen | أيّد فِكْرة |
| einen Gedanken verstehen | فهِم فِكْرة |
| einen Gedanken erläutern | شرح فِكْرة |
| einen Gedanken interpretieren | فسّر فِكْرة |
| einen Gedanken verwirklichen | حقّق فِكْرة |
| eine Idee kritisieren | انْتقد فِكْرة |

| **Verhandlung *f*, Besprechung *f*** | **مُفاوضة ج –ات** |
|---|---|
| lange Verhandlungen | ج مُفاوضات طويلة |
| fruchtbare Verhandlungen | ج مُفاوضات مُثْمِرة |
| erfolgreiche Verhandlungen | ج مُفاوضات ناجِحة |
| politische Verhandlungen | ج مُفاوضات سياسيّة |
| diplomatische Verhandlungen | ج مُفاوضات دِبْلوماسيّة |
| kommerzielle Verhandlungen | ج مُفاوضات تِجاريّة |

| | |
|---|---|
| Wirtschaftsverhandlungen | ج مُفاوضات اقْتصاديّة |
| der Erfolg der Verhandlungen | نجاح المُفاوضات |
| das Scheitern der Verhandlungen | فَشَل المُفاوضات |
| während der Verhandlungen | في سَيْر / أثْناء المُفاوضات |
| eine neue Verhandlungsrunde | جَوْلة جديدة من المُفاوضات |
| Die Verhandlungen scheiterten. | فشلت المُفاوضات. |
| Die Verhandlungen endeten / gingen zu Ende. | اخْتتمت المُفاوضات. |
| Die Verhandlungen führten zu ... | أدّت المُفاوضات إلى... |
| (die) Verhandlungen durchführen | أجرى المُفاوضات |
| (die) Verhandlungen abbrechen | قطع المُفاوضات |
| (die) Verhandlungen wieder aufnehmen | اسْتأْنف المُفاوضات |
| (die) Verhandlungen eröffnen | فتح باب المُفاوضات |
| sich an den Verhandlungen beteiligen | اشْترك في المُفاوضات |
| | ⊙ مُباحثة ج –ات, مُحادثة ج –ات |

| | |
|---|---|
| **Leistung *f*; Fähigkeit *f*; Kraft *f*** | **قُدْرة ج –ات** |
| die Kampfkraft | القُدْرة القتاليّة |
| die Kaufkraft | القُدْرة الشِّرائيّة |
| die Schöpferkraft | القُدْرة الإبْداعيّة |
| die Verteidigungskraft | القُدْرة الدِّفاعيّة |
| die Leistung der Maschine | قُدْرة الآلة / الماكينة |
| die Leistung / die Kapazität der Fabrik | قُدْرة المصْنع |
| die Transportleistung | قُدْرة النّقْل |
| die Fähigkeit des Schöpfers | قُدْرة الخالِق |
| die Fähigkeit zur Arbeit | القُدْرة على العمل |
| | ⊙ طاقة ج –ات |

| | |
|---|---|
| **Bericht *m*** | **تقْرير ج تقارير** |
| ein detaillierter Bericht | تقْرير تفْصيليّ |
| ein vorläufiger Bericht | تقْرير مُؤقّت |
| ein Abschlussbericht | تقْرير نِهائيّ |
| ein politischer Bericht | تقْرير سِياسيّ |
| ein technischer Bericht / ein technisches Gutachten | تقْرير فنّيّ |
| ein wissenschaftlicher Bericht / ein wissenschaftliches Gutachten | تقْرير عِلْميّ |
| ein Jahresbericht | تقْرير سنويّ |
| ein Monatsbericht | تقْرير شهْريّ |
| ein Pressebericht | تقْرير صُحُفيّ |
| ein Finanzbericht | تقْرير ماليّ |
| der Polizeibericht | تقْرير الشُّرْطة |
| der Bankbericht | تقْرير البنْك / المصْرِف |
| der Verwaltungsbericht | تقْرير الإدارة |
| einen Bericht erarbeiten | وضع تقْريراً |
| einen Bericht diskutieren | ناقش تقْريراً |
| einen Bericht vorlegen | قدّم / ألْقى تقْريراً |
| einen Bericht erstatten | قدّم تقْريراً |
| einen Bericht abändern | عدّل تقْريراً |
| den Bericht zur Kenntnis nehmen | اطّلع على التقْرير |
| dem Bericht zustimmen | وافق على التقْرير |
| **Beschluss *m*; Entscheidung *f*, Verordnung *f*** | **قرار ج –ات** |
| eine neuer Beschluss | قرار جديد |
| ein endgültiger Beschluss | قرار نِهائيّ |
| ein weiser Beschluss | قرار حكيم |
| ein kühner Beschluss | قرار جريء |

| | |
|---|---|
| ein internationaler Beschluss | قرار دُوَليّ |
| ein Regierungsbeschluss | قرار حُكوميّ |
| Beschlussentwurf | مشْروع القرار ج مشاريعُ القرارات |
| der Beschluss der Leitung | قرار الإدارة |
| der Beschluss des Gremiums | قرار الهَيْئة |
| der Beschluss der Konferenz | قرار المُؤْتمر |
| der Beschluss des Gerichts | قرار المحْكمة |
| einen Beschluss fassen | اتّخذ قراراً |
| einen Beschluss verwirklichen | حقّق / نفّذ قراراً |
| einen Beschluss ablehnen | رفض قراراً |
| einen Beschluss aufheben | ألْغى قراراً |
| einen Beschluss / eine Verordnung erlassen | أصْدر قراراً |
| einen Beschluss einhalten | تمسّك بقرار |
| einem Beschluss zustimmen | وافق على قرار |

| | |
|---|---|
| **Vorschlag *n*** | **اقْتِراح ج ـات** |
| ein konstruktiver Vorschlag | اقْتِراح بنّاء |
| ein wertvoller Vorschlag | اقْتِراح قيِّم |
| ein gleichlautender Vorschlag | اقْتِراح مُماثِل |
| ein nebensächlicher Vorschlag | اقْتِراح عرْضيّ / اقْتِراح جانِبيّ |
| ein Gegenvorschlag | اقْتِراح مُضادّ |
| ein Alternativvorschlag | اقْتِراح بديل |
| ein Kompromissvorschlag | اقْتِراح حلّ وسط |
| einen Vorschlag unterbreiten | قدّم اقْتِراحاً |
| einen Vorschlag unterstützen | أيّد اقْتِراحاً |
| einen Vorschlag ablehnen | رفض اقْتِراحاً |
| sich gegen einen Vorschlag wenden | عارض اقْتِراحاً |

| | |
|---|---|
| einem Vorschlag zustimmen | وافق على اقْتراح |
| einen Vorschlag zur Abstimmung unterbreiten | طرح اقْتِراحاً للتّصْويت |
| gestützt auf den Vorschlag... | بناءً على الاقْتِراح |
| **Kredit *m*, Anleihe *f*** | **قرْض ج قُروض** |
| kommerzieller Kredit | قرْض تِجاريّ |
| gesicherter Kredit | قرْض مضْمون |
| zinsloser Kredit | قرْض بدون فوائد |
| kurzfristiger Kredit | قرْض قصير الأجْل |
| mittelfristiger Kredit | قرْض مُتوسِّط الأجْل |
| langfristiger Kredit | قرْض طويل الأجْل |
| Bankkredit | قرْض مصْرِفيّ / قرْض المصْرِف |
| Barkredit | قرْض نقْديّ |
| Finanzierungskredit | قرْض تمْويليّ |
| Finanzkredit | قرْض ماليّ |
| Investitionskredit | قرْض اسْتِثْماريّ |
| Verbraucherkredit | قرْض المُسْتهْلِك |
| Warenkredit | قرْض سِلْعيّ |
| öffentliche Anleihe | قرْض عامّ |
| Staatsanleihe | قرْض الخِزانة |
| Zwangsanleihe | قرْض إلْزاميّ |
| die Kreditbank | مصْرِف القُروض |
| einen Kredit gewähren | قدّم / منح قرْضاً |
| einen Kredit geben | أعْطى قرْضاً |
| einen Kredit kündigen | ألْغى قرْضاً |
| einen Kredit tilgen | سدّد قرْضاً |
| einen Kredit auszahlen | صرف قرْضاً |

| | |
|---|---|
| einen Kredit verlängern | مدّد قرْضاً |
| einen Kredit anbahnen | رتّب قرْضاً |
| einen Kredit absichern | ضمِن قرْضاً |
| | ⊙ اعْتِماد ج -ات |
| | |
| **Wirtschaft *f*, Ökonomie *f*** | **اقْتِصاد** |
| entwickelte Wirtschaft | اقْتِصاد مُتطوِّر |
| rückständige Wirtschaft | اقْتِصاد مُتخلّف |
| unabhängige Wirtschaft | اقْتِصاد مُسْتقِلّ |
| freie Wirtschaft | اقْتِصاد حُرّ |
| gesunde Wirtschaft | اقْتِصاد سليم |
| Marktwirtschaft | اقْتِصاد السُّوق |
| soziale Marktwirtschaft | اقْتِصاد السوق الاجْتِماعيّ |
| freie Marktwirtschaft | اقْتِصاد السوق الحُرّ |
| Binnenwirtschaft | اقْتِصاد داخِليّ |
| Energiewirtschaft | اقْتِصاد الطاقة |
| Erdölwirtschaft | اقْتِصاد نفْطيّ |
| Exportwirtschaft | اقْتِصاد تصْديريّ |
| Finanzwirtschaft / Finanzökonomie | اقْتِصاد ماليّ |
| Kommunalwirtschaft | اقْتِصاد بلديّ |
| Naturalwirtschaft | اقْتِصاد طبيعيّ |
| Planwirtschaft / Dirigismus | اقْتِصاد مُوجّه / مُبرْمج |
| Volkswirtschaft | اقْتِصاد وطنيّ |
| Weltwirtschaft | اقْتِصاد عالميّ |
| Sozialökonomie | اقْتِصاد اجْتِماعيّ |
| die Wirtschaft Japans | اقْتِصاد اليابان |
| die Wirtschaft der USA | اقْتِصاد الوِلايات المُتّحِدة |

| | |
|---|---|
| die Ökonomie des Landes | اقْتِصاد البلد / البِلاد |
| die Ökonomie der Zeit | اقْتِصاد الزمن |
| die Entwicklung der Wirtschaft | تَنْمية الاقْتِصاد |
| die Stagnation der Wirtschaft | رُكود الاقْتِصاد |
| die Wirtschaftswissenschaft | عِلْم الاقْتِصاد |
| die Wirtschaftskrise | أزمة الاقْتِصاد |
| die Wirtschaftsreform | إصْلاح الاقْتِصاد |
| Die Wirtschaft blühte auf. | ازْدهر الاقْتِصاد. |
| Die Wirtschaft belebte sich. | انْتعش الاقْتِصاد. |
| Die Wirtschaft spielte eine wichtige Rolle. | لعب الاقْتِصاد دَوْراً هامّاً... |
| Die Wirtschaft deckte die Bedürfnisse. | سدّ الاقْتِصاد الحاجات... |
| die Wirtschaft entwickeln | طوّر الاقْتِصاد |
| die Wirtschaft aufbauen | بنى الاقْتِصاد |
| die Wirtschaft leiten | أدار الاقْتِصاد |

| | |
|---|---|
| **Sektor *m*, Abschnitt *m*; Bereich *m*** | **قِطاع ج –ات** |
| der industrielle Sektor | القِطاع الصِّناعيّ |
| der landwirtschaftliche Sektor | القِطاع الزِّراعيّ |
| der Produktionsbereich | القِطاع الإنْتاجيّ |
| der staatliche Sektor | القِطاع العامّ |
| der private Sektor | القِطاع الخاصّ |
| der gemischte Sektor | القِطاع المُخْتلط |
| Längsschnitt *Geom* | القِطاع الطُّوليّ |
| Querschnitt *Geom* | القِطاع العرْضيّ |
| der Nordabschnitt *Mil* | القِطاع الشّماليّ |
| der Ghaza-Streifen, das Ghaza-Gebiet | قِطاع غزّة |

⊙ مجال ج –ات, قِسْم ج أقْسام

| | |
|---|---|
| **Stück *n*** | **قِطْعة ج قِطَع** |
| ein großes (ein kleines) Stück | قِطْعة كبيرة (صغيرة) |
| ein Gesangsstück | قِطْعة غنائيّة |
| ein Musikstück | قِطْعة موسيقيّة |
| ein Geldstück | قِطْعة ماليّة / نقْديّة |
| ein Fundstück | قِطْعة أثريّة |
| ein Stück Brot | قِطْعة خُبْز |
| ein Stück Käse | قِطْعة جُبْنة |
| ein Stück Schokolade | قِطْعة من الشوكولاته |
| ein Stück Land | قِطْعة أرْض |
| ein Ersatzteil | قِطْعة غِيار / تبْديل |
| ein Stück... nehmen | أخذ قِطْعةً |
| ein Stück... geben | أعْطى قِطْعةً |
| | ⊙ جُزء ج أجْزاء |

| | |
|---|---|
| **Basis *f*, Grundlage *f*; Grundsatz *m*, Regel *f*; Stützpunkt *m*** | **قاعدة ج قواعِدُ** |
| eine Militärbasis / ein Militärstützpunkt | قاعدة عسْكريّة |
| ein Luft(waffen)stützpunkt | قاعدة جوِّيّة |
| ein Marinestützpunkt | قاعدة بحْريّة |
| ein Gefechtsstützpunkt | قاعدة حرْبيّة |
| die Grundlage / das Fundament des Hauses | قاعدة البَيْت |
| die Grundlage / das Fundament des Bauwerkes | قاعدة البِناء |
| der Sockel des Denkmals | قاعدة التِّمْثال |
| die Versorgungsbasis | قاعدة التّمْوين |
| die Ausgangsbasis | قاعدة الانْطِلاع |
| eine grammatische Regel | قاعدة نحْويّة |

| | |
|---|---|
| eine allgemeine Regel | قاعدة عامّة |
| | ⊙ أساس ج أُسُس |

| | |
|---|---|
| **Unabhängigkeit *f*** | **اسْتقْلال** |
| nationale Unabhängigkeit | الاسْتقْلال الوطنيّ |
| staatliche Unabhängigkeit | الاسْتقْلال الرّسْميّ |
| politische Unabhängigkeit | الاسْتقْلال السِّياسيّ |
| wirtschaftliche Unabhängigkeit | الاسْتقْلال الاقْتصاديّ |
| finanzielle Unabhängigkeit | الاسْتقْلال الماليّ |
| materielle Unabhängigkeit | الاسْتقْلال المادِّيّ |
| die formale Unabhängigkeit | الاسْتقْلال الشّكْليّ |
| die tatsächliche Unabhängigkeit | الاسْتقْلال الحقيقيّ |
| die vollständige Unabhängigkeit | الاسْتقْلال الكامل |
| die Unabhängigkeit der Politik | اسْتقْلال السِّياسة |
| die Unabhängigkeit der Wirtschaft | اسْتقْلال الاقْتصاد |
| die Unabhängigkeit der Kunst | اسْتقْلال الفنّ |
| die Unabhängigkeit der Person | اسْتقْلال الشّخْص |
| die Unabhängigkeit des Menschen | اسْتقْلال الإنْسان |
| die Unabhängigkeit des Volkes | اسْتقْلال الشّعْب |
| die Unabhängigkeit des Landes | اسْتقْلال البلد |
| die Unabhängigkeit des Staates | اسْتقْلال الدّوْلة |
| die Unabhängigkeitspartei | حزْب الاسْتقْلال |
| die Unabhängigkeitsbewegung | حركة الاسْتقْلال |
| die Festigung der Unabhängigkeit | تعْزيز الاسْتقْلال |
| der Kampf für die Unabhängigkeit | النِّضال / الكفاح من أجْل الاسْتقْلال |
| die Unabhängigkeit erlangen / erhalten | حصل على الاسْتقْلال |
| die Unabhängigkeit proklamieren | أعْلن الاسْتقْلال |

| | |
|---|---|
| die Unabhängigkeit festigen | وطّد الاسْتِقْلال |
| die Unabhängigkeit erringen / erkämpfen | انْتزع الاسْتِقْلال |
| die Unabhängigkeit verlieren | فقد الاسْتِقْلال |
| für die Unabhängigkeit kämpfen | كافح / ناضل من أجْل الاسْتِقْلال |
| **Führung *f*, Leitung *f*; Kommando *n*** | **قِيادة ج –ات** |
| die politische Führung | القِيادة السِّياسيّة |
| die revolutionäre Führung | القِيادة الثَّوْريّة |
| die nationale Führung *Baath-Partei* | القِيادة القَوْميّة / الوطنيّة |
| die regionale Führung *Baath-Partei* | القِيادة القُطْريّة |
| das Oberkommando *Mil* | القِيادة العُلْيا |
| die Armeeführung | قِيادة الجَيْش |
| das Führen / Chauffieren des Autos | قِيادة السيّارة |
| der Kommandorat | مجْلس القِيادة |
| das Steuer(rad) | عَجَلَة القِيادة |
| das Flaggschiff | سفينة القِيادة |
| die Führung ausüben | مارس القِيادة |
| | ⊙ رِئاسة , زِعامة |
| **Widerstand *m*** | **مُقاومة** |
| heftiger Widerstand | مُقاومة عنيفة |
| hartnäckiger Widerstand | مُقاومة عنيدة |
| offener Widerstand | مُقاومة صريحة |
| passiver Widerstand | مُقاومة سلْبيّة |
| die palästinensische Widerstandsbewegung | المُقاومة الفلسْطِينيّة |
| der Widerstand des Volkes | مُقاومة الشّعْب |
| der Widerstand der Befreiungsbewegung | مُقاومة حركة التّحرُّر |

| | |
|---|---|
| die Widerstandsbewegung | حركة المُقاومة |
| der Widerstandskämpfer | رجُل المُقاومة |
| der Widerstand verstärken | شدّد المُقاومة |
| den Widerstand organisieren | نظّم المُقاومة |
| **Kraft *f*, Stärke *f*; Macht *f*** | **قُوّة ج قُوىً / ج قُوّات** |
| die Körperkraft | القُوّة البَدَنيّة |
| die moralische Kraft | القُوّة المعْنويّة |
| die Produktionskraft | القُوّة الإنْتاجيّة |
| die Kaufkraft | القُوّة الشِّرائيّة |
| die Schlagkraft | القُوّة الضّارِبة |
| die Kampfkraft | القُوّة النِّضاليّة |
| die Großmacht | القُوّة العُظْمى |
| die Kraft der Gewohnheit | قُوّة العادة |
| die Kraft des Beispiels | قُوّة المَثَل |
| die Willenskraft | قُوّة الإرادة |
| die Gesetzeskraft | قُوّة القانون |
| die Position der Stärke | مَوْقِع القُوّة |
| die Volkskräfte | ج قُوى الشعْب |
| die progressiven Kräfte | ج القُوىَ التقدُّميّة |
| die revolutionären Kräfte | ج القُوىَ الثَّوْريّة |
| die reaktionären Kräfte | ج القُوىَ الرّجْعيّة |
| die Antriebskräfte | ج القُوىَ المُحرِّكة |
| die Arbeitskräfte | ج القُوى العامِلة |
| das Militär | ج القُوّات العسْكريّة |
| die bewaffneten Kräfte / die Streitkräfte | ج القُوّات المُسلّحة |
| die Besatzungstruppen / die Okkupationstruppen | ج قُوّات الاحْتِلال |

| | |
|---|---|
| die Sicherheitskräfte | ج قُوّات الأمْن |
| | |
| **Ort *m*, Platz *m*, Stelle *f*** | **مكان ج أمْكِنة, أماكِنُ** |
| ein guter (schlechter) Platz | مكان جيِّد (سيِّئ) |
| ein schöner Platz | مكان جميل |
| ein geeigneter Platz | مكان مُلائِم |
| ein gemütlicher Platz | مكان مُريح |
| ein freier (besetzter) Platz | مكان حُرّ / شاغِر (محْجوز) |
| ein anderer Platz | مكان آخَر |
| der Arbeitsplatz | مكان العمل |
| der Versammlungsort | مكان الاجْتِماع |
| der Studienort | مكان الدِّراسة |
| der Touristenort | المكان السِّياحيّ |
| der Erholungsort | مكان الاسْتِجْمام |
| der Treffpunkt | مكان اللِّقاء |
| der Tatort | مكان الحادِث |
| Der Platz liegt... | يقع المكان ... |
| einen Platz finden | وجد مكاناً |
| einen Platz einnehmen | احْتلّ مكاناً |
| einen Platz auswählen | اخْتار مكاناً |
| einen Platz brauchen | احتاج إلى مكان |
| einen Platz beanspruchen | طالب بمكان |
| überall | في كُلّ مكان |
| | |
| **Ausschuss *m*, Komitee *n*, Kommission *f*** | **لجْنة ج لِجان** |
| der beratende Ausschuss | اللجْنة الاسْتِشاريّة |
| der Vorbereitungsausschuss | اللجْنة التّمْهيديّة / التّحْضيريّة |

| | |
|---|---|
| das Exekutivkomitee, die Durchführungskommission | اللجْنة التّنْفيذيّة |
| der ständige Ausschuss | اللجْنة الدّائمة |
| der Interimsausschuss | اللجْنة المُؤقّتة |
| der Hauptausschuss | اللجْنة الرّئيسيّة |
| der Unterausschuss | اللجْنة الفرْعيّة |
| der Sonderausschuss | اللجْنة الخاصّة |
| der gemischte Ausschuss | اللجْنة المُخْتلطة |
| der gemeinsame Ausschuss | اللجْنة المُشْتركة |
| der paritätische Ausschuss | اللجْنة المُشْتركة المُتعادلة |
| der Viererausschuss | اللجْنة الرُّباعيّة |
| der Rechtsausschuss | اللجْنة القانونيّة |
| der Finanzausschuss | اللجْنة الماليّة |
| der Wirtschaftsausschuss | اللجْنة الاقْتصاديّة |
| der politische Ausschuss | اللجْنة السِّياسيّة |
| das Zentralkomitee / ZK | اللجْنة المرْكزيّة |
| der Verbindungsausschuss | لجْنة الاتِّصال |
| der Ermittlungs- *od* Untersuchungsausschuss | لجْنة التحْقيق |
| der Verhandlungsausschuss | لجْنة التّفاوُض |
| der Koordinierungsausschuss | لجْنة التّنْسيق |
| der Lenkungsausschuss | لجْنة التّوْجيه |
| der Schlichtungsausschuss | لجْنة التّوْفيق |
| der Entschließungsausschuss | لجْنة القرارات |
| der Vermittlungsausschuss | لجْنة الوساطة |
| die Revisionskommission | لجْنة المُراجعة |
| die Kontrollkommission | لجْنة المُراقبة |
| die Prüfungskommission | لجْنة الامْتحان |
| die Wahlkommission | لجْنة الانْتخابات |

| | |
|---|---|
| der Empfangsausschuss / das Empfangskomitee | لجْنة الاستِقْبال |
| eine Kommission bilden | شكّل / أنْشأ لجْنة |
| eine Kommission ernennen | عيّن لجْنة |
| eine Kommission wählen | انْتخب لجْنة |
| sich an der Arbeit des Ausschusses beteiligen | اشْترك في أعْمال اللجْنة |
| als Mitglied der Kommission arbeiten | اشْترك عُضْواً في اللجْنة |
| | |
| **1. Stoff *m*, Materie *f*; Material *n*** | **مادّة ج موادُّ** |
| der Grundstoff / der Rohstoff | المادّة أوّليّة |
| der Rohstoff | المادّة الخام |
| der Baustoff | مادّة البِناء |
| die Rohstoffe | ج الموادّ الخام |
| die Lebensmittel | ج الموادّ الغِذائيّة |
| **2. Paragraf *m*, Artikel *m*** | **مادّة ج موادّ** |
| der erste Paragraf | المادّة الأُولى |
| der Paragraf 5 | المادّة الخامسة |
| der Gesetzesartikel | مادّة القانون |
| der Artikel des Vertrages | مادّة المُعاهدة |
| Der Artikel 2 beinhaltet folgendes... | تنُصّ المادّة الثانية على ما يلي... |
| **3. Fach *n*** | **مادّة ج موادُّ** |
| das Schulfach | المادّة المدْرسيّة |
| das Studienfach | مادّة الدِّراسة |
| die Sprachfächer | ج موادّ اللُّغة |
| | |
| **Produktion *f*** | **إنْتاج** |
| die einheimische Produktion | الإنْتاج المحلّيّ / الوطنيّ |
| die industrielle Produktion | الإنْتاج الصِّناعيّ |

| | |
|---|---|
| die landwirtschaftliche Produktion | الإنْتاج الزِّراعيّ |
| die Produktion von Maschinen | إنْتاج الآلات |
| die Produktion von Waren | إنْتاج البضائع |
| die Produktion von Konsumgütern | إنْتاج السِّلع الاسْتِهْلاكيّة |
| die Produktion von Eisen und Stahl | إنتاج الحديد والصُّلْب |
| die Produktionsinstrumente | ج أدوات الإنْتاج |
| die Produktionsmittel | ج وسائلُ الإنْتاج |
| die Produktionsverhältnisse | ج علاقات الإنْتاج |
| der Produktionsprozess | عمليّة الإنْتاج |
| das Produktionsverfahren / die Produktionsmethode | طريقة الإنْتاج |
| die Produktionsweise | نَمْط الإنْتاج |
| die Produktionskosten | ج تكاليفُ الإنْتاج |
| die Produktion entwickeln | طوّر الإنْتاج |
| die Produktion erhöhen | رفع الإنْتاج |
| die Produktion beschleunigen | عجّل الإنْتاج |
| die Produktion hemmen | عرْقل الإنْتاج |
| die Produktion vermindern / senken | خَفَضَ الإنْتاج |
| die Produktion einstellen / stoppen | أوْقف الإنْتاج |

| | |
|---|---|
| **Ergebnis *n*, Resultat *n*** | **نتيجة ج نتائجُ** |
| ein großartiges Ergebnis | نتيجة رائعة |
| ein ausgezeichnetes Ergebnis | نتيجة بارزة / مُمْتازة |
| ein gutes (schlechtes) Ergebnis | نتيجة جيِّدة (سيِّئة) |
| ein richtiges (falsches) Ergebnis | نتيجة صحيحة (خاطئة) |
| ein positives (negatives) Ergebnis | نتيجة إيْجابيّة (سلْبيّة) |
| ein mögliches Ergebnis | نتيجة مُمْكِنة |
| ein überraschendes Ergebnis | نتيجة مُفاجِئة |

| | |
|---|---|
| ein gegenteiliges Ergebnis | نتيجة عكْسيّة |
| ein erwartetes Ergebnis | نتيجة مُتوقّعة / مُنْتظرة |
| ein unerwartetes Ergebnis | نتيجة غَيْر مُنْتظرة |
| ein bestimmtes Ergebnis | نتيجة مُعيّنة |
| das Endergebnis | النّتيجة النّهائيّة |
| das Teilergebnis | النّتيجة الجُزْئيّة |
| das Ergebnis der Prüfung | نتيجة الامْتحان |
| das Ergebnis der Untersuchung | نتيجة الفحْص / التحْقيق |
| das Ergebnis der Verhandlungen | نتيجة المُفاوضات |
| das Ergebnis der Wahlen | نتيجة الانْتخابات |
| das Ergebnis des Wettbewerbs | نتيجة المُسابقة |
| das Ergebnis des Wettkampfes | نتيجة المُباراة |
| die Bestätigung der Ergebnisse | مُصادقة النّتائج |
| ein Ergebnis erzielen | حقّق نتيجة |
| das Ergebnis kennen | عرف النّتيجة |
| das Ergebnis abwarten | انْتظر النّتيجة |
| zu einem Ergebnis kommen | توصّل إلى نتيجة |
| ein Ergebnis erreichen | حصل على نتيجة |
| gute Ergebnisse erwarten | توقّع نتائج جيِّدة |
| gute Ergebnisse erreichen | بلغ نتائج جيِّدة |
| im Ergebnis von / infolge von... | نتيجةً ل... |

| | |
|---|---|
| **Erfolg *m*** | **نجاح** |
| ein großer Erfolg | نجاح كبير |
| ein überwältigender Erfolg | نجاح باهِر |
| ein voller Erfolg | نجاح تامّ |
| ein politischer Erfolg | نجاح سِياسيّ |

| | |
|---|---|
| ein wirtschaftlicher Erfolg | نجاح اقْتصاديّ |
| der Erfolg der Studenten | نجاح الطُّلاّب |
| der Erfolg unserer Wirtschaft | نجاح اقْتصادنا |
| der Erfolg der Verhandlungen | نجاح المُفاوضات |
| der Erfolg in der Prüfung | النجاح في الامْتحان |
| Dieser Erfolg freut uns. / Wir freuen uns über diesen Erfolg. | يسُرُّنا هذا النجاح. |
| Erfolg wünschen | تمنّى نجاحاً |
| Wir wünschen euch Erfolg. | نتمنّى لكم النجاح. |
| Wir wünschen euch weitere Erfolge. | نتمنّى لكم مزيداً كم النجاح. |
| von Erfolg gekrönt sein | تكلّل بالنجاح |
| Unserer Hoffnung auf Erfolg ist gering. | أملُنا ضعيف في النجاح. |
| | ☉ تَوْفيق |
| | ☒ فشل |

| | |
|---|---|
| **Kampf *m*** | **نِضال** |
| ein entschlossener Kampf | نِضال حازِم |
| ein heftiger Kampf | نِضال عنيف |
| ein harter Kampf | نِضال قاسٍ |
| ein heldenhafter Kampf | نِضال بُطوليّ |
| ein gerechter Kampf | نِضال عادل |
| der revolutionäre Kampf | النِّضال الثَّوْريّ |
| der gemeinsame Kampf | النِّضال المُشْترك |
| die Fortsetzung des Kampfes | مُواصلة النِّضال |
| der Kampf für den Frieden | النِّضال من أجْل السّلام |
| der Kampf für die Freiheit | النِّضال من أجل الحُرِّيّة |
| der Kampf für den Fortschritt | النِّضال من أجْل التّقدُّم |

| der Kampf gegen die ausländische Einmischung | النِّضال ضدّ التدخُّل الأجْنبيّ |
|---|---|
| der Kampf gegen den Feind | النِّضال ضدّ العدُوّ |
| das Kampfziel | هدف النِّضال |
| die Methoden des Kampfes / die Kampfmethoden | ج أساليبُ النِّضال |
| die Mittel des Kampfes / die Kampfmittel | ج وسائِلُ النِّضال |
| der Kampfgefährte | رفيق النِّضال |
| die Kampflosung | شِعار النِّضال |
| Der Kampf geht vonstatten... | يجْري النِّضال... |
| Der Kampf dauert an... | يسْتمِرّ النِّضال... |
| Der Kampf verstärkt sich... | يشْتدّ النِّضال |
| Der Kampf weitet sich aus... | يتّسِع النِّضال |
| den Kampf führen | خاض النِّضال |
| den Kampf einstellen | أوْقف النِّضال |
| den Kampf wiederaufnehmen | اسْتأنف النِّضال |
| den Kampf fortsetzen | واصل النِّضال |
| den Kampf verstärken | شدّد النِّضال |
| | ⊙ كِفاح |

| **Gebiet *n*, Region *f*, Zone *f*** | **مِنْطقة ج مناطِقُ** |
|---|---|
| die arktische Region | المِنْطقة المُتجمّدة |
| die Äquatorzone | المِنْطقة الاسْتوائيّة |
| die Bergregion | المِنْطقة الجبليّة |
| ein verbotenes Gebiet | مِنْطقة ممْنوعة |
| ein neutrales Gebiet | مِنْطقة مُحايِدة |
| ein freies Gebiet / eine Freizone | مِنْطقة حُرّة |
| eine entmilitarisierte Zone | مِنْطقة مُجرّدة من السِّلاح |
| die besetzten Gebiete | ج المناطِقُ المُحْتلّة |

| | |
|---|---|
| die Kanalzone | مِنْطقة القناة |
| das Mittelmeergebiet | مِنْطقة البحْر الأبْيض المُتوسِّط |
| das Wüstengebiet | مِنْطقة الصّحْراء |
| das Einflussgebiet / die Einflusssphäre | مِنْطقة النُّفوذ |
| das Gebiet / die Region besuchen | زار المِنْطقة |
| das Gebiet / die Region besetzen | احْتلّ المِنْطقة |
| das Gebiet / die Region befreien | حرّر المِنْطقة |

| | |
|---|---|
| **System *n*, Ordnung *f*; Satzung *f*, Regel *f*** | **نِظام ج أنْظِمة, نُظُم** |
| progressives (reaktionäres) Regime / System | نِظام تقدُّميّ (رجْعيّ) |
| das monarchistische System | النِّظام الملكيّ |
| die republikanische Ordnung | النِّظام الجُمْهوريّ |
| die demokratische Ordnung | النِّظام الدِّيمُقْراطيّ |
| die verfassungsmäßige Ordnung | النِّظام الدُّسْتوريّ |
| die Gesellschaftsordnung / das Gesellschaftssystem | النِّظام الاجْتِماعيّ |
| Staaten mit unterschiedlicher Gesellschaftsordnung | ج دُول ذات أنْظِمة اجْتِماعية مُتباينة |
| das politische System | النِّظام السِّياسيّ |
| das Wirtschaftssystem / die Wirtschaftsordnung | النِّظام الاقْتِصاديّ |
| das Währungssystem | النِّظام النّقْديّ |
| das Statut / die Geschäftsordnung | النِّظام الدّاخليّ |
| das Statut / das Grundgesetz | النِّظام الأساسيّ |
| der Staatsaufbau | نِظام الدَّوْلة |
| die Regierungsform / das Regime | نِظام الحُكْم |
| der Aufbau der Organisation | نِظام المُنظّمة |
| das Bildungssystem | نِظام التّعْليم |
| die Straßenverkehrsordnung | نِظام المُرور |
| öffentliche Ordnung und Sicherheit | الأمْن والنِّظام |

| | |
|---|---|
| Ausgangssperre / Ausgangsverbot | نظام منْع / حظر التجوُّل |
| ein System / eine Ordnung aufbauen | أسّس نِظاماً |
| ein System / eine Ordnung festigen | دعم نِظاماً |
| das System / die Ordnung erhalten | حافظ على النِّظام |
| das System / die Ordnung zerstören | قضى على النِّظام |
| das System / die Ordnung durchbrechen / verletzen | خرق النِّظام |
| **Organisation *f*** | **مُنظّمة ج –ات** |
| die Gewerkschaftsorganisation | المُنظّمة النِّقابيّة |
| die Massenorganisation | المُنظّمة الجماهيريّة |
| eine staatliche Organisation | مُنظّمة حُكوميّة |
| eine internationale Organisation | مُنظّمة دُوَليّة |
| eine regionale Organisation | مُنظّمة إقْليميّة |
| die Jugendorganisation | مُنظّمة الشّباب |
| die UNO | مُنظّمة الأُمم المُتّحِدة |
| die WHO (Weltgesundheitsorganisation) | مُنظّمة الصّحّة العالميّة |
| die Gründung der Organisation | تأسيس / تكْوين المُنظّمة |
| die Charta der Organisation | ميثاق المُنظّمة |
| die Aktivität der Organisation | نشاط المُنظّمة |
| die Aufgaben der Organisation | ج مهامّ المُنظّمة |
| der Vorsitzende der Organisation | رئيس المُنظّمة |
| der Sekretär der Organisation | سكْرتير / أمين المُنظّمة |
| das Mitglied der Organisation | عُضْو المُنظّمة |
| eine Organisation bilden | كوّن مُنظّمة |
| eine Organisation gründen | أسّس مُنظّمة |
| eine Organisation verbieten | منع مُنظّمة |
| eine Organisation auflösen | حلّ مُنظّمة |

| | |
|---|---|
| einer Organisation beitreten | انْضمّ إلى مُنظّمة |
| **Diskussion *f*, Debatte *f*** | **مُناقشة ج –ات** |
| eine lange (kurze) Diskussion | مُناقشة طويلة (قصيرة) |
| eine heftige Diskussion | مُناقشة حادّة / شديدة |
| eine heiße Diskussion | مُناقشة حارّة |
| eine sachliche Diskussion | مُناقشة مَوْضوعيّة |
| eine freimütige / offene Diskussion | مُناقشة صريحة |
| eine dringliche Diskussion | مُناقشة طارِئة |
| eine Parlamentsdebatte | مُناقشة برْلمانيّة |
| eine Generaldebatte | مُناقشة عامّة |
| eine Diskussion am runden Tisch | مُناقشة (حَوْل) المائدة المُسْتديرة |
| die Diskussion der Freunde | مُناقشة الأصْدقاء |
| die Diskussion der Lehrer | مُناقشة المُعلّمين |
| die Diskussion der Probleme | مُناقشة القضايا |
| die Diskussion der Vorschläge | مُناقشة الاقْتِراحات |
| die Diskussion der Situation | مُناقشة الحالة / الوضْع |
| die Diskussion der Fragen | مُناقشة الأسْئِلة |
| die Diskussion des Vortrages | مُناقشة المُحاضرة |
| die Diskussion über die Krise | المُناقشة عن / حول الأزْمة |
| die Diskussion über die Zukunft | المُناقشة عن / حول المُسْتقْبل |
| die Diskussion über die Politik | المُناقشة عن / حول السِّياسة |
| die Diskussion über die Wirtschaft | المُناقشة عن / حول الاقْتِصاد |
| der Diskussionsgegenstand | مَوْضوع المُناقشة |
| die Diskussionsrunde | جَوْلة المُناقشة |
| der Diskussionspartner | طرف المُناقشة |
| Die Diskussion verlief... | جرت المُناقشة... |

| Die Diskussion endete... | انْتهت المُناقشة... |
|---|---|
| Die Diskussion wurde kompliziert. | تعقّدت المُناقشة. |
| die Diskussion vorbereiten | أعدّ المُناقشة |
| die Diskussion beginnen | بدأ / شرع المُناقشة |
| dic Diskussion eröffnen | فتح المُناقشة |
| die Diskussion leiten | ترأس / قاد المُناقشة |
| die Diskussion einstellen / unterbrechen | أوْقف المُناقشة |
| die Diskussion wieder aufnehmen | اسْتأنف المُناقشة |
| die Diskussion vertagen | أجّل المُناقشة |
| die Diskussion beenden | أنْهى المُناقشة |
| sich an der Diskussion beteiligen | اشْترك في المُناقشة |
| zur Diskussion aufrufen | دعا إلى المُناقشة |
|  | ⊙ مُباحثة ج -ات |

| **1. Ziel *n*** | **هدف ج أهْداف** |
|---|---|
| das edle Ziel | الهدف النبيل |
| das klare Ziel | الهدف الواضِح |
| das nahe (ferne) Ziel | الهدف القريب (البعيد) |
| das politische Ziel | الهدف السِّياسيّ |
| das militärische Ziel | الهدف العسْكريّ |
| das Hauptziel | الهدف الرئيسيّ |
| das Lebensziel | هدف الحياة |
| das Ziel der Aktion | هدف العمليّة |
| das Ziel der Kampagne | هدف الحملة |
| das Ziel der Politik | هدف السِّياسة |
| das Ziel der Diskussion | هدف المُناقشة |
| das Ziel der Konferenz | هدف المُؤْتمر |

| | |
|---|---|
| das Ziel der Wünsche | هدف الرغْبات |
| die Verwirklichung des Ziels | تحْقيق الهدف |
| zum Ziel gelangen | وصل إلى الهدف |
| | ⊙ غرض ج أغْراض |
| **2. Tor *n*, Treffer *m* *Sport*** | **هدف ج أهْداف** |
| das Siegestor | هدف الفَوْز |
| das Ziel treffen | أصاب الهدف |
| sich torlos trennen | تعادل دُون أهْداف |
| **Interesse *m*** | **اهْتمام ج ــات** |
| großes Interesse | اهْتمام كبير |
| geringes / wenig / mangelndes Interesse | اهْتمام قليل |
| steigendes *od* wachsendes Interesse | اهْتمام مُتزايد |
| das größte / meiste Interesse | مُعْظم الاهْتمام |
| Interesse finden / auf Interesse stoßen | نال اهْتماماً |
| Interesse zeigen *od* äußern *für jmdn. od etw.* | أبْدى اهْتماماً ب |
| Interesse wecken | أثار اهْتماماً |
| Interesse verdienen | اسْتحقّ الاهْتمام |
| Das Interesse konzentriert sich auf... | يتركّز الاهْتمام على... |
| Das Interesse nahm zu. | ازْداد الاهْتمام. |
| einer Sache Interesse / Aufmerksamkeit entgegenbringen | أولى اهْتماماً ل |
| **Organisation *f*, Gesellschaft *f*, Gremium *n*, Körperschaft *f*** | **هَيْئة ج ــات** |
| Leitungsgremium | هيئة قياديّة |
| Regierungsstelle / Behörde | هيئة حُكوميّة |
| parlamentarische Gruppe | هيئة برْلمانيّة |
| öffentliche Körperschaft | هيئة عامّة |
| Sonderausschuss | هيئة خاصّة |

| | |
|---|---|
| ständiger Ausschuss | هيئة دائمة |
| das diplomatische Korps | الهيئة الدِّبْلوماسيّة / هيئة السُّفراء |
| der Ausschluss der Spezialisten | هيئة المُتخصِّصين |
| der Planungsausschuss | هيئة التخْطيط |
| das Präsidium | هيئة الرِّئاسة |
| der Lehrkörper | هيئة التدْريس |
| die Redaktion | هيئة التحْرير |
| das Kampfgericht / die Jury | هيئة التحْكيم |
| der Generalstab *Mil* | هيئة أرْكان الحرْب |
| die Organisation der Vereinten Nationen, *Abk* UNO | هيئة الأُمم المُتّحِدة |
| der Vorsitzende des Ausschusses | رئيس الهيئة |
| die Mitglieder dese Ausschusses | أعْضاء الهيئة |
| Der Ausschuss setzt sich zusammen aus... | تتكوّن الهيئة |
| Der Ausschuss behandelt... | تتناول الهيئة |
| Der Ausschuss setzt sich zum Ziel... | تسْتهْدِف الهيئة... |
| einen Ausschuss gründen | أسّس هيئةً |
| einen Ausschuss leiten | ترأس هيئةً |
| | |
| **Union *f*, Verband *m*, Vereinigung *f*** | **اتِّحاد ج –ات** |
| nationaler Verband | اتِّحاد وطنيّ |
| politischer Verband | اتِّحاد سياسيّ |
| Wirtschaftsverband / Wirtschaftsunion | اتِّحاد اقْتِصاديّ |
| Militärverband | اتِّحاد عسْكريّ |
| Zollunion | اتِّحاد جُمْرُكيّ |
| Währungsunion | اتِّحاد نقْديّ |
| Jugendunion / Jugendverband | اتِّحاد الشباب |
| Studentenverein | اتِّحاد الطلبة |

| | |
|---|---|
| Arbeiterverein | اتِّحاد العُمال |
| Gewerkschaftsunion / Gewerkschaftsverband | اتِّحاد النِّقابات |
| der Schriftstellerverband | اتِّحاد الكُتّاب |
| der Künstlerverband | اتِّحاد الفنّانين |
| der Arbeitgeberverband | اتِّحاد أصْحاب العمل |
| der Dachverband | اتِّحاد مرْكزيّ |
| Weltföderation | اتِّحاد عالميّ / دَوْليّ |
| Der Verband beschloss... | قرّر الاتِّحاد |
| Der Verband verkündete... | أعْلن الاتِّحاد... |
| eine Verband gründen | أسّس اتِحاداً |
| | ⊙ جمْعيّة ج ‒ات |

| | |
|---|---|
| **Ministerium *n*** | **وِزارة ج ‒ات** |
| Außenministerium, Auswärtiges Amt, *Abk* AA (D) | وِزارة الخارِجيّة |
| Innenministerium | وِزارة الداخِليّة |
| Wirtschaftsministerium | وِزارة الاقْتِصاد |
| Handelsministerium | وِزارة التِّجارة |
| Finanzministerium | وِزارة الماليّة |
| Justizministerium | وِزارة العدْل |
| Verteidigungsministerium | وِزارة الدِّفاع |
| Verkehrsministerium | وِزارة المُواصلات |
| Tourismusministerium | وِزارة السِّياحة |
| Planungsministerium | وِزارة التخْطيط |
| Erdölministerium | وِزارة النفْط |
| Landwirtschaftsministerium | وِزارة الزِّراعة |
| Informationsministerium | وِزارة الإعْلام |
| Versorgungsministerium | وِزارة التمْوين |

| | |
|---|---|
| Umweltministerium | وِزارة البيئة |
| Entwicklungsministerium | وِزارة التنْمية |
| Arbeitsministerium | وِزارة العمل |
| Ministerium für öffentliche Arbeiten | وِزارة الأشْغال العامّة |
| Bundesministerium | وِزارة اتِّحاديّة |
| das Bundeskabinett (D) | الوِزارة الاتِّحاديّة |
| Koalitionskabinett | وِزارة ائتِلافيّة |
| **Thema *n*** | **مَوْضوع ج مواضِعُ / مَوْضوعات** |
| eine neues (altes) Thema | موضوع جديد (قديم) |
| ein bekanntes Thema | موضوع معْروف |
| ein ernstes Thema | موضوع خطير |
| ein brennendes / aktuelles Thema | موضوع ساخِن |
| in interessantes (langweiliges) Thema | موضوع مُمْتِع (مُمِلّ) |
| das Thema des Vortrages / der Vorlesung | موضوع المُحاضرة |
| das Thema der Gespräche | موضوع المُحادثات |
| das Thema / Sujet des Buches | موضوع الكِتاب |
| das Thema / Sujet des Theaterstückes | موضوع المسْرحيّة |
| das Thema / Sujet des Bildes | موضوع الصُّورة |
| die Erörterung des Themas | دِراسة / بحْث الموضوع |
| die Behandlung des Themas | تناوُل الموضوع |
| das Thema behandeln | تناول / عالج الموضوع |
| das Thema diskutieren | ناقش الموضوع |
| am Thema festhalten | تمسّك بالموضوع |
| vom Thema abkommen | خرج من الموضوع |
| sich für das Thema interessieren | اهْتمّ بالموضوع |

| **Vereinbarung *f*, Übereinkunft *f*, Einvernehmen *n*, Agreement *n*** | **اتّفاق ج –ات** |
|---|---|
| bilaterale Vereinbarung | اتّفاق ثُنائيّ |
| dreiseitige Vereinbarung | اتّفاق ثُلاثيّ |
| multilaterale Vereinbarung | اتّفاق مُتعدِّد الأطْراف |
| zeitweilige Vereinbarung | اتّفاق مُؤَقّت |
| langfristige Vereinbarung | اتّفاق طويل الأجَل |
| mittelfristige Vereinbarung | اتّفاق مُتوسِّط الأجَل |
| mündliche Vereinbarung | اتّفاق شفهيّ |
| schriftliche Vereinbarung | اتّفاق تحْريريّ / كِتابيّ |
| Teilvereinbarung | اتّفاق |
| Geheimabkommen | اتّفاق جُزْئيّ |
| die Transitvereinbarung | اتّفاق المُرور |
| Präferenzvereinbarung | اتّفاق الأفْضليّة |
| ein Gentlemen´s Agreement | اتّفاق شَرَف |
| eine vereinbarte Niederschrift | محْضر اتّفاق |
| der Vereinbarungsbereich | مجال الاتّفاق |
| zu einer Vereinbarung gelangen | وصل إلى اتّفاق |
| Vereinbarungen eingehen | دخل في اتّفاقات |
| Vereinbarungen abschließen | عقد اتّفاقات |
| Vereinbarungen unterzeichnen | وقّع على اتّفاقات |
| der Vereinbarung unterliegen | خاضِعٌ للاتّفاق |
| im gegenseitigen Einvernehmen | باتّفاق الطّرفَيْن |

| **Abkommen *n*, Konvention *f*, Vertrag *m*** | **اتّفاقيّة ج –ات** |
|---|---|
| Handelsabkommen | اتّفاقيّة تجاريّة |
| Wirtschaftsabkommen | اتّفاقيّة اقْتصاديّة |
| Rechtsabkommen | اتّفاقيّة قضائيّة |

| | |
|---|---|
| Militärabkommen | اتّفاقيّة عسْكريّة |
| Zahlungsabkommen | اتّفاقيّة الدفْع |
| Waffenstillstandabkommen | اتّفاقيّة الهُدْنة |
| Abkommen über Zusammenarbeit | اتّفاقيّة التّعاوُن |
| bilaterales / zweiseitiges Abkommen | اتّفاقيّة ثُنائيّة |
| multilaterales / mehrseitiges Abkommen | اتّفاقيّة مُتعدِّدة الأطْراف |
| die Unterzeichnung des Abkommens | تَوْقيع الاتّفاقيّة |
| ein Abkommen abschließen | عقد اتّفاقيّة |
| ein Abkommen aufkündigen | نقض اتّفاقيّة |
| ein Abkommen in Kraft setzen | نفّذ اتّفاقيّة |
| ein Abkommen unterzeichnen | وقّع على اتّفاقيّة |
| ein Abkommen ratifizieren | صدّق على اتّفاقيّة |
| ein Abkommen nach Geist und Buchstaben erfüllen | نفّذ اتّفاقية نصّاً وروحاً |
| einem Abkommen beitreten | انْضمّ إلى اتّفاقيّة |
| von einem Abkommen zurück treten | انْسحب من اتّفاقيّة |
| ein Abkommen verletzen | خرق / انْتهك اتّفاقيّة |
| ein Abkommen brechen | نقض اتّفاقيّة |
| | ⊙ مُعاهدة ج -ات |

| | |
|---|---|
| **Haltung *f*, Stellung *f*, Einstellung *f*** | **مَوْقف ج مواقِفُ** |
| feste Haltung | موقف ثابِت |
| entschiedene Haltung | موقف حاسِم |
| entschlossene Haltung | موقف حازِم |
| bestimmte Haltung | موقف مُعيِّن |
| die Einstellung zu dieser Politik | الموقف من هذه السِّياسة |
| die Einstellung zu dieser Frage | الموقف من هذه المسْألة |
| die Einstellung zu diesem Problem | الموقف من هذه المُشْكِلة |

| | |
|---|---|
| eine Haltung einnehmen | اتّخذ موقفاً |
| diese Haltung unterstützen | أيّد هذا الموقف |
| die Haltung verurteilen | أدان هذا الموقف |

# TEIL 3

## Arabischen Wortschatz lernen und behalten
## Tipps und Ratschläge für den Umgang mit dem arabischen Wortschatz

# Arabischen Wortschatz lernen und behalten
# Tipps und Ratschläge für den Umgang mit dem arabischen Wortschatz

„Lernen ist wie Rudern gegen den Strom, hört man damit auf, treibt man zurück"
(Laotse)

Dieser Ausspruch gilt in besonderem Maße für das Erlernen von Wortschatz. Eine Sprache umfasst viele Hunderttausende Wörter, die ein Mensch selbst in seiner Muttersprache nicht alle aktiv beherrscht. Wird eine Fremdsprache erlernt, so gilt als Orientierung ein Grundstock von ca. 2500 Wörtern als ausreichend, um 80 – 85% eines normalen Lesetextes bzw. Alltagsgespräche zu bewältigen. Mit einem Aufbauwortschatz von nochmals ca. 2000 Wörtern und Redewendungen erhöht sich dieser Prozentsatz auf ca. 95% und man wäre gerüstet, in der Fremdsprache ausreichend zu kommunizieren.
Nun könnte man einer einfachen Rechnung folgend täglich etwa 15 neue Wörter lernen und hätte damit also in rund einem halben Jahr bereits einen Grundwortschatz aufgebaut.
In der Regel klappt dies aber nicht, weil immer wieder gerade gelernte Wörter vergessen werden und somit nicht einsetzbar sind.
Daher geht es beim Lernen von Wortschatz in einer Fremdsprache um Zweierlei, um das „WAS" und um das „WIE".
WAS an Wortschatz gelernt werden soll, hängt vom Ziel eines Sprachstudiums ab und wird dementsprechend in der Regel durch Lehrbuchautoren bzw. Lehrende und Lernende festgelegt.
Ein Grundwortschatz sollte Wörter umfassen, die in der Kommunikation einer Sprechergemeinschaft häufig verwendet werden und die vielfältig einsetzbar und variabel kombinierbar sind.
Für das WIE beim Lernen von Wortschatz einer Fremdsprache lassen sich zunächst einige allgemeingültige Ratschläge geben:

1. Das Einzelwort ist immer ein schweres Wort. Lerne daher in Sinnzusammenhängen und ganzen Ausdrücken, um das Wort in seiner typischen Umgebung (Kollokation) zu erfassen!
2. Lerne neue Wörter mit allen Sinnen! Beim Hören, Sprechen, Lesen und Schreiben erschließen sich die Einzelkomponenten besser und prägen sich nachhaltiger ein.
3. Nutze vielfältige Möglichkeiten, um den immer umfangreicher werdenden erlernten Wortschatz zu systematisieren! Damit wird das Behalten und die Abrufbarkeit der Wörter erleichtert.
4. Vergleiche die neuen Wörter in der Fremdsprache mit den Entsprechungen in der Muttersprache, um Unterschiede, Ähnlichkeiten oder Gemeinsamkeiten in der Bedeutung und den Verwendungsmöglichkeiten zu erkennen!
5. Erkenne die Besonderheiten der jeweiligen Fremdsprache und nutze sie bewusst beim Umgang mit der neuerworbenen Lexik!

Was gibt es nun bei der Arbeit am arabischen Wortschatz besonders zu berücksichtigen?

Die arabische Sprache gehört zu den semitischen Sprachen und ihr Wortschatz ist völlig anders als der in europäischen Sprachen strukturiert. Somit erscheint die arabische Lexik dem europäischen Lerner zunächst als eine schwer bezwingbare Hürde, weil es so gar keine Vertrautheit oder Ähnlichkeit mit den europäischen Sprachen gibt.
Dem ist in gewisser Weise abzuhelfen, wenn im Sprachstudium von Anfang an die Besonderheiten der arabischen Lexik verdeutlicht und lernergerecht dargeboten werden.

### I. Die arabische Wurzelstruktur √

Die meisten arabischen Wörter lassen sich auf eine Wurzel zurückführen, die aus drei, selten aus vier Konsonanten besteht. Sie werden auch Radikale genannt.
*Merke:*
*Diese dreiradikalige Wurzel gibt die Semantik des Wortes an. Als Abstraktum einer allgemeinen Bedeutung treten die Wurzelkonsonanten immer in der gleichen Abfolge auf. Veränderungen in dieser Abfolge ergeben notwendigerweise immer einen neuen Begriffsinhalt.*

Ein bekanntes Beispiel ist die Wurzel **K – T – B** = ب – ت – ك mit der Bedeutung „Schreiben".
Folgende Ableitungen sind möglich:
**Verben:**

| | |
|---|---|
| schreiben; er schrieb, hat geschrieben | كتب / يكْتُب |
| schreiben lassen | كتّب / يُكتِّب |
| korrespondieren | كاتب / يُكاتِب |
| schreiben lassen | أكْتب / يُكْتِب |
| einander schreiben, miteinander korrespondieren, im Briefwechsel stehen | تكاتب / يتكاتب |
| geschrieben sein *od* werden | انْكتب / ينْكتِب |
| abschreiben; zeichnen, subskribieren | اكْتتب / يكْتتِب |
| zu schreiben bitten, schreiben lassen | اسْتكْتب / يسْتكْتِب |

**Nomen:**

| | |
|---|---|
| Schriftsteller | كاتِب ج كُتّاب |
| Schreiber | كاتِب ج كَتَبَة |
| Buch | كِتاب ج كُتُب |
| Inschrift, Aufschrift | كِتابة ج ‑ات |
| schriftlich | كِتابيّ |

| | |
|---|---|
| Büchlein, Broschüre | كُتَيِّب ج -ات |
| Briefwechsel | مُكاتبة |
| Büro, Amt; Schreibtisch | مكْتب ج مكاتِب |
| Bibliothek; Buchhandlung | مكْتبة ج -ات |
| geschrieben; Brief | مكْتوب |

*Merke:*
*Nicht immer gibt es von einer Wurzel so viele verbale und nominale Ableitungen zum jeweiligen Bedeutungsfeld wie in diesem Beispiel. Sichere Wurzelkenntnisse sind jedoch eine solide Basis sowohl für das Lernen und Behalten arabischer Wörter als auch für die Arbeit mit Arabischwörterbüchern, die nach Wurzeln aufgebaut sind.*

**II. Morphologisches**

Das Arabische unterscheidet grundsätzlich drei Wortarten:

1. Verben فِعْل ج أفْعال
2. Nomen اسْم ج أسْماء (Substantive, Adjektive, Pronomina, Numeralia)
3. Partikeln

Zu 1. Verben

Von einem Grundstamm (I) können nach feststehenden Mustern erweiterte Stämme (die gebräuchlichsten sind die Stämme II bis X) abgeleitet werden. Zwischen diesen bestehen oft Bedeutungszusammenhänge, die man beim Erlernen nutzen kann. In der Regel gibt es von jedem Verb einen Grundstamm, jedoch nicht für alle Stämme Ableitungen.

Beispiel:

| | |
|---|---|
| trinken | شرِب / يشْرب I |
| trinken lassen, einflössen | شرّب II |
| trinken *mit jmdm.* | شارب III |
| trinken lassen | أشْرب IV |
| durchtränkt sein *od* werden | تشرّب V |
| getrunken werden | انْشرب VII |

*Merke:*
*Zwar hat jeder Stamm eine bestimmte vorherrschende Semantik, aber nicht immer sind die Bedeutungszusammenhänge so klar wie in dem Beispiel erkennbar. Die Verbbedeutung jedes Stammes muss also einzeln erlernt werden.*

Die Zitierform des arabischen Verbs ist gleichzeitig die 3. Person Sg. mask. in der Vergangenheit, d.h. also شرِب „trinken“ bedeutet gleichzeitig „er trank, er hat getrunken“.

Die Tempusformen der Vergangenheit bzw. Gegenwart werden durch Suffigieren oder Präfigieren der entsprechenden Personalformen gebildet, z.B. شربتُ „ich habe getrunken; شربنا „wir haben getrunken“ bzw. أشْرب „ich trinke“; نشْرب „wir trinken“.

*Merke:*
*Ein in der Zitierform erlerntes Verb verändert sich durch die Konjugation in Laut und Schrift. Noch größer sind die Veränderungen, wenn dem Verb ein Personalpronomen angefügt wird.*
*Beispiel: einladen* دعا *; wir haben eingeladen* دعونا *; wir haben euch eingeladen* دعوناكم *.*

Zu 2. Nomen
Die arabischen Nomen haben ein maskulines oder ein feminines Genus. Letzteres ist durch die Endung „Ta-Marbuta“ (ة) leicht zu erkennen. Die Zahl der Ausnahmen hält sich in Grenzen (z.B. سوق , حرْب , شمس ; bei natürlichem Geschlecht, z.B. بنْت , أُم , viele paarweise vorhandene Körperteile, viele Ländernamen).

*Merke:*
*Die Beachtung des Genus arabischer Wörter ist wichtig für die Kongruenzregeln bei der Kombination von Substantiven, Adjektiven und Verben.*

Eine Determinierungsmöglichkeit bei arabischen Nomen ist unabhängig vom Genus und Numerus die Voranstellung des Artikels al- (الـ) , der mit dem Wort zusammengeschrieben wird.

Beispiele: ein Haus بيت – das Haus البيت ; ein Befehl أمْر – der Befehl الأمْر.

*Merke:*
*Durch diese Determinierung ergeben sich unterschiedliche Schriftbilder. Lautlich sind die Assimilierungsregeln bei Sonnen- und Mondbuchstaben zu beachten.*

Das Arabische kennt drei Numeri. Beim Nomen kann von der Singularform durch Anfügen von Endungen der Dual (Zweizahl) und der Plural (Mehrzahl) gebildet werden. Neben dieser Pluralbildung kennt das Arabische den sog. gebrochenen oder inneren Plural, der nach bestimmten Mustern gebildet wird.

Beispiele: Buch كتاب – Bücher كُتُب ; Tür باب – Türen أبْواب.

*Merke:*
*Praktisch müssen für viele Substantive und einige Adjektive im Arabischen zwei Wörter erlernt werden, was einen doppelten Lernaufwand bedeutet. Erst mit fortschreitendem Sprachstudium erwirbt man einige Übung bei der Voraussage der möglichen Form des gebrochenen Plurals.*

### III. Wortbildungsregularitäten

Neben sicheren Morphologiekenntnissen und Einsichten in die Wurzelstruktur kann die Beachtung weiterer Wortbildungsregeln hilfreich beim Umgang mit der arabischen Lexik sein.

### 1. Die Nisbe-Endung النِّسْبة

Das produktivste wortbildende Suffix im Arabischen ist die sog. Nisbe-Endung, die an Substantive oder verschiedene Verbalnomen angefügt wird. Die damit gebildeten Adjektive bzw. wiederum Substantive bezeichnen eine Herkunft oder Zugehörigkeit.
Dafür einige Beispiele:

| | |
|---|---|
| Ägypten | مِصْر |
| agyptisch; Ägypter | مِصْرِيّ |
| Deutschland | ألمانيا |
| deutsch; Deutscher | أَلْمانِيّ |
| Europa | أورُبّا |
| europäisch; Europäer | أورُبّيّ |
| Bagdad | بغداد |
| Bagdader | بغْداديّ |
| Osten | شرْق |
| östlich, orientalisch | شرْقيّ |
| Politik | سِياسة |
| politisch; Politiker | سِياسيّ |
| Kultur | ثقافة |
| kulturell | ثقافيّ |
| Fortschritt | تقدُّم |
| fortschrittlich | تقدُّميّ |

| | |
|---|---|
| Natur | طبيعة |
| natürlich | طبيعيّ |
| Eisen | حديد |
| eisern | حديديّ |
| Gold | ذهب |
| golden | ذهبيّ |
| Zentrum, Zentrale | مرْكز |
| zentral; Zentral- | مرْكزيّ |
| Rose | ورْدة |
| rosa | ورْديّ |
| Olive | زَيْتون |
| olivgrün | زَيْتونيّ |
| Schule | مدْرسة |
| schulisch; Schul-, Lehr- | مدْرسيّ |
| Handel | تجارة |
| kommerziell, Handels- | تجاريّ |

Mit der Femininform der Nisbe werden Abstrakta gebildet. Sie entsprechen häufig deutschen Substantiven mit den Endungen -ismus, -tät, -heit, -keit oder -wesen. Auch dafür einige Beispiele:

| | |
|---|---|
| Mensch | إنسان |
| menschlich, human | إنْسانيّ |
| Humanität | إنْسانيّة |
| | |
| Realität | واقِع |
| realistisch; Realist | واقِعيّ |
| Realismus | واقِعيّة |
| | |
| (Grund)Regel | أُصول |
| grundsätzlich; fundamental | أُصوليّ |
| Fundamentalismus | أُصوليّة |
| | |
| unwissend; Ignorant | جاهِل |
| heidnisch; vorislamisch | جاهِليّ |
| die vorislamische Zeit; die Dschahiliyya | الجاهِليّة |
| | |
| innen | داخِل |
| innen befindlich | داخِليّ |
| Inneres; innere Angelegenheiten | داخِليّة |
| | |
| außen | خارِج |
| außen befindlich | خارِجيّ |
| Äußeres; äußere Angelegenheiten | خارِجيّة |
| | |
| Geld | مال |
| finanziell | ماليّ |
| Finanzwesen | ماليّة |

## 2.1. Nomen loci und Nomen temporis أسْماء المكان وأسْماء الزمان

Diese Wörter sind vom Verb im Grundstamm abgeleitete Nomen, die mit der Vorsilbe ـَمـ den Ort oder die Zeit einer Handlung angeben.
Sie werden nach folgenden Mustern gebildet:

**a) مَفْعل ج مفاعِلُ**

| | | | | |
|---|---|---|---|---|
| schreiben | كتب | ⇨ | Schreibtisch; Büro | مكْتب ج مكاتِبُ |
| eintreten | دخل | ⇨ | Eingang | مدْخل ج مداخِلُ |
| herauskommen | خرج | ⇨ | Ausgang | مخْرج ج مخارِجُ |
| wohnen | سكن | ⇨ | Wohnung | مسْكن ج مساكِنُ |
| herstellen | صنع | ⇨ | Fabrik | مصْنع ج مصانِعُ |
| spielen | لعب | ⇨ | Stadion, Spielstätte | ملْعب ج ملاعِبُ |
| ankern | رسى | ⇨ | Ankerplatz, Reede | مرْسىً ج مراسٍ |
| kochen | طبخ | ⇨ | Küche | مطْبخ ج مطابِخُ |
| tanzen | رقص | ⇨ | Tanzlokal | مرْقص ج مراقِصُ |

**b) مفْعِل ج مفاعِلُ**

| | | | | |
|---|---|---|---|---|
| ausstellen | عرض | ⇨ | Messe, Ausstellung | معْرِض ج معارِضُ |
| wechseln *Geld* | صرف | ⇨ | Bank *Fin* | مصْرِف ج مصارِفُ |
| anhalten, stoppen | وقف | ⇨ | Standort, Haltestelle | مَوْقِف ج مواقِفُ |
| absteigen, wohnen | نزل | ⇨ | Absteigequartier, Wohnung | منْزِل ج منازِلُ |
| untergehen *Sonne* | غَرَبَ | ⇨ | Sonnenuntergang *Ort bzw.* Zeit | مغْرِب ج مغارِب |
| pflanzen | غَرَسَ | ⇨ | Pflanzung, Beet; Pflanzzeit | مغْرِس ج مغارِسُ |

**c) مَفْعلة ج مفاعِلُ**

| | | | | |
|---|---|---|---|---|
| schreiben | كتب | ⇨ | Bibliothek; Buchhandlung | مكْتبة ج مكاتِبُ |
| lernen, studieren | درس | ⇨ | Schule | مدْرسة ج مدارِسُ |
| anbauen *Agr* | زرع | ⇨ | Bauernhof; Farm; Gut | مزْرعة ج مزارِعُ |
| färben | صبغ | ⇨ | Färberei | مصْبغة ج مصابِغُ |
| drucken | طبع | ⇨ | Druckerei | مطْبعة ج مطابِعُ |

| | | | | |
|---|---|---|---|---|
| urteilen | حكم | ⇨ | Gericht | مَحْكَمة ج مَحاكِمُ |
| (ab)schlachten | جزر | ⇨ | Gemetzel, Massaker | مَجْزرة ج مَجازِرُ |

### 2.2. Nomen instrumenti أسْماء الآلة

Nomen mit der Vorsilbe مِـ bezeichnen häufig Werkzeuge oder Instrumente zum Ausführen von Handlungen. Auch hier kann man oft die Verbindung zum bedeutungsgleichen Verb erkennen .

| | | | | |
|---|---|---|---|---|
| feilen | برد | ⇨ | Feile | مِبْرد ج مَبارِدُ |
| fegen, kehren | كنس | ⇨ | Besen | مِكْنَسة ج مَكانِسُ |
| öffnen | فتح | ⇨ | Schlüssel | مِفْتاح ج مَفاتِيحُ |

Auch hier gibt es drei Grundmuster:

**a) مِفْعَل ج مَفاعِلُ**

| | | | |
|---|---|---|---|
| Aufzug | مِصْعَد ج مَصاعِدُ | Pinzette | مِلْقط ج مَلاقِطُ |
| Bohrer | مِنْقب ج مَناقِبُ | Schere | مِقصّ ج مَقاصُّ |
| Griff, Klinke | مِقْبَض ج مَقابِضُ | Schläger | مِضْرب ج مَضارِبُ |
| Kanone | مِدْفع ج مَدافِعُ | Sichel, Sense | مِنْجل ج مَناجِلُ |
| Lanzette | مِشْرط ج مَشارِطُ | Skalpell | مِبْضع ج مَباضِعُ |
| Melkmaschine | مِحْلب ج مَحالِبُ | Spindel | مِغْزل ج مَغازِلُ |

**b) مِفْعلة ج مَفاعِلُ**

| | | | |
|---|---|---|---|
| Bügeleisen | مِكْواة ج مَكاوٍ | Löffel | مِلْعقة ج مَلاعِقُ |
| Federmappe | مِقْلمة ج مَقالِمُ | Ölkännchen | مِزْينة ج مَزايِنُ |
| Filter, Sieb | مِصْفاة ج مَصافٍ | Radiergummi | مِمْحاة ج مَحاوٍ |
| Hacke | مِعْزقة ج مَعازِقُ | Salzstreuer | مِمْلحة ج مَمالِحُ |
| Hammer | مِطْرقة ج مَطارِقُ | Schaufel, Spaten | مِجْرفة ج مَجارِفُ |
| Lineal | مِسْطرة ج مَساطِرُ | Schmierbüchse | مِشْحمة ج مَشامِحُ |

c) مِفْعال ج مفاعيلُ

| | | | |
|---|---|---|---|
| Lampe | مِصْباح ج مصابيحُ | Säge | مِنْشار ج مناشيرُ |
| Meißel | مِنْقاش ج مناقيشُ | Mörser, Stampfgerät | مِهْراس ج مهاريسُ |
| Ruder | مِجْداف ج مجاديفُ | Waage | ميزان ج موازينُ |

### 3. Die Intensitätsform

Substantive mit der Struktur فعّال bilden häufig (traditionelle) Berufsbezeichnungen.

Dafür einige Beispiele: (siehe auch Teil 1, Berufe)

| | | | |
|---|---|---|---|
| Bäcker | خبّاز | Lastenträger | حمّال |
| Bauer | فلاّح | Maurer | بنّاء |
| Fischer | سمّاك | Pförtner | بوّاب |
| Fleischer | قصّاب / جزّار | Schneider | خيّاط |
| Frisör | حلاّق | Schuster | حذّاء |
| Holzfäller, Holzverkäufer | حطّاب | Seemann | بحّار |
| Koch | طبّاخ | Weber | نسّاج |

Die Femininform von dieser Struktur فعّالة wiederum wird häufig zur Bezeichnung von Geräten oder Fahrzeugen verwendet.

Beispiele:

| | | | |
|---|---|---|---|
| Auto | سيّارة | Kühlschrank | برّادة |
| Brille | نظّارة | Locher | خرّامة |
| Fahrrad | درّاجة | Öffner | فتّاحة |
| Feuerzeug | قدّاحة | Presse | عصّارة |
| Gefrierschrank | ثلاّجة | U-Boot | غوّاصة |
| (Kopf)Hörer | سمّاعة | Waschmaschine | غسّالة |

*Merke:*

*Die Kenntnis solcher Wortbildungsregularitäten kann beim Erlernen und Verwalten von arabischem Wortschatz nützlich sein, insofern als vom Verb auf das sinnverwandte Nomen und umgekehrt geschlossen werden kann. Außerdem wird die Musterhaftigkeit der Formen des gebrochenen Plurals transparenter.*

**4. Nomen unitatis**

In der arabischen Sprache gibt es Gattungskollektiva, die häufig Tiere oder Pflanzen bezeichnen. Das Einzelexemplar (Nomen unitatis) davon wird gebildet, indem ein ـة angehängt wird.

Beispiele: (siehe auch Teil 1, Landwirtschaft)

| | | | |
|---|---|---|---|
| Hühner | دجاج | Bananen | مَوْز |
| Huhn, Henne | دجاجة | Banane | مَوْزة |
| Rinder | بقر | Zwiebeln | بصل |
| Kuh | بقرة | Zwiebel | بصلة |
| Äpfel | تُفاح | Gurken | خِيار |
| Apfel | تُفاحة | Gurke | خِيارة |

**IV. Synonyme und Antonyme**

**1. Synonyme** (siehe Teil 2 ⊙)

Die arabische Sprache ist bekannt für ihren Reichtum an Synonymen. Als markanteste Beispiele werden immer die in die Hunderte gehenden Bezeichnungen für Löwe oder Kamel angeführt.

Echte Synonyme sind selten, der Lernende trifft aber oft auf sinnverwandte Wörter, die in bestimmten Kontexten austauschbar sind. Häufig sind auch Regionalismen oder Fremdwörter die Ursache für diese Art von Synonymie.

Beispiele für Synonymie bei Substantiven:

| | | | |
|---|---|---|---|
| Schrank | دولاب / خِزانة | Brot | خُبْز / عَيْش |
| Auto | سيّارة / عربة | Brücke | جِسْر / كوبْرى / قنْطرة |
| Fenster | شبّاك / نافذة | Telefon | تِلِفون ، هاتف |
| Tisch | طاوِلة / مائدة / منْضدة | Balkon | بلَكون / شُرْفة |
| Heft | كُرّاسة / دفْتر | Erdöl | نفْط / بتْرول |

Beispiele für synonyme Verben:

| | |
|---|---|
| bringen | جلب / أحْضر / أوصل / حمل / أتى ب |
| (an)sehen, betrachten | نظر إلى / شاهد / تفرّج على / رأى / شاف |
| erlangen, erhalten, bekommen | حصل على / تلقّى / استلم |
| deutlich machen, erklären | أبْرز / بيّن / أوْضح / أظْهر / شرح |
| erfüllen, realisieren, verwirklichen | نفّذ / أحْرز / أنْجز / حقّق |

verurteilen — شجب / أدان / استنْكر

streben *nach*, abzielen *auf* — قصد / عمد / رمى إلى / هدف إلى / استهْدف

*Merke:*
*Die meisten Synonyme weisen zwar in Bezug auf die Kontextpartner, den Grad der Substituierbarkeit und im Anwendungsbereich Unterschiede auf, die dem Lernenden erst im Verlauf intensiver Beschäftigung mit der arabischen Sprache so bewusst werden, dass es sie im aktiven Sprachgebrauch auch nutzen kann. Er sollte aber von Beginn seiner Sprachstudien an solche gemeinsamen (Teil-)Merkmale von Wortbedeutungen aufmerksam wahrnehmen.*

**2. Antonyme** (siehe Teil 2 ☒)
Wie in jeder Sprache, lassen sich auch im arabischen Wortschatz Gegensatzpaare bzw. Assoziationspaare , die räumlicher, zeitlicher, kausaler oder anderer Art sein können, feststellen.
Einige Beispiele:

| | |
|---|---|
| Bruder – Schwester | أخ - أخْت |
| Vater – Mutter | أب – أم |
| Tag – Nacht | نهار - ليل |
| Morgen – Abend | صباح - مساء |
| Sonne – Mond | الشمْس - القمر |
| heiß – kalt | حارّ - بارِد |
| lang – kurz | طويل - قصير |
| rechts – links | يمين - يسار |
| oben – unten | فَوْق - تحْت |
| hinten – vorn | وراء - أمام |
| kaufen – verkaufen | اشْترى - باع |
| fragen - antworten | سأل - أجاب |

*Merke:*
*Beim Einprägen und Verwalten von Lexik bieten solche Wortpaare eine hervorragende Hilfe, da jeweils beim Lernen neue Wörter mit der Wiederholung bereits erlernter Wörter verbunden werden kann.*

## V. Kombinatorisches

Die aus vielen europäischen Sprachen bekannte Möglichkeit, aus zwei oder mehreren Wörtern ein neues Wort zu bilden, gibt es im Arabischen nur in geringem Maße. Die Äquivalente deutscher Nominalkomposita entstehen in der arabischen Sprache durch Syntagmen wie Genitivverbindung (Substantiv + Substantiv) bzw. attributive Fügung (Substantiv + Adjektiv) oder auch präpositionale Verbindungen.

Beispiele:
Genitivverbindung:

| | |
|---|---|
| Staatspräsident (der Präsident des Staates) | رئيس الدولة |
| Menschenrechte (die Rechte der Menschen) | ج حقوق الإنْسان |
| Produktionskapazität (die Kapazität der Produktion) | طاقة الإنْتاج |
| Attributive Fügung: | |
| die Grundrechte (die grundlegenden Rechte) | ج الحقوق الإنْسانيّة |
| Nuklearwaffen (nukleare Waffen) | ج أسْلِحة نوويّة |
| Agrarreform | إصْلاح زِراعيّ |
| Präpositionale Verbindungen: | |
| Mietwohnung | سكن بالإيجار |
| Schießbefehl (Befehl zum Auslösen des Feuers) | أمر بإطْلاق النار |

*Merke:*
*Diese arabischen Wortverbindungen als Entsprechungen für deutsche Nominalkomposita sind relativ leicht auf die Grundkomponenten zurückzuführen. Allerdings sind die grammatischen Regel insbesondere bei der Genitivverbindung in Kontexten korrekt zu beachten. Des weiteren ist zu berücksichtigen, ob einem deutschen Nominalkompositum eine Genitivverbindung eine attributive Fügung oder eine präpositionale Verbindung entspricht bzw. ob mehrere Möglichkeiten in Frage kommen.*

## VI. Fremdwörter und Abkürzungen

### 1. Fremdwörter

Der Anteil von Fremdwörtern im Wortschatz, die der Lerner bei europäischen Fremdsprachen als Lernerleichterung wahrnimmt, ist in der arabischen Sprache sehr gering.
Sie treten vor allem in Fachtexten oder im Zeitungsarabisch auf. Oft sind sie auch Synonyme zu einem arabischen Wort, die nach den Lautregeln der Herkunftssprache transkribiert bzw. auch der arabischen Struktur angepasst wurden.
Beispiele:

| | |
|---|---|
| Film | فيلْم ج أفْلام |
| Computer | كُمْبيوتر (حاسِب) |
| Sauerstoff | أُكْسجين |
| Biologie | بيُولوجيا (عِلْم الأحْياء) |
| Fakultät | كُلّيّة ج كُلّيّات |
| Diplomat | دِبْلوماسيّ ج -ون |
| Cholera | كوليرا |

| | |
|---|---|
| Napalm | نابالْم |
| Hallo | هالو |
| Blumenkohl | كوليفلاور |
| Erdbeeren | فريز / فرولة |
| Cabriolet | كابْريوليه |

**2. Abkürzungen**

Abkürzungen sind in der arabischen Sprache erst aus jüngerer Zeit zunehmend bekannt, wobei es sich oft um die Übernahme aus europäischen Sprachen handelt. Hier helfen dem Lernenden nur die Erfahrung bzw. gute Nachschlagewerke.

Auch dafür einige Beispiele:

| | | | |
|---|---|---|---|
| AP | أب | FAO | فاو / الفاو |
| ADN | أدن | PLO | م.ت.ف. |
| ALECSO | الألكْسو | UNICEF | (ال)يونيسيف |
| OPEC | أوبك / أوبيك | VAE | إ.ع.م. |
| GATT | جات | FBI | أف بي أي |

**VII. Sprichwörter, Wendungen und andere Merkhilfen**

Kurzweilig und sinnvoll ist es, den Wortschatz einer Sprache ganzheitlich in bestimmten Wendungen, Sprichwörtern und ähnlichem zu lernen oder auch zu wiederholen, wobei der Vergleich mit der Muttersprache zusätzliche Lerneffekte bringen kann.

Die arabische Sprache ist reich an Sprichwörtern und Phraseologismen. In Teil 1 des Lernwortschatzes werden jeweils zur Lexik bestimmter thematischer Bereiche auch einige Sprichwörter angeführt.

Auch Doppelwendungen, zum Teil mit Reimcharakter, prägen sich gut ein.

Dafür einige Beispiele:

| | |
|---|---|
| früher oder später | عاجلاً أو آجلاً |
| hin und zurück | ذهاباً وإياباً |
| von innen und außen | ظاهِراً وباطِناً |
| null und nichtig | لاغٍ وباطِل |
| quantitativ und qualitativ | كمّاً وكَيْفاً |
| Obst und Gemüse | الخُضْروات والفواكِهُ |
| nach Geist und Buchstaben | نصّاً وروحاً |

| | |
|---|---|
| Ordnung und Sicherheit | الأمْن والنِّظام |
| Zeit und Mühe *Aufwand* | الوقْت والجهْد |
| Angebot und Nachfrage | العرْض والطلب |
| Raum und Zeit | المكان والزمان |
| zu Lande und zu Wasser | برّاً وبحْراً |
| | |
| Angst und Schrecken | الخَوْف والرُّعْب |
| Not und Mühsal | الحِرْمان والشقاء |
| Elend und Armut | البُؤس والفقْر |
| | |
| Stolz und Würde | العِزّة والكرامة |
| mit Anerkennung und Wertschätzung | بالتقْدير والعِرفان / عِرْفاناً وتقْديراً |
| Gesundheit und Glück | الصِّحّة والسعادة |
| Wohlstand und Glück | الرخاء والهناء |

**Schlussbemerkung**
Letztlich kommt es darauf an, dass auch das Lernen von arabischem Wortschatz Freude bereitet. Möge das Motto auf dem Buchtitel « ! إفْتحْ يا سِمْسِم Sesam, öffne dich! » keine leere Phrase bleiben, sondern dem Lernenden den Weg ebnen in die wunderbare Welt der arabischen Wörter!

# Arabisch

## Modernes Hocharabisch

Lehrbuch für Fortgeschrittene,
Dolmetscher und Übersetzer.
Übersetzen, Dolmetschen,
Konversation, Fachwortschatz
Von Günther Krahl, Wolfgang Reuschel
und Monem Jumaili. Durchgesehen
und überarbeitet von Eckehard Schulz
2004. 8°. 464 S., geb., (3-89500-380-8)

Dieses Lehrbuch und Nachschlagewerk für Arabisten, Dolmetscher, Übersetzer und Arabischlehrer vermittelt erweiterte Kenntnisse und Fertigkeiten in wichtigen fachsprachlichen Bereichen des modernen Arabischen.

## Modernes Hocharabisch · Grammatik

Von Eckehard Schulz
2004. 8°. 268 S., geb., (3-89500-381-6)

Zielgruppe dieser Grammatik des modernen Hocharabischen sind sowohl Anfänger und Fortgeschrittene sowie all jene, die sich beruflich oder anderweitig mit der arabischen Sprache beschäftigen, aber auch Araber, die in einer deutschsprachigen Umgebung aufgewachsen sind und versuchen, Arabisch zu lernen, aber auf Schwierigkeiten stoßen, wenn sie traditionelle arabische Grammatiken konsultieren.

Das Arabische, dessen Grammatik in diesem Buch vorgestellt wird, ist nicht nur das Arabische der Belletristik, sondern auch der Sprachgebrauch der Medien, der Geschäftswelt und des Internet.

---

## Lehrgang für die arabische Schriftsprache der Gegenwart

In Verbindung mit Nabil Jubrail
von Wolfdietrich Fischer und Otto Jastrow

**Band 1. Lektionen 1-30**
5., bearbeitete Auflage 1996.
24 x 17 cm. 476 S., geb., (3-88226-865-4)

**Beiheft zu Band 1**
2., bearbeitete Auflage 1996.
24 x 17 cm. 116 S., kart., (3-88226-866-2)

**Kassetten zu Band 1**
**Lektionen 1-30**
Enthalten sind sämtliche Übungsstücke
mit Sprachlaborübungen
1997. 5 Kassetten, (3-88226-918-9)

**Paket zu Teil 1**
Lehrbuch, Beiheft + Kassetten,
(3-89500-010-8)

**Band 2: Lektionen 31-40**
Wörterverzeichnis, Paradigmentafeln,
syntaktische Strukturen und Einführung
in die literarische Sprache
1986. 28 x 20 cm. 402 S., kart.,
(3-88226-290-7)

**Kassetten zu Teil 2**
Lektionen 31-40
1992. 5 c-90-Kassetten,
(3-88226-560-4)

# Arabisch

**Übungsbuch zur arabischen Schriftsprache der Gegenwart**
Von Manfred Woidich
1985. 28 x 20 cm. 150 S., kart.,
(3-88226-254-0)
**Schlüssel**
1988. 28 x 20 cm. 50 S., kart.,
(3-88226-447-0)

**Ahlan wa Sahlan**
Eine Einführung in die Kairoer Umgangssprache
Von Manfred Woidich
2., überarb. Aufl. 2002. 24 x 17 cm. 394 S., kart.,
(3-89500-037-X)
**Schlüssel**
1991. 24 x 17 cm. 60 S., kart., (3-88226-517-5)

**Gesprächsbuch Deutsch-Arabisch**
Von Monem Jumaili
2., überarb. Aufl. 1995. 18 x 13 cm, 320 S., kart.,
(3-88226-827-1)

**Sprachführer Syroarabisch**
Von Helmut Kühnel
1997. 11 x 15 cm, 154 S., kart.,
(3-88226-968-5)

**Die ägyptisch-arabischen Dialekte. Glossar Arabisch-Deutsch**
Tübinger Atlas des Vorderen Orients.
Beiheft B 50/4
Von Peter Behnstedt und Manfred Woidich
1994. 24 x 17 cm. 526 S., kart., (3-88226-417-9)

**Die ägyptisch-arabischen Dialekte. Glossar Deutsch-Arabisch**
Tübinger Atlas des Vorderen Orients.
Beiheft B 50/5
Von Peter Behnstedt und Manfred Woidich
1999. 24 x 17 cm. 472 S. mit 121 Abb., kart.,
(3-89500-118-X)

**Materialien für den Arabischunterricht**
unter Berücksichtigung des Häufigkeitswortschatzes
Von Martin Forstner
1988. 24 x 17 cm. 304 S., kart., (3-88226-369-5)

**Konversationskurs Arabisch**
Übungsbuch zur modernen Kommunikation in der arabischen Schriftsprache
Von Zafer Youssef und Werner Arnold
2000. 24 x 17 cm. 328 S., kart., (3-89500-195-3)

**Wortschatz Politik – Wirtschaft – Geographie**
Deutsch-Arabisch. Arabisch-Deutsch
Von Hans-Hermann Elsäßer
und Ingelore Goldmann
1999. 24 x 17 cm. 544 S., geb, (3-89500-102-3)

**Syntax der Arabischen**
Schriftsprache der Gegenwart
Hg. von H. El-Ayoubi, W. Fischer und M. Langer

**Teil I, Band 1: Das Nomen und sein Umfeld**
Von W. Fischer unter Mitarbeit von D. Blohm
und Z. Youssef
2001. 24 x 17 cm. XXIV, 544 S., geb.,
(3-89500-220-8)

**Teil I, Band 2: Die konnektiven Wortarten des Nomens: Pronomina, Adverbien, Präpositionen**
Unter Mitarbeit von D. Blohm und Z. Youssef
bearbeitet von W. Fischer und M. Langer
2003. 8°. 632 S., geb., (3-89500-358-1)
Wer sich mit dem Modernen Hocharabisch befaßt, sei es in der Lehre oder im Studium, wird in dem Werk neue Informationen finden, die man in anderen wissenschaftlichen Grammatiken vergeblich sucht.

In Vorbereitung: Teil 2:
Das Verbum und die Verbalgruppe
Teil 3: Die Partikeln, die Satzarten
und die Satzverbindungen

**Arabische Stilistik**
Von Kristina Stock
2004. 24 x 17 cm.130 S., geb.,
(3-89500-402-2)